FORMACIÓN EN
TAROT TERAPÉUTICO
VOLUMEN 1

ARCANOS MAYORES

Veet Pramad

Sumário

INTRODUCCIÓN 6

CAPÍTULO I - EL USO TERAPÉUTICO DEL TAROT 11

ADIVINACIÓN Y AUTOCONOCIMIENTO: VISIONES EXCLUYENTES 11

LOS CINCO PRINCIPIOS DEL TAROT TERAPÉUTICO 11

EL TAROT TERAPÉUTICO Y EL TAROT TRADICIONAL 12

LA LECTURA TERAPÉUTICA 17

CAPÍTULO II - EL GRAN VIAJE 20

El camino de la vida......20

CAPÍTULO III - ¿QUÉ ES EL TAROT? 40

Orígenes e historia 40

CAPÍTULO IV - RITUAL Y SISTEMA DE LECTURA 54

Abriendo el juego......54

LA BARAJA......54

PERSONALIZACIÓN DE LA BARAJA 55

El LUGAR......56

LA LECTURA......57

LA INVOCACIÓN 58

LA MAGNETIZACIÓN......58

CÓMO BARAJAR 59

LA LECTURA TERAPEÚTICA O CRUZ CÉLTICA ACTUALIZADA......61

CAPÍTULO V - LA ESTRUCTURA DEL TAROT Y SUS ATRIBUCIONES 68

SISTEMA CABALÍSTICO......68

ATRIBUCIONES ASTROLÓGICAS DE LOS MAYORES 71

SISTEMA NUMEROLÓGICO DE BASE SIETE 74

SISTEMA NUMEROLÓGICO DE BASE DIEZ 75

CONSIDERACIONES FINALES......76

CAPÍTULO VI - EL LOCO Y EL PRIMER SEPTENARIO ... 77

EL LOCO...... 77

EL MAGO 89

3

LA SACERDOTISA 96

LA EMPERATRIZ 105

EL EMPERADOR 115

El HIEROFANTE (EL PAPA) 123

LOS AMANTES 134

EL CARRO 145

CAPÍTULO VII - EL SEGUNDO SEPTENARIO 154

EL AJUSTE (LA JUSTICIA) 154

El ERMITAÑO 162

LA FORTUNA 171

(La Rueda de la Fortuna) 171

EL ENTUSIASMO (La Fuerza) 179

El COLGADO 189

LA MUERTE 198

EL ARTE (La Templanza) 209

CAPÍTULO VII - EL TERCER SEPTENARIO 221

EL DEMONIO 221

LA TORRE 231

LA LUNA 249

EL SOL 259

EL EÓN (EL JUICIO) 267

EL UNIVERSO 275

APÉNDICE 01 - RESUMEN DE SIGNIFICADOS 282

APÉNDICE 3 - CUADROS SINÓPTICOS 288

Bibliografía 301

Dedico este trabajo a Eleodoro Ortiz, sin el cual este libro nunca habría sido escrito.

Esta edición está especialmente dedicada a Deva Mani.

INTRODUCCIÓN

Hace 31 años que el "Curso de Tarot y su uso terapéutico" fue lanzado en Brasilia como edición de autor en tres ediciones independientes (1987, 1992 y 1994). En 2003 la Editoral Yug de México y la Editora Madras de São Paulo (Brasil) iniciaron las publicaciones. La Dinalivro de Lisboa lo hizo en 2011. No les voy a contar aquí la historia de esta criatura porque la pueden encontrar en mi página:

www.tarotterapeutico.info/esp_historia_livro.htm

En estas tres décadas el mundo del Tarot ha cambiado mucho. En 1987, cuando acuñé ese término, hablar de Tarot Terapéutico, es decir, hablar de usar el Tarot con un enfoque y propósito terapéutico era una innovación subversiva condenada tanto por profesionales del Tarot cuanto por representantes del mundo de la psicología y de la psicoterapia en general, vinculados al concepto tradicional de Tarot divinatorio.

Hoy es con mucho placer que veo el Tarot romper sus viejas prisiones y son cada día más los tarotistas o tarólogos que hacen un Tarot con diferentes abordajes más o menos terapéuticos desarrollando líneas diferentes de investigación, a veces en función del tarot escogido (cada maestrillo tiene su librillo) dándole diversidad y amplitud a este nuevo campo de aplicación del Tarot que entre todos estamos abriendo. No pretendo monopolizar el término "Tarot Terapéutico", pero si me gustaría dejar claro lo que, para mí, es un Tarot con dicho enfoque.

El Tarot Terapéutico es un instrumento que tiene como objetivo ayudar a la persona a hacer los cambios internos necesarios para ser más ella misma, condición básica de la felicidad. Para ello trabaja en la luz facilitando la conexión con la esencia (finalmente la mayoría de los desequilibrios procede de la desconexión con la esencia), y en la sombra identificando y ayudando a entender y desactivar los caducos patrones de comportamiento que desde el inconsciente manipulan e impiden la realización plena. Este enfoque surgió en 1987 cuando después de 7 años usando el Tarot de una manera adivinatoria/aconsejadora me di cuenta que "revelando" al consultante su destino no lo ayudaba a ser más él mismo, sino que lo reducía a la categoría de pollo de granja cuya vida ya estaba escrita: Maktub.

Veo que algunos tarotistas llaman terapéutico lo que en verdad es un Tarot de consejo centrado, no en el consultante, sino en los problemas o asuntos que éste trae a la consulta. Claro que el Tarot puede dar consejos útiles para minimizar o hasta resolver ciertos problemas, pero en 1º lugar una persona no es un sumatorio de asuntos y en 2º lugar mientras uno no haga consciente su inconsciente, desactivando aquellos caducos y neuróticos patrones de conducta, miedos y creencias, continuaremos manipulados por ellos y seguiremos atrayendo las mismas situaciones o "problemas".

Los tiempos están cambiando. Durante siglos fuimos adoctrinados según dos principios:

1°) "Tienes que **ser** así o asado y de esa manera serás aceptado por la familia, la sociedad, Dios, etc. Sé "bueno" y obediente en la tierra y ganarás el cielo ".

2°) Tu vida depende de terceros: la voluntad (o la gracia) de Dios, el destino, la suerte, etc.

El Tarot apareció en esa época y claro incorporó no sólo imágenes, sino también aspectos importantes de esa doctrina como por ejemplo en la Fuerza donde una elegante mujer cierra la boca del león ilustrando la virtuosa contención de las "bajas pasiones" o en El Colgado: "Estás atado de pies y manos, solo te resta someterte, resignarte, renunciar, sacrificarte…

El capitalismo salvaje fue cambiando la doctrina:

1°) "Tienes que **tener** esto y aquello para ser aceptado". "Vales lo que tienes" y otras joyas, llenando así de clientes talleres de "Autosuperación", "Abundancia" "El Camino del Éxito", "Sea un ganador" etc., aunque no influenciando tanto las interpretaciones de las cartas.

2°) Si te esfuerzas y trabajas dando lo mejor de ti para la empresa, tu vida mejorará. Este mandato también es válido para las iglesias evangélicas cambiando empresa por iglesia.

En la actualidad, aunque las doctrinas anteriores se mantienen, surge con mucha fuerza, especialmente en los medios terapéuticos

1°) El principio de "Sé tú mismo" uno de cuyos iniciadores fue el propio Crowley con su consigna thelémica: "Tu única obligación es hacer lo que tú quieres ".

2°) La constatación de que construimos nuestra vida a partir de nuestras decisiones y no de las decisiones de terceros. Esta constatación significa responsabilizarse por la vida, y la responsabilización es el motor del crecimiento. Si queremos hacer un trabajo terapéutico con el Tarot tendremos que colocar como prioridad que el consultante se responsabilice por su vida.

Cabe observar también que está de moda afirmar que nuestra vida depende de las conspiraciones favorables o no de la Existencia. Sin embargo, la Existencia es un trillón de trillones de veces el tamaño del planeta, somos una partícula infinitesimal en el espacio cósmico, si el planeta explota em mil pedazos la Existencia ni se entera. No solo es mucho ego aspirar a que la Existencia nos eche el ojo sino que es dar continuidad a la relación paterno-filial que vivimos en nuestra infancia donde dependíamos de terceros no siendo libres ni responsables.

Ante este cambio de paradigma necesitamos adecuar el Tarot a los nuevos tiempos. Para ello es importante entender que atraemos lo que necesitamos para crecer, es decir, tornarnos plenamente lo que somos. Y lo seguiremos atrayendo hasta que no hagamos los cambios correspondientes, independientemente de si eso nos gusta o no. Lo atraemos nosotros mismos a partir del impulso innato que todo ser vivo tiene a tornarse un ser completo como explico detalladamente en la 2ª llave del bienestar en:

http://www.tarotterapeutico.info/esp_videos.htm

La vida no cambia si no hay cambios internos, es como pretender obtener resultados diferentes haciendo siempre lo mismo. Si no desactivamos ciertos patrones de conducta, eliminamos creencias y miedos, sanamos el niño/a herido, etc. continuaremos atrayendo las mismas situaciones y el mismo tipo de personas y esos asuntos problemáticos reaparecerán a la vuelta de la esquina. Por eso el Tarot Terapéutico no focaliza asuntos específicos sino a la persona que los vive. El Tarot Terapéutico va, pues, al centro de la cuestión sin necesidad de enfocarse, o dispersarse, con asuntos periféricos.

Tampoco podemos leer el tarot con abordaje terapéutico usando las interpretaciones propias de los viejos tiempos. No podemos continuar dando al Colgado el significado de sacrificio, al Diablo la suma de todo lo negativo que podemos juntar, la Torre desastres o castigos, etc. Por eso es muy conveniente usar un tarot limpio de moralismos y doctrinas anticuadas. Los tarots más usados actualmente, el de Marsella y el Rider-Waite no son los mejores exponentes de adecuación a los nuevos tiempos. Yo, desde que lo vi por primera vez en 1983 en la Librería Argentina de Madrid, me enamoré del Tarot de Thoth, creado por Crowley y dibujado por Frieda Harris, un tarot que nació en 1944 con la propuesta de ser el tarot para la Nueva Era.

Esta edición es producto de un año de escrita, inspirada en nuevas percepciones obtenidas desde la anterior (2011) en los cursos presenciales, on-line y grabados en videos.

Así, aunque nunca dividí las cartas como "buenas" y "malas", aquí estoy catalogándolas como "comunes" y "sombrías". Comunes son aquellas que tienen significados tanto evolutivos como involutivos, eligiendo unos u otros en función de la posición en la Lectura Terapéutica. Sin embargo, hay algunos arcanos menores numerados que muestran sólo patrones neuróticos (involutivos). Su lado evolutivo consiste en entender y desactivar dicho patrón. No son cartas "malas", son cartas óptimas pues están señalando exactamente lo que necesita ser trabajado. A esas cartas doy el nombre de "sombrías".

Otras novedades, que ya se vislumbraron en la edición anterior hacen referencia a la interpretación de las diferentes posiciones de la Lectura Terapéutica:

Momento Actual: Inicialmente yo identificaba aquí los aspectos de la vida que en ese momento eran prioritarios para el consultante o sus actitudes. Ahora veo los impulsos internos y los cuestionamientos que está viviendo. Si nuestro objetivo es terapéutico, me parece mucho más eficiente, aclarar el proceso interno que identificar aspectos o situaciones de la vida a ser trabajados.

Relaciones: Donde veíamos cómo está la relación o lo que la sostiene, vemos ahora lo que la persona puede aprender, valorar o desarrollar de ella misma, de maneras agradables o no, a través de su relación amorosa. Y si no está relacionándose, será de las relaciones anteriores. Mantengo la 2ª interpretación que muestra cual es la imagen que la persona vende en el mercado de las relaciones, que me parece también muy interesante.

En estas posiciones una carta sombría muestra el patrón de comportamiento neurótico que la persona está identificando y cuestionando, por ella misma (Momento Actual) o con la ayuda de una relación (Relaciones).

Tenemos que entender las cartas del Método como una sugerencia, colocada con mucho cuidado para no asumir la responsabilidad que el consultante, y sólo el consultante, tiene por sus decisiones. Cualquier cosa que parezca una orden o imposición, especialmente con los consultantes que quieren agradar o que tienden a absorber las opiniones o expectativas de los demás, arruina el efecto terapéutico de la consulta.

En el Resultado Externo, no me parece terapéutico decir que va a dedicarse a esta o aquella actividad, aunque eso sea el resultado de un proceso de crecimiento que depende de la propia persona. Cualquier tipo de previsión mina la capacidad personal que el consultante tiene para construir su vida. Por eso me parece mejor hablar de la actitud interna con la que va a encarar el mundo exterior. Las cartas "sombrías", en esta posición, muestran una situación generalmente poco agradable que la persona atrae y que, de alguna manera, la obliga a tener que aceptar y confrontar un patrón interno neurótico, dándole la oportunidad de comprenderlo y desmantelarlo.

La nueva actualización es fruto de dos años de trabajo. El libro engordó considerablemente así que decidí crear una serie con el nuevo título de "Formación en Tarot Terapéutico" con varios volúmenes, "Arcanos Mayores", "Arcanos Menores" "Tarot y Numerología. Desafíos y Lecciones de Vida" de momento.

En esta edición mantengo las prescripciones de esencias florales de Bach y California, colocando un asterisco en las segundas para diferenciarlas de las primeras. Sin embargo, quiero subrayar que las esencias por sí solas no transforman a nadie, si no existen comprensiones y acciones concretas hacia el cambio. Es como el aditivo que ayuda a la gasolina a que funcione mejor el motor, pero solito no lo mueve.

Considerando que la mujer es el motor de la Nueva Era y que la mayoría de mis lectores son lectoras decidí escribir este libro para la categoría de persona, es decir, en femenino. Espero que ningún varón se moleste.

Así pues, el Tarot Terapéutico, colocando el énfasis en el crecimiento, protagonismo y responsabilización del individuo, así como en el momento presente, rompe con la dinámica del Tarot Tradicional centrado en las circunstancias y el futuro. Este enfoque terapéutico ya está llevando a muchos aficionados y profesionales del Tarot, a verlo y usarlo de una manera completamente diferente.

Este libro no es apenas un manual para enseñar a leer el Tarot con un enfoque terapéutico, pues, como me han comentado algunos lectores, por el hecho de mostrar aspectos desconocidos, negados y conflictivos de la vida, pueden llevar a la persona a entrar en profundidad dentro de si misma, dando la opción de sanar episodios olvidados que hasta que no emergen a la conciencia nos manipulan. Así pues, el "Curso de Tarot" no es apenas para leer, sino para vivirse.

Buen provecho. Con amor

Veet Pramad. Serra Grande (Bahía) 11/11/2017

CAPÍTULO I - EL USO TERAPÉUTICO DEL TAROT

ADIVINACIÓN Y AUTOCONOCIMIENTO: DOS VISIONES EXCLUYENTES

"Quien mira para afuera sueña, quien mira para adentro despierta".   Carl Jung (1875 -1961)

Actualmente el Tarot es usado a partir de dos enfoques radicalmente diferentes: el tradicional que puede ser adivinatorio o de consejo y el de autoconocimiento.

Existen diferentes modalidades de Tarot de autoconocimiento. Cabe destacar la línea junguiana, la de Jodorowsky, la de Enrique Ezquenazi, la de Liz Green, etc. A la mía, desarrollada a partir de 1987, la llamo Tarot Terapéutico.

El objetivo del Tarot Terapéutico es ayudar a la persona a ser más ella misma. Para ello trabaja en la luz y en la sombra. En la luz favoreciendo la reconexión del consultante con su esencia y en la sombra buscando identificar, entender y desactivar bloqueos, miedos y otros patrones de conducta que dificultan su realización integral.

LOS CINCO PRINCIPIOS DEL TAROT TERAPÉUTICO

1º- Nuestras vidas no son producto de circunstancias, sino de nuestras decisiones; somos plenamente responsables por la vida que tenemos. La vida es como una carretera de dos manos. La construimos a partir de las decisiones que tomamos cuando avanzamos en dirección a nuestros objetivos (el camino de ida) y a partir de las decisiones en relación a como acogemos lo que nos llega (el camino de vuelta) o como dice Steve Beckman: *"Usted hace sus elecciones y sus elecciones lo hacen a usted"*

2º- Tomamos nuestras decisiones a partir de nuestras creencias así que podemos concluir que construimos nuestra vida a partir de nuestras creencias. ¡Pero cuidado! Eso no quiere decir que, si yo creo en algo, eso va a suceder, aunque si no creo, lo más probable es que no suceda. Por ejemplo: si no creo que vaya a tocarme la lotería nunca voy a apostar y así nunca me va a tocar, pero por mucho que crea que me va a tocar me puedo pasar la vida apostando y no me toca.

Las creencias a diferencia del teorema de Pitágoras están cimentadas por emociones. La fuerza de una creencia es proporcional a la intensidad de la emoción que sentimos cuando adquirimos esa creencia, generalmente en la infancia, sea ésta una creencia inoculada: "Tienes que creer en Dios, porque si no te vas al infierno" o una creencia producto de una o varias experiencias. Una creencia o un decreto montado encima de un viaje mental o del ego, sin emoción profunda no tiene fuerza.

3º- El principal obstáculo para alcanzar la realización en cualquier aspecto de la vida somos nosotros mismos, o sea, nuestras resistencias a cambiar las creencias y los patrones de conducta que no funcionan.

4º- Atraemos lo que necesitamos para crecer, es decir, para tornarnos plenamente lo que somos y no lo que se le antoja a la mente. Todo ser vivo tiene el impulso intrínseco a tornarse completo. Cada semilla que cae al suelo a transformarse en un árbol, cada bebé en un adulto completo, es decir, realizado, fructífero, sano y feliz. Así, por ejemplo, si una persona para crecer necesita aprender a decir que no, va a atraer propuestas cada vez más inaceptables. Esta es la 2ª llave de la serie "Cinco llaves para el bienestar" que puede ser vista en www.tarotterapeutico.info español Novedades.

5º- Cada persona lleva dentro de sí los potenciales necesarios para realizarse y ser feliz.

EL TAROT TERAPÉUTICO Y EL TAROT TRADICIONAL

Estos dos enfoques discrepan en varias cuestiones fundamentales que deben quedar bien claras:

EL OBJETIVO

Para el Tarot Adivinatorio el objetivo es conocer el futuro. Si podemos leer el futuro es porque está predefinido, escrito en algún lugar, *Maktub*, independiente de nuestra conciencia, acciones u omisiones, reduciéndonos así a observadores de nuestra vida desde un sofá más o menos cómodo. Para el de Consejo el objetivo es ayudar a la persona a resolver sus problemas, focalizándolos, estudiándolos y aconsejando. El propósito del terapéutico es ayudar a la persona a ser más ella misma, en otras palabras, a ser feliz, cosa que solo sucede cuando somos plenamente lo que somos.

EL CENTRO

Para el Tarot Adivinatorio el centro de la consulta son los hechos, las circunstancias y las personas que rodean al consultante y para el de Consejo son sus problemas o conflictos. Para el Tarot Terapéutico el centro es el consultante, el individuo que vive esas circunstancias, problemas y cuestiones.

EL DESTINO

Según el Tarot Adivinatorio el destino gobierna nuestras vidas: "Si naciste para martillo, del cielo te caen los clavos", de manera que el Tarot acaba siendo un intermediario entre ese todopoderoso destino y los simples mortales. Así, nada podemos hacer frente a ese destino plenipotenciario más allá de resignarnos a nuestra suerte. Para el Tarot de Consejo y el Terapéutico somos los cocineros de nuestro destino. Para el 1º es el resultado de nuestras acciones y omisiones y a partir de ellas podemos cambiarlo. Muy cierto, sin embargo, el Tarot Terapéutico considerando que nuestras acciones y omisiones dependen de nuestro nivel de consciencia afirma con Jung que *"El destino es el retorno de la inconsciencia."* Cuando necesitamos, para evolucionar, darnos cuenta de alguna cuestión interna, atraemos repetitivamente circunstancias que nos obligan a tomar conciencia de esa cuestión. Cuando eso sucede y tomamos las iniciativas correspondientes a esa comprensión, cambiamos nuestro destino. Ya no necesitamos atraer aquellas circunstancias y atraemos otras.

Continuando con Jung: *"Cuando existe consciencia, existe libre albedrío. Cuando no existe conciencia, existe destino."*

Nuestra vida cambia cuando hacemos cambios internos. Nuestra capacidad de transformar nuestras vidas, es decir, de crear nuestro futuro según nuestros deseos, será proporcional a nuestra consciencia. El Tarot Terapéutico es una herramienta para cambiar el destino, pues nos ayuda a tomar conciencia de lo que realmente está dificultando nuestra realización y muestra qué actitudes necesitamos tomar si queremos liberarnos.

LA RESPONSABILIDAD

Para el Tarot adivinatorio, el ser humano es un perfecto irresponsable. ¿Qué responsabilidad *versus* libertad puede tener alguien cuya vida está amarrada al destino, hasta el punto de poder conocer su futuro, a través de un oráculo? Libertad y responsabilidad caminan juntas. Si insistimos en mostrar a nuestros consultantes que sus vidas son el producto de extrañas, ajenas e imprevisibles fuerzas como el azar, la divina voluntad, o trabajos de magia contra las cuales nada podemos hacer, los degradamos a la categoría de pollos de granja que nunca podrán liberarse por sí mismos. Y entonces llegan los salvadores... Así traspasamos la responsabilidad de nuestra vida a terceros manteniéndonos en un estado infantilizado. La felicidad y la fortuna dependen del nivel de conciencia con el que hacemos nuestras elecciones y no de la suerte. El Tarot de Consejo afirma que somos plenamente responsables por nuestras decisiones sacándonos del callejón sin salida en el que nos pretende meter el Tarot Adivinatorio, mientras que el Terapéutico nos coloca como responsables no solo por nuestras decisiones sino también por las situaciones que nos llegan pues en realidad las estamos atrayendo. Mientras continuemos colocando la responsabilidad de nuestra situación en los demás no creceremos un ápice.

EL PROCEDIMIENTO

El Tarot Adivinatorio responde a preguntas que generalmente se responden con un sí o un no. ¿Me va a ir bien con esta pareja, con este trabajo? ¿Voy a aprobar los exámenes? Preguntas frecuentemente relacionadas con terceros: ¿Mi marido me engaña? ¿Mi socio me roba?

El Tarot de consejo también trabaja respondiendo a preguntas generalmente relacionadas con un problema o asunto específico e intenta dar soluciones.

En una consulta de Tarot Terapéutico el consultante no hace preguntas. Una persona no es un sumatorio de asuntos generalmente relacionados con la salud, el trabajo, el dinero y las relaciones. Un problema aparentemente económico puede estar enraizado en una falta de autoestima y viceversa. La gran mayoría de los problemas, dificultades y frustraciones tienen una raíz: la desconexión con nuestro verdadero ser y un propósito: ayudarnos a crecer.

Entonces vayamos a la raíz, dejemos que, sin formular ni pensar en pregunta alguna, el Tarot ponga voz a la esencia del ser y también nos muestre las dificultades internas de la persona, sus orígenes y la manera de desactivarlas, sean éstas, patrones de conducta, creencias o miedos. Así estaremos ayudando a nuestros consultantes a crecer y como consecuencia irán resolviendo sus asuntos conflictivos. Sin formular preguntas éstas son respondidas. Podemos dedicar muchas sesiones para intentar eliminar los impedimentos que dificultan alcanzar los objetivos de nuestros consultantes, especialmente si esas metas son viajes del ego o de la mente.

Mientras no se sintonicen consigo mismos, continuaran apareciendo nuevas dificultades y problemas. Esas dificultades internas pueden manifestarse en diferentes planos: profesional, económico, emocional y para eso tenemos los Arcanos Menores que muestran justamente como estamos internamente en relación a esas áreas de la vida.

En síntesis:

| | TRADICIONAL | | TERAPÉUTICO |
	ADIVINATORIO	DE CONSEJO	
EL OBJETIVO	Conocer el futuro.	Resolver problemas.	Ayudar a la persona a ser ella misma.
EL CENTRO	Los acontecimientos.	Los problemas.	La persona.
EL DESTINO	Está escrito.	Podemos cambiarlo con nuestras acciones.	Es el retorno de nuestra inconsciencia.
RESPONSABILIDAD	No somos responsables.	Somos responsables por nuestras decisiones.	Somos responsables por nuestras decisiones y por lo que atraemos.
PROCEDIMIENTO	Responde a preguntas.	Responde a preguntas.	No se formulan preguntas.

LA CUESTIÓN DEL BIEN Y DEL MAL

El bien y el mal no son verdades absolutas, sino apenas adjetivos que le ponemos a las cosas dependiendo de si nos gustan o no. Lo que es agradable y considerado "bueno" para una persona hoy, puede no serlo mañana. Lo que me parece "bueno", puede no parecérselo a los demás. Un joven mono, cuenta una fábula oriental, llegó a un rio y vio un pez, pretendiéndolo salvarlo de morir ahogado lo sacó del agua y el pez murió asfixiado. No existen enfermedades y sí enfermos.

Sin embargo, existe un aspecto nuestro, particularmente íntimo, que no fue destruido por las manipulaciones y los chantajes de la programación familiar: la esencia del ser humano, nuestra brújula personal. Darle voz con las cartas ayudará a la persona a ser más ella misma. Por otro lado, la programación familiar es la que lleva a la persona a desconectarse de su esencia y a adquirir creencias y patrones de conducta que frenan su realización. Estas consideraciones son ajenas al Tarot Adivinatorio que frecuentemente toma prestados sus conceptos de bien y mal de las religiones oficiales, filtrados por las propias creencias del tarotista, adoctrinando todavía más a sus consultantes y dificultando así que éstos sean ellos mismos.

Podemos decir que el Tarot Adivinatorio y el Tarot Terapéutico no solo son diferentes, sino excluyentes. El Tarot Terapéutico liberta y el Tarot Adivinatorio amarra. El Tarot Adivinatorio es anti-terapéutico. Quien ofrece ambos enfoques no entendió lo que es el Tarot Terapéutico.

Y me dirán ustedes: ¿Pero porqué el Tarot Adivinatorio acierta en algunas ocasiones? Hay gente que espera que la vida cambie, sin necesidad de hacer cambios internos sin necesidad de darse cuenta de nada y claro su vida es una repetición mecánica. Por eso el Tarot Adivinatorio acierta, sin hablar de que las previsiones pueden influenciar a los consultantes.

El Tarot Terapéutico y el de Consejo podrían complementarse. Después de una lectura terapéutica podría suceder que nuestro consultante tuviera alguna cuestión o problema para el cual quiere una orientación. Claro que vamos a acceder a su solicitud, sin embargo, mi experiencia personal con 30 años de Tarot Terapéutico al lomo me muestra que en el 99,99% de los casos no hay preguntas y ese 0,01% son madres que quieren un consejo en relación a sus hijos adolescentes.

En el Tarot tenemos tres grupos de cartas: **Los 22 Arcanos Mayores** son representaciones simbólicas de Principios Universales o Arquetípicos presentes en el inconsciente que cambian con la evolución de la humanidad. Representan también estados de conciencia y sus manifestaciones prácticas que van de la potencialidad absoluta del Loco hasta la realización plena del Universo. **Las 16 Figuras de la Corte** dejan de ser personas, hombres y mujeres con determinadas características físicas o psíquicas que vienen o se van de nuestras vidas, trayendo alegrías o desgracias, para ser 16 tipos de personalidad que, dependiendo de la posición de la Lectura Terapéutica en la que aparecen, indican máscaras o actitudes más o menos creativas o neuróticas. **Los 40 Arcanos Menores** son expresiones de nuestra vida cotidiana en cuatro aspectos: Los de Bastos o de Fuego muestran cómo el consultante expresa su energía, abarcando el mundo profesional y las manifestaciones instintivas y creativas: Los de Copas o de Agua muestran diferentes estados emocionales. Los de Espadas o de Aire identifican mecanismos o estados mentales. Los Discos (Oros, Pentagramas o Monedas) o de Tierra, hablan de nuestra relación con nuestro cuerpo físico y con el mundo material. Observemos cómo se establece un paralelismo exacto entre la estructura del Tarot y la del ser humano que facilita la entrada en profundidad en los rincones más oscuros de la psique.

Fig. I.01. El Tarot y el ser humano

LA LECTURA TERAPÉUTICA

Los viejos sistemas de lectura tipo Presente, Pasado y Futuro no sirven si queremos colocar el centro de la cuestión en la auto-transformación del ser, es decir, en identificar los patrones de conducta, sistemas de creencias, bloqueos y miedos que tienen que ser disueltos y en las actitudes a tomar para crecer. Así, desarrollé la Lectura Terapéutica resignificando la tradicional Cruz Celta, sistema basado en una disposición de diez cartas en el cual el número inscrito en cada carta indica en qué orden se extrae de la baraja. La imagen de lectura cotidiana continúa siendo la céltica, pero los significados son otros.
Veamos sus posiciones:

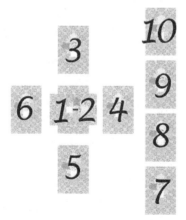

Fig.I.02. La Lectura Terapéutica

17

Una sesión de Tarot Terapéutico tiene un paralelismo interesante con una consulta con un profesional de la salud. En primer lugar, no lo visitamos porque sentimos curiosidad sino porque algo nos duele, nos hace sufrir o nos impide avanzar. No nos quedamos satisfechos con una receta de un analgésico para nuestro dolor de cabeza ni con la promesa de sentirnos mejor si tomamos tal medicina. Queremos en primer lugar, que nuestro médico evalúe nuestros síntomas, e identifique la enfermedad. Del mismo modo, en el Tarot Terapéutico, las cartas de Momento Actual que muestran las cuestionamientos y conflictos por los que estamos pasando, son los síntomas de una enfermedad formada por un conjunto de patrones de conducta programado, que podemos llamar de máscara o *script* ilustrados por las cartas del Ancla.

En segundo lugar, queremos saber las causas de nuestra enfermedad. Para eso, el médico quiere conocer nuestros hábitos alimenticios, saber si nos gusta nuestro trabajo, si hacemos ejercicio, si estamos cargados de enojo en casa o en nuestro trabajo, si nuestras expectativas de realización personal están materializándose, si vivimos un fuerte conflicto emocional, etc. Un dolor de cabeza puede indicar un hígado intoxicado por altas cantidades de grasa, alcohol o de rabia. Tal vez, estamos compensando nuestras insatisfacciones profesionales y familiares con los placeres de la mesa. Necesitamos limpiar el hígado alimentándonos mejor y dejando de acumular rabia. Está bien, pero tampoco nos quedamos satisfechos. Necesitamos descubrir las causas profundas que nos llevan a aceptar situaciones con las cuales en el fondo no concordamos. Si no vamos hasta las raíces profundas, cambiaremos, quizá, de compensaciones y síntomas, pero continuaremos insatisfechos y enfermos.

En el Tarot Terapéutico tenemos las cartas de la posición de la Infancia, que muestran los orígenes inconscientes de los patrones del Ancla, las causas profundas que nos llevan a enfermarnos. Aquí, tomamos conciencia de los trazos de personalidad que el niño tuvo que adquirir o esconder para obtener la aprobación familiar, fundamental para su sobrevivencia.

Nuestras dificultades y enfermedades no proceden de agentes externos, están dentro, muy adentro de nosotros. Estos agentes externos: virus, gérmenes, jefe insoportable, corrupción, crisis económica, marido o esposa, que aparentemente complican tanto nuestra vida, pueden ser agentes que atraemos para darnos cuenta de algo y cambiar nuestra vida. Finalmente, los virus solo nos enganchan cuando nuestro sistema inmunológico (la noción corporal del yo) está debilitado.

El Tarot Adivinatorio generalmente coloca las causas de nuestros problemas en el mundo externo. Pretende saber si nuestra pareja nos está traicionando, si el socio está robando, si alguien nos echó "un mal de ojo".

Las soluciones también son externas. ¿Va a aparecer el hombre/ la mujer de mi vida?, ¿me voy a casar con Fulano?, ¿mi empresa o relación va a ir para adelante?, ¿me va a tocar la lotería? La alopatía y el Tarot Adivinatorio concuerdan en colocar las causas de los problemas/enfermedades y sus soluciones fuera de nosotros y desligarlas de nuestros patrones de conducta, sistemas de creencias y conflictos emocionales. Un buen profesional de la salud sabe que el organismo tiene un sistema auto-regulador que busca continuamente el equilibrio, tomando sus propias iniciativas para el retorno a la buena salud. Sería más correcto, pues, trabajar para ayudar al cuerpo a recuperarse. Frecuentemente esas iniciativas corporales son confundidas con los propios síntomas de la enfermedad y eliminadas. Un ejemplo es la gripe. Cuando el sistema inmunológico está debilitado, los virus, que siempre están ahí, nos atacan. Nuestro cuerpo se defiende contraatacando con los glóbulos blancos y aumentando la temperatura corporal pues éstos trabajan mejor a una temperatura más elevada. También perdemos el apetito, pues el organismo no quiere gastar energía en la digestión. Muchas veces, confundiendo esa fiebre con la enfermedad obligamos a nuestros hijos a comer mientras aplicamos antitérmicos. En el Tarot Terapéutico, la tendencia que el ser tiene para recuperar su salud es expresada en las cartas de la Voz de la Esencia.

Una vez hecho el diagnóstico un doctor no alopático no recetará medicamentos para esconder los síntomas, sino que trabajará encima de las verdaderas causas de la enfermedad para poderla arrancar de raíz. Sugerirá actitudes, iniciativas y remedios que nos lleven a recuperar la salud. Cuando comprendemos el conflicto interno, sus orígenes y manifestaciones, y tenemos un diagnóstico, llega el momento de la acción, de la receta. En el Tarot Terapéutico están las cartas de la posición del Método. También queremos saber del doctor la evolución de nuestro cuadro clínico o camino de recuperación y qué resultados podemos esperar. Eso es mostrado en la Lectura Terapéutica por las cartas del Camino de Crecimiento y de los Resultados Externo e Interno.

Resumiendo:

Tarot Terapéutico	Sanador
Impulsos internos, conflictos	Síntomas
Ancla	Enfermedad
Infancia	Orígenes de la enfermedad
Método	Receta
Camino de Crecimiento y Resultados	Evolución del cuadro y recuperación

En el Cap. IV veremos con más detalle la Lectura Terapéutica, donde podemos colocar varias cartas para cada posición, formando así un mapa del proceso que el individuo está viviendo, dando las orientaciones necesarias para que dé un salto en su vida hacia su realización integral.

19

CAPÍTULO II - EL GRAN VIAJE

El camino de la vida

Abordar los Arcanos Mayores es una gran aventura. Encararlos con un método sistemático, estudiando cada carta por medio de sus símbolos y correspondencias cabalísticas, astrológicas y numero lógicas, podría parecer, a los no iniciados, una lectura árida, mientras que ofrecer una lista de significados prácticos dejaría al lector preguntándose: ¿pero de dónde viene todo eso?

La razón de este capítulo es suscitar, con cada Arcano Mayor, determinadas reverberaciones internas que faciliten una visión personal de las cartas. Viendo cómo éstas reflejan nuestras vidas y qué aspectos y actitudes nuestras aparecen en ellas, iremos conociéndolas más fácilmente y tendremos un referente más vivo cuando, a partir del capítulo VI, iniciemos el estudio sistemático.

Consideramos la secuencia de los Arcanos Mayores como el proceso de individuación, el Gran Viaje del ser humano en busca de sí mismo y de su realización personal, y cada una de las 22 cartas como estados de conciencia que van desde la absoluta potencialidad del Loco hasta la realización personal, consciencia plena o síntesis final del Universo. Este abordaje sería muy difícil si colocáramos al Loco en el final de la secuencia como Arcano XXII y no al inicio como Arcano Cero. En esta posición El Loco va a entrar en contacto con cada una de las 21 cartas restantes, que serán desafíos y pruebas a través de los cuales se irá transformando. El Loco es el recién nacido que todavía no fue programado, es el niño/a EPATIPIC: espontáneo, presente en el presente, alegre, total, inocente, perceptivo, imprevisible y capaz de maravillarse. Representa el estado potencial de las cosas.

Tradicionalmente se le atribuye el significado de inconsciencia, como la antigua pedagogía que consideraba al niño/a como una tela en blanco al que hay que llenarle la cabeza de conocimientos y reglas. Nada más falso. El bebé sabe muy bien lo que quiere y lo que no quiere (mejor que muchos adultos), él no duda, actúa desde referentes internos profundos, como sus instintos, que, salvo graves problemas intrauterinos, se conservan intactos. Su memoria corporal, que todavía no fue bloqueada por tensiones psicofísicas, engloba los recuerdos de toda su evolución. Estaremos, entonces, más cerca de la verdad si decimos que el bebé actúa a partir del inconsciente y en ese llevar para la acción lo que hay en el inconsciente, se va volviendo consciente, en vez de afirmar que es inconsciente. Es obvio que el bebé desconoce el mundo tan complejo al cual llegó, la mente de los

20

adultos y sus neurosis. No sabe que en 1987 se consumieron 1,3 millones de dólares por minuto en gastos militares, mientras que, en el mismo minuto, 30 niños/as morían de hambre[1].

Realmente el bebé, que acabó de encarnar en este nivel de evolución llamado planeta Tierra, no necesita saber nada de eso para crecer sano y feliz. Lo que necesita es amor y apoyo. De la misma manera que una semilla tiene en sí todos los elementos para transformarse en un árbol, necesita sólo agua y tierra fértil, el recién nacido es un ser perfecto, integrado y completo, que se desarrolla, a partir de una estructura energética central en los aspectos físico, emocional y mental y de un átomo divino en el plano espiritual. Nada está faltando. La verdadera sabiduría está dentro del bebé. La escuela y la universidad son apenas detalles informativos frente al amor insustituible para afirmarse, para desarrollar sus potenciales, para florecer, para recordar lo que ya sabe.

Así, como muestra la carta de Crowley, el bebé-Loco llega sonriendo, maravillado con lo desconocido, libre de miedos, prejuicios y bloqueos emocionales, viviendo la eternidad en cada momento. A partir de esta absoluta potencialidad, El Loco comienza a entrar en contacto y a desarrollar en sí mismo una primera polaridad, comienza a expresarse de dos maneras fundamentales que se corresponden con los dos principios básicos que operan en el Cosmos: el Principio Masculino, la acción, el Yang y el Principio Femenino, la receptividad, el Yin, que en el Tarot son El Mago y La Sacerdotisa. La primera expresión del Mago antes de nacer son las patadas y del recién nacido es el llanto o la sonrisa. Uno y otra dependerán, de si es el bebé que nace y su madre, debidamente auxiliada, que da a luz, o si es el doctor que hace un parto más[2]. De hecho, aunque no exista memoria cognitiva en innúmeros casos el primer trauma del individuo es su nacimiento.

Después va a mamar, relacionarse y comunicarse, gritar de alegría o llorar de hambre o de frío, descubrir poco a poco el mundo que le rodea, gatear atrás del perro, va a crear, transformar una lata en un tambor, va a descubrir sus límites y va a intentar superarlos, es decir, va a salir de su espacio interior para actuar en el mundo exterior. Todo esto es expresión del Mago, Arcano I.

La Sacerdotisa, Arcano II, el Principio de la Receptividad lleva al bebé a la interiorización. Lo vemos quieto, tranquilo y silencioso, a veces con los ojos bien abiertos como si viese, a través de lo que mira, un mundo que está más allá de la visión de los adultos, tal vez en otro tiempo, tal vez interior; o está chupándose el dedo, totalmente receptivo y conectado consigo mismo. En estos momentos el niño/a nos sorprende con una expresión de serenidad y sabiduría que apenas los iluminados consiguieron rescatar.

Mientras el bebé va manifestándose en estas dos polaridades, también va entrando en contacto con el mundo de lo concreto, lo que puede y no puede hacer, el mundo de las reglas y de las expectativas de los demás. Este contacto sucede a través de la madre y del padre que son La Emperatriz y El Emperador, Arcanos III y IV.

Los padres son los que más influyen en la vida del niño/a por lo que hacen y lo que dejan de hacer. Son más importantes para nuestro desarrollo que los hermanos, la escuela, la sociedad, las "buenas" o "malas" compañías, la nacionalidad, la clase social o la religión, hasta el punto de determinar en alto grado el futuro del niño/a. Dice el refrán: "de tal palo tal astilla".

A pesar de los esfuerzos que podemos hacer para revertir la programación familiar, es muy difícil acabar totalmente con ella, como afirma Eric Berne parafraseando el "Panchatantra", uno de los textos hindúes más antiguos: "Estas *cinco cosas tendréis de vuestros padres, seis años después de salir del útero: la duración de vuestros días, vuestra suerte, vuestra riqueza, vuestra instrucción y vuestro túmulo*".

Los padres son los que "karmatizan" al niño/a, colocándolo en el nivel de evolución que había alcanzado en la vida anterior[3].

La madre/Emperatriz es la primera que da forma y límites a este ser. Lo hace entrar en el mundo de la polaridad vida&muerte: le da la posibilidad de nacer y, al mismo tiempo, firma su sentencia de muerte.

Ya desde el útero la madre influye enormemente en el desarrollo psicofísico de su hijo, aceptándolo o rechazándolo, amándolo más o menos, y/o creando expectativas que interfieren en el crecimiento del niño/a[4]. La madre puede sentirse agraciada por las fuerzas de la Vida, que le confiaron la gestación y los cuidados de un ser perfecto a través del cual tiene la posibilidad de rescatar su propia perfección, o castigada con la obligación de asumir durante décadas la responsabilidad de criar un ser humano. Son muchas las mujeres que no desarrollaron su instinto materno, que no se sienten maduras para asumir tamaña responsabilidad o que están en un momento en que las prioridades son otras. Muchas de ellas optan por dar continuidad a su embarazo condenando a su hijo a una vida de miseria emocional y/o económica marcada por el rechazo, el abandono, la descalificación o la culpa, obedeciendo así la presión social y especialmente la religiosa que sataniza el aborto, pero poco o nada hace para dar calidad de vida a los niño/as que nacen.

El bebé percibe muy bien, ya desde los últimos meses en el útero, cómo cambia su vida si tiene o no el amor de su madre. Una madre amorosa y nutritiva (y no solo de leche) es para el niño/a, lo que un chaleco salvavidas para quien cae de un barco en el océano sin saber nadar.

Desafortunadamente para la humanidad, la mayoría de las mujeres, especialmente las casadas, se sienten frustradas, consecuencia de un sistema machista, que desde hace milenios masacra a la mujer desde todos los ángulos. Fueron obligadas a renunciar a su individualidad y libertad, a la realización de sus sueños y al desarrollo de sus potenciales, a su placer y sexualidad, para ser aceptadas en una sociedad cuyos principios y valores no inventaron y conseguir la supuesta seguridad, *status* y protección que el macho y la sociedad machista dicen que dan. Muchas dejaron de luchar por su felicidad y dignidad e hicieron de su renuncia y sufrimiento un mérito que recibe el aplauso de todas las religiones, también patriarcales. Aceptaron sus frustraciones y dijeron que sí al sistema que las oprime y no a sí mismas. Esto genera tanta rabia que daña su capacidad de amar y las deja sintiendo mucho rencor y deseos de venganza. Inconscientemente, según la Ley del gallinero[5], transmiten su propia programación a sus hijos.

"Si la rabia de todas las frustradas del mundo se juntase, inmediatamente el planeta explotaría, con mil veces más fuerza que si lo hiciese por la explosión simultánea de todas las armas que los machos acumularon."   Doro Ortiz

Muchas lucharon y continúan luchando, algunas murieron y continúan muriendo, otras se realizaron plenamente. Veamos cómo se da esta programación en los diferentes planos.

1º EN EL PLANO CORPORAL/INSTINTIVO. Para el bebé dentro del vientre materno, su cuerpo, el cuerpo de su madre y el mundo es todo lo mismo. Cuando nace siente como si le quitaran una parte de sí mismo con la cual hasta ese momento se identificaba, especialmente si lo llevan al nido o a la incubadora. En muchas culturas (andina, amazónica, oriental) el bebé es envuelto en un paño o poncho y amarrado a la espalda de su madre, continuando así, hasta que aprende a andar, en estrecho contacto físico con ella, de manera que este proceso de separación se da de una manera menos traumática. También y sin ánimo de negar la eficiencia higiénica del pañal, dicha prenda crea una "área prohibida" donde el niño/a no tiene posibilidad de tocarse, pasándole el mensaje de que aquella zona del cuerpo no le pertenece, especialmente si en el momento del baño no se le permite que la explore. Y si prohibimos algo, estamos creando una fijación encima de ese algo. Después que el niño/a abandona los pañales se continúa insistiendo en que el área genital/anal no sea mostrada ni manoseada. También se inocula la vergüenza cosa que el niño/a nunca había tenido.

Como cualquier cría de mamífero el niño/a es curioso, quiere descubrir el mundo que lo rodea y se siente especialmente fascinado por los elementos fuego, tierra y agua en sus más variadas formas, barro, lluvia, charcos, hogueras y por los demás animales. Las iniciativas que el niño/a toma en este sentido generalmente son reprimidas por su madre que aprendió de su madre que la tierra era sucia o asquerosa, el agua no tratada y la lluvia fuente de enfermedades y el fuego sólo para apagarlo en las velas del pastel de cumpleaños. El baño cotidiano que tanto placer da al pequeño es reducido a una obligación, rápida y programada. En general todo lo que atente contra el principio semi-divino de la limpieza es evitado. Las funciones biológicas como comer y beber son transformadas en rituales que tiran el placer que toda satisfacción de una necesidad biológica trae consigo. Hacer pipí y caca también es regulado. En fin, la expresión instintiva es podada y manipulada, deja de ser espontánea y se impregna de ascos, vergüenzas y miedos.

2° EN EL PLANO EMOCIONAL. Una característica del bebé y del niño/a pequeño es su espontaneidad emocional. La madre frustrada a la que también se le impidió ser espontánea, tiene serias dificultades para aceptar las manifestaciones de la individualidad del niño/a y tolerar sus iniciativas, pues inconscientemente entra en contacto con la rabia y el dolor que sintió cuando fue reprimida. Cuanto las personas reprimen más sus impulsos naturales para obedecer normas, más se enojan cuando alguien hace lo que le da la gana. Aunque no lo quiera conscientemente, la madre puede acabar diciendo a su hijo/a entre líneas: "Yo renuncio, me humillo y obedezco, tú tienes que hacer lo mismo. Tú no puedes ser libre, feliz ni sentirte amado, así como yo no soy libre, no soy feliz, ni me siento amada".

El bebé es el prototipo del egoísmo, sus padres existen en la medida que atienden y satisfacen sus necesidades vitales, pues la fuerza mayor que mueve a cualquier ser vivo es la necesidad de sobrevivencia. Pese a que cada cinco segundos muere un niño/a de hambre, los padres suelen hacer lo mejor que saben para nutrir, abrigar y proteger a sus hijos. Cuando el bebé/niño/a siente que sus necesidades de sobrevivencia están garantizadas transborda amor, placer y alegría y a los adultos se les cae la baba, mostrando que el estado natural del ser es de alegría, placer y amor. Si es correspondido amorosamente, su nivel de satisfacción se profundiza, se siente nutrido en niveles más sutiles y se afirma en sus derechos básicos que son:

1. El derecho a la vida, desarrollado o negado desde los últimos meses de gestación hasta los primeros seis meses. Cuando el niño/a ve amenazada su vida en esta época desarrolla una **estructura de defensa de carácter esquizoide** que se caracteriza por un cuerpo alargado, manos y pies fríos, ojos sin vida, cabeza desconectada del tronco y desconexión con las emociones (no siente), defendiéndose a través de intelectualizar. Está movilizado por el miedo a existir, pues existir para él significa morir.

2. El derecho de tener sus necesidades básicas de alimento y de amor satisfechas, que se da en los primeros dos o tres años de vida, especialmente en la fase de lactancia. Si este derecho fue violado el niño/a siente miedo de ser abandonado y desarrolla una **estructura de defensa de carácter oral** con un cuerpo delgado, pecho deprimido y frio, y músculos fláccidos. Movilizado por el miedo de ser abandonado, se cuelga de los demás pues no se siente capaz de ser independiente.

3. **El derecho de poder autoafirmarse oponiéndose a sus padres.** Este derecho se vive a partir de los 18 meses, cuando el niño/a aprende a decir que "no". Si esto no es permitido pues la madre es controladora, sobreprotectora y mártir el niño/a pierde la capacidad de tomar iniciativas independientes. Cuando el niño/a intenta autoafirmarse la madre le hace sentirse culpable o lo humilla. El niño/a registra "si soy libre tú no me amarás" y desarrolla una **estructura de defensa de carácter masoquista** que se caracteriza por un cuerpo bajo, gordo y musculoso, nalgas frías y la pelvis proyectada hacia delante. Acumula rabia que es incapaz de expresar pues su mayor miedo es explotar. Será un quejica, que aparentemente se somete, aunque internamente no, de manera que permanece en conflicto. Suele comer y trabajar compulsivamente.

Los dos siguientes derechos se viven en una fase posterior cuando comienza la afirmación de la sexualidad del niño/a. Si los tres primeros derechos están vinculados a la madre, en los dos próximos el papel predominante es del progenitor del sexo opuesto.

4. **El derecho a la autonomía**, es decir, de no estar subyugado a lo que los demás quieren de él. Este derecho se vive entre los 2 y 6 años y se pierde cuando el genitor del sexo opuesto es veladamente seductor. La aceptación está condicionada a que el niño/a se deje seducir, haciendo los caprichos narcisistas del padre, así se siente manipulado por éste, perdiendo su libertad. Graba: "sólo puedo ser aceptado si dejo que me controlen". Para defenderse invierte los papeles y manipula a sus padres volviéndose también seductor. Desarrolla una **estructura de defensa de carácter psicópata** con un cuerpo con el pecho inflado, pelvis estrecha y fría y piernas finas y frías, tipo los superhéroes americanos. Psicológicamente, necesita controlar a los demás intimidándolos o seduciéndolos. No se conecta con la sexualidad, como el caso de muchos dictadores, políticos y gánsteres, a no ser que la seducción específicamente sexual sea la vía para controlar al otro. Está movido por el miedo a ser controlado y su característica más marcada es la falsedad y una acumulación de energía en la propia imagen.

5. **El derecho de querer**, es decir, de movilizarse para conseguir sus anhelos de forma directa y abierta que está conectado con el complejo de Edipo que emerge entre los 3 y 6 años, donde se mezclan el amor, el placer erótico y la sexualidad infantil[6]. Un rechazo por parte del adulto hiere su autoestima y para protegerse controla la expresión de sus sentimientos (siente, pero no expresa) grabando que entregarse es muy peligroso pues

25

corre el riesgo de ser rechazado. Desarrolla una **estructura de defensa de carácter rígido.** La espalda se pone rígida y la pelvis se inclina hacia atrás. Si se conecta con la sexualidad no envuelve sus sentimientos y cuando abre el corazón traba la sexualidad. Para compensar la autoestima herida el niño/a se vuelve un adulto orgulloso, ambicioso y competitivo.

Los padres necesitan parar de aceptar o rechazar al niño/a dependiendo de la manera en que éste se encaja en la idea que tienen de "mi hijo". "Mi hijo hace esto y no hace aquello". Necesitan ver que por detrás de esa idea hay un ser independiente y autónomo que se desarrolla a partir de su propia naturaleza. Esa expectativa de que el hijo sea así o asado les impide también recibir el amor que el niño/a les da, perdiendo así la posibilidad de sentirse amados y de rescatar, aunque sea parcialmente su niño/a no programado.

Transformar este pequeño egoísta en un individuo solidario que sabe compartir con los demás es una tarea de artista que exige saber colocar límites, saber decir que "no" con el suficiente amor para que el niño/a no se sienta rechazado, pues para la mente infantil si sus padres no le dejan hacer lo que quiere es porque no lo aman. Ese "no" debe estar arropado en suficientes "síes" para que esto no suceda.

La expresión emocional natural del niño/a tampoco le suele gustar a la madre frustrada y aunque, en el mejor de los casos, intente fingir, para preservar la espontaneidad de su hijo, éste se da cuenta perfectamente de lo que agrada y lo que no agrada a su madre. El problema aparece cuando la madre condiciona la aceptación del niño/a a que éste se comporte de una determinada manera. El bebé-niño/a sabe instintivamente que, para garantizar su supervivencia, y la supervivencia es la fuerza mayor de todos los seres vivos, necesita ser cuidado, nutrido, protegido y aceptado por la familia. Cuando la expresión de un aspecto o talento genera una respuesta de rechazo, condena, crítica o violencia el instinto de preservación se dispara y el bebé-niño/a deja de ser espontáneo, comienza a fingir, deja de hacer y expresar lo que desagrada a la madre y hace y expresa lo que le agrada, por lo menos cuando está delante de ella. Con esto algunos aspectos y talentos del niño/a se atrofian, otros trazos de su personalidad se desarrollan más y ciertos patrones de conducta son injertados.

La aceptación[7] o no aceptación determinará las actitudes futuras del niño/a: Si se siente aceptado se aceptará a sí mismo y llegará a la adolescencia y a la fase adulta conectado y tomando iniciativas desde sus centros instintivo, emocional y mental. Valorará sus impulsos y emociones, sus ideas e ideales y no pretenderá parecerse a los estereotipos que los medios de comunicación colocan como modelos, ni sufrirá por sentirse diferente de ellos.

Ahora bien, aceptar al niño/a tal como es no significa decirle a todo que sí, ni satisfacerle todos los caprichos. El niño/a no puede hacer todo lo que se le antoja, puede ser hasta peligroso. Aceptarlo significa valorarlo y valoramos aquello a lo que dedicamos nuestro tiempo. No se trata de valorarlo si piensa o actúa como nos parece correcto y desvalorarlo si nos parece incorrecto. Se trata de valorarlo siempre y esto quiere decir usar nuestro tiempo para conversar, para mostrarle las consecuencias de sus actos, para ponerlo lo más posible en contacto con la realidad, para pasarle nuestra experiencia, pero no para meterle nuestras opiniones o principios morales pertenecientes a otra época. Lo que más quiere el niño/a es la presencia amorosa de sus padres y es cuando no la tiene que se pone a pedir caprichos, especialmente si se le deja mucho tiempo delante de la tele.

La mayoría de las veces los padres no tienen tiempo o capacidad de amar suficiente para hacer esto, existen otras obligaciones. Sin tiempo, conversar, informar, orientar, escuchar, compartir momentos es substituido por ordenar, chantajear, amenazar, premiar y castigar. El niño/a pasa por la amarga experiencia de comprobar que expresar sus emociones y seguir sus impulsos son cosas que lo llevan a sufrir, sintiéndose rechazado, desvalorado o abandonado. Cuanto más espontáneo es acaba sufriendo más y acaba identificando ser él mismo con sufrir, creyéndose además que no merece cariño ni atención y que su amor no vale nada. Su ser se debilita, pierde la confianza en sí mismo y en el mundo y acaba dejando de guiarse por sus sentimientos e impulsos.

Este sistema educativo de premios y castigos hace, entre otras cosas, que el placer que aparece naturalmente, cuando el niño/a actúa espontáneamente, desaparezca, y sea sustituido por el seudo-placer de ser premiado si sigue los patrones de conducta entre los cuales el más sagrado es obedecer.

"La obediencia no necesita de inteligencia. Todas las máquinas son obedientes. La obediencia le quita peso a cualquier responsabilidad, pues ésta permanece en la fuente de donde la orden viene. La desobediencia es una gran revolución, es asumir responsabilidad sobre sí mismo".

Osho (1931-1990)

El placer que viene de dentro puede ser peligroso pues puede traer castigos o rechazos y va quedándose cada vez más relegado al ámbito de lo imposible. El niño/a se va convenciendo de que no merece ese tipo de placer, de que sólo merece el que viene de fuera, resultado de adecuarse a las expectativas familiares: "Si te portas bien voy a comprarte un chocolate". Y así se inventó el *happy hour*. Quien así fue programado hoy tiene dificultad para escoger actividades que le proporcionan.

El niño/a se va quedando carente emocionalmente y comienza a hacer cualquier cosa para conseguir amor y aceptación, es decir para garantizar su sobrevivencia: obedece órdenes absurdas, esconde sus emociones, aprende a fingir y a mentir porque el camino directo para conseguir lo que quiere le fue prohibido. Comienza a manipular a los demás, representa los papeles más increíbles para recibir atención, aunque sea con una chancleta en la mano, pues para el niño/a es mucho más doloroso y peligroso ser ignorado que ser castigado.

El niño/a pierde el contacto con su amor y acaba creyendo que amar es obedecer, que amar es agradar a los demás, que amar es sacrificarse o renunciar. "Como nuestro Señor Jesucristo, que se dejó crucificar para salvarnos", repiten pastores y curas.

Con el tiempo, va transformándose en alguien que no es y nunca fue, traicionando su verdadero ser para, en el mejor de los casos, conseguir apenas unas migas de aprobación.

3°. EN EL PLANO MENTAL. Desde que nace el bebé tiene una enorme capacidad de percibir lo que sucede a su alrededor. Aunque no tenga información previa acerca del mundo al que acaba de llegar se da cuenta de cosas que para los adultos pasan totalmente inadvertidas. Aunque nos dicen que la mente del niño/a tarda siete años para desarrollar el raciocinio lógico, el niño/a, inicialmente muy atento, asimila informaciones a alta velocidad, pues tiene el doble de sinapsis cerebrales que el adulto. La mente tiene otras funciones aparte de la analítica y una de ellas, la percepción, está tan desarrollada que el niño/a percibe el texto, el subtexto implícito y la emoción subyacente.

Cuando el niño/a ya habla, más o menos con dos años de edad, el padre se aproxima más, le resulta más fácil comunicarse con él, pues la capacidad de saber lo que le pasa el niño/a, lo que le duele, lo que quiere sin necesidad de palabras que la madre tiene, es algo que el padre puede desarrollar pero que en principio no tiene.

Si el niño/a ya tiene un cierto nivel de carencia emocional, en el momento en que se amplía el canal de comunicación a través del habla, el niño/a crea la expectativa que en esa aproximación pueda recibir el apoyo y el amor de su padre que cure sus carencias y se torna más receptivo con él ese "gigante todopoderoso".

Si la sociedad patriarcal degradó a la mujer a la categoría de hembra paridera, invalidando su capacidad para hacer cualquier cosa que no sea cuidar de la casa y de la familia, también transformó al hombre, al negarle su polaridad femenina, en un troglodita, una hormiga que compite, algunas veces de maneras nada éticas, con otras hormigas. El padre en vez de colocar al niño/a sobre sus hombros y llevarlo a pasear, dejando que éste elabore sus propias ideas al respecto del mundo desde esa posición segura, le va metiendo sus ideas en la cabeza, su visión del mundo, sus creencias, sus manías. Ideas que reflejan lo que su padre es o lo que le habría gustado ser. En principio esto no sería un problema si el niño/a no estuviera carente. Cuanto más carente está con más hambre se tragará sin masticar las palabras de su padre buscando ser aceptado.

¿Qué podríamos decir de la calidad de estas ideas si durante siglos el hombre para ser aceptado tuvo que competir, negar su sensibilidad, esconder sus emociones, envolverse en actividades que nada tenían que ver con su esencia, endurecerse perdiendo la ternura, imponerse sobre los demás, explotarlos cuando no masacrarlos, conformarse con el pseudo-placer de las compensaciones, negarse a sí mismo para encajarse en los moldes socialmente aceptados? El hombre aceptó su frustración aunque intenta mantenerla anestesiada con el poder y con lo que el dinero compra. En muchos casos se tornó egoísta, estéril, cobarde, rígido e idiota. El padre, cuando no es omiso, muestra el camino "correcto", da "objetivos" prácticos, deja al niño/a "preparado" para la vida. El padre, con su actitud, ayuda a justificar y posibilitar la existencia de los ejércitos y el falso progreso que destruye el planeta.

Fig.II.01. El Rayo Pesado. Aleph

Como dije antes el niño/a percibe el texto, el subtexto y la emoción subyacente, y eso duele de manera que para no sufrir con lo que percibe poco a poco va reduciendo la resolución de su sensor perceptivo. Lo mismo ocurre cuando sus padres le mienten, en muchos casos el niño/a se da cuenta de que le están mintiendo y eso le hace tanto daño que opta por creerse la mentira.

Así acaba negando sus propias percepciones y prefiere tragarse lo que le cuentan no sólo sus padres: "es por tu bien", "más me duele a mí tener que castigarte", sino los curas, los profesores, la propaganda, la tele. Deja de sufrir o indignarse con las injusticias y los atropellos, abandona sus ideales. Si no cambia será incapaz de cribar la información, la propaganda comercial o política tendrá la misma credibilidad que lo que ve con sus propios ojos o un informe científico y probablemente no tendrá criterios propios.

Resumiendo, podemos decir que mediante el trabajo de La Emperatriz y del Emperador, El Loco debilitó su yo hasta el punto de perder su espontaneidad y se quedó con miedo de tomar iniciativas y expresar sus emociones e ideas. Ya no cree más en sí mismo, piensa que no merece amor, perdió su entusiasmo y su capacidad de maravillarse con la vida y trabó sus instintos. Se transformó en un frustrado, en un mendigo de atención, en un pequeño monstruo incapaz de entregarse y amar.

"Soy un niño, ese monstruo que los adultos construyeron con sus miedos".   Jean-Paul Sartre (1905-1980).

Puede intentar ocultar todos estos rasgos con cualquier disfraz, sin saber que todo lo que esconde continúa trabajando internamente, manipulándolo hasta límites insospechados.

Son cuatro los factores principales que posibilitan esta siniestra transformación:

• La sensibilidad, apertura y entrega amorosa del niño/a.
•La necesidad de amor y aprobación que tiene para poder sobrevivir.
•La superioridad física de los padres.
•La dependencia material del niño/a.

Podemos observar unos cambios interesantes en la programación infantil de unas décadas para acá. Cuando la mujer se lanza al mercado de trabajo, con lo que inicia un proceso de independencia económica, intelectual y sexual; cuando prioriza sus estudios (y hoy son mayoría en casi todas las facultades) y profesión a casarse y tener hijos, está colocando la primera piedra de la Nueva Era.

Antes de ese salto la madre estaba mucho más presente en casa y en general el padre también. La educación era más represora, los padres creían que sabían y debían criar a sus hijos como ellos mismos fueron criados, generalmente por padres todavía más autoritarios. La residencia familiar pertenecía a los padres y se hacía lo que los padres querían y si alguien no estaba feliz pues allí estaba la puerta. Los hijos tenían miedo de sus padres, y a esto se le llamaba respeto. Los hijos querían independizarse lo antes posible para salir de casa y tener su propio espacio y libertad. La familia compartía más tiempo juntos especialmente cuando no había televisión, los hijos podían sentir en algunos momentos mucha rabia de sus padres, pero al mismo tiempo veían que éstos estaban disponibles para hacer cosas juntos, es decir eran vistos, atendidos, orientados, cuidados, aunque también reprimidos y castigados.

En la sociedad actual los padres casi no están en casa, el ganar dinero les ocupa casi todo el día, los padres llegan estresados y cansados cada noche. Los niños/as-adolescentes pasan más tiempo en casa que sus padres y van apoderándose de algunos espacios mientras sus padres están fuera. Los padres tienen poquísimo tiempo para sus hijos que se sienten abandonados y ocupan el tiempo libre con la televisión, los videojuegos y otros artefactos que estimulan el consumismo y la violencia. Los padres que optaron por dedicar su tiempo a ganar dinero, desconocen a sus hijos y se sienten culpables por no darles más atención, de manera que les compran todos los caprichos y no les ponen límites. Los hijos se sienten abandonados y van acumulando rencor, dolor y carencia. Como no pueden tener lo que en el fondo quieren, que es el amor, la presencia y la atención de sus padres, se transforman en verdaderos tiranos que exigen caprichos, creyéndose que tienen todos los derechos y ninguna obligación. Como en casa tienen todas las comodidades e incluso libertad pues los padres casi no están para reprimirlos, se aferran al hogar familiar con uñas y dientes antes de enfrentar los "peligros" de la independencia allá afuera.

Ahora, El Loco se encuentra con El Hierofante, el Arcano V, que trae las doctrinas con las cuales la sociedad da el toque final al ego o falsa personalidad que el niño/a fue obligado a adquirir. El Hierofante es el poder ideológico, los fundamentos religiosos, filosóficos o "científicos" que ayudan a sustentar el poder económico, el sistema, El Emperador.

El Hierofante bendice los ejércitos de jóvenes que el viejo Emperador manda a la muerte. Un día no muy distante, el Hierofante de Occidente residía en el Vaticano. Hoy son los medios de comunicación, el Cuarto Poder que fabrica la pseudo-información y la pseudo-cultura masificada y masificadora, anti-creativa e idiotizante, que acabando con la sabiduría popular, impone sistemas de valores ajenos a cada pueblo. "Valores" especialmente decadentes, creencias pasteurizadas, destiladas en las agencias de inteligencia internacional a partir de crudos judaico-cristianos con un aderezo neo-liberal.

El niño/a y el adolescente privados de sus referentes internos caen en las garras de estos comerciantes de sueños. Para llenar su vacío de identidad, los jóvenes buscan alguna cosa, algo para "ser alguien", pero sólo encuentran lo que está disponible en el mercado. Así, comienzan a consumir basura, harapos con los cuales intentan construir una autoimagen, más simple o más sofisticada, más alternativa o clásica, más Ipanema o más

Brooklyn, más barata o más cara, aunque siempre falsa y cuya representación nunca da gratificaciones profundas y duraderas. Por otro lado, los criterios de selección de harapos ya fueron sugeridos por los padres. El niño/a-adolescente puede aceptarlos o, igualmente desligado de sí mismo, puede buscar los opuestos en una rebelión de fuerte carácter autodestructivo. Así, el Ser verdadero va quedándose preso, tal como vemos en la Fig.II.02.

Fig.II. 02. Radiografía de un mocordo

Para encubrir esta terrible sensación de miedo, debilidad, mediocridad, frustración y falta de amor, el joven se viste de orgulloso, de especial, de invulnerable, de héroe, de mártir... Ya está listo para ocupar un puesto en la sociedad, para ser un empleado sumiso, un político corrupto, un profesional de la religión, un bandido, un militar, un don nadie o un fulano de tal, un número, un conjunto de rótulos... Ya está programado, es una oveja en el rebaño de los desconectados de sí mismos, sin emociones a la vista, sin criterios propios, sin un cuerpo propio, ya que hasta su estructura corporal fue viciada con múltiples tensiones[8].

Sin embargo, cuanto mayor es la programación mayor es el sufrimiento y, por lo tanto, paradójicamente, también es mayor la necesidad de dejar de sufrir y de hacer alguna cosa concreta en ese sentido. El punto de mayor robotización puede ser el inicio de la liberación. Preguntados los siete sabios de Grecia al respecto de cuál es la fuerza mayor, la respuesta fue unánime: "la necesidad".

Cuando aceptamos nuestra ignorancia, cuando la mente se rinde y dice: "Desisto de tener una explicación para todo", estamos dando el primer paso para la verdadera sabiduría.

A nivel social, podemos decir que cuanto más alienante es el *status quo*, más luminosas pueden ser las centellas de belleza y conciencia que atravesando todas las barreras y policías del pensamiento, nos ayudan a mantenernos vivos y vibrantes. Los poetas, músicos y artistas en general, con su lenguaje sutil, consiguen tocar nuestras fibras sensibles, favoreciendo nuestro contacto interno y ayudándonos a sentir placer.

Una de estas luces es la carta del jefe indio Seatle al presidente de Estados Unidos cuando, en 1854, el gobierno pretendía comprar el territorio de la tribu. Veamos un extracto:

"¿Como podréis comprar o vender el cielo, el calor o la tierra? ¿Si poseyéramos la frescura de las aguas y la fragancia del aire, de qué manera V. Excª? podría comprarlas? Cada pedazo de esta tierra es sagrado para mi pueblo...Si nosotros vendemos nuestra tierra, ustedes deben recordar y enseñar a sus hijos que los ríos son nuestros hermanos... Sabemos que el hombre blanco no entiende nuestras costumbres. Para él, un pedazo de tierra es igual al pedazo de tierra vecino, pues él es un extraño que llega y se apropia de la tierra que necesita. Su insaciabilidad arrasará la tierra y la transformará en un desierto... Pensaremos, por lo tanto, en vuestra oferta de comprar nuestras tierras, pero si nos decidimos a aceptarla, yo pondré una condición: El blanco deberá tratar a los animales salvajes como hermanos. Enseñad también a vuestros hijos lo que enseñamos a los nuestros: que la tierra es nuestra madre. Decidles que la respeten, pues todo lo que sucede a la tierra, sucederá también a los hijos de la tierra."

Grande es el poder de la belleza. El poder de la verdad es mayor, pero es necesario algo todavía más poderoso para poder abrir una grieta en la siniestra armadura de la falsa personalidad. Si la programación fue grabada a sangre y fuego (amenazas, castigos, críticas, culpa, abandono, rechazo, etc.) será necesario algo que toque nuestra sangre (emociones) y nuestro fuego (instintos), para que algo suceda. La pasión, donde el amor y el deseo instintivo se juntan, es el mejor abrelatas. Cuando El Loco se enamora, no sólo comienza a ver el mundo de otro modo, sino que empieza a verse a sí mismo con otros ojos. El hecho de que exista alguien que lo ame tal como él es, que lo escuche con atención, que no le exija un determinado tipo de conducta, hace que El Loco aumente su autoestima, comience de nuevo a gustarse, a creer en él, en sus ideas, en su amor y amplíe los límites a los cuales la programación lo tenía reducido.

Enamorado, encuentra la valentía necesaria para luchar por lo que quiere, va abriéndose, se quita la corbata o el sostén psíquico y se entrega al amor y a la pasión. Cuando está amando puede ser total aquí y ahora. Siente que está siendo auténtico consigo mismo, puede deleitarse con los momentos felices e incluso puede trascender. Puede llegar a sentir que su amor va más allá de su amante. El Loco se sorprende amando la puesta del sol, los hijos del vecino le parecen adorables, surge un sentimiento de fraternidad con el cartero, etc. En algún momento puede sentirse unido en amor a todo el universo

Por medio del amor, El Loco tiene encuentros reales consigo mismo, su amante es la puerta para su primera recuperación. Su energía vital se multiplica inmediatamente e intuye que su vida podría ser bien diferente, se pregunta: ¿Este estado de placer que estoy viviendo procede de mi relación amorosa y sexual o es la expresión de algo muy mío, que siempre estuvo aquí dentro y que puedo vivenciar siempre que lo desee?

Ahí viene el dilema: intentar dar continuidad a este momento, donde la espontaneidad y la pasión llevan a la felicidad, asumiendo el derecho de seguir los impulsos más íntimos, o continuar la rutina mecánica, esclavizadora, mezquina y sin placer. Esta elección entre ser él mismo identificando e avanzando por el camino en que puede ser fiel a sí mismo o continuar siendo una marioneta de la programación es el momento de conciencia de Los Amantes, Arcano n.º VI.

Esta alternativa liberadora es algo muy peligroso para el sistema, que se mantiene mientras tenga quien lo alimente. Lo más peligroso para el sistema es el amor, especialmente cuando llega acompañado de una sexualidad[9] libre y consciente. Por eso, la verdadera liberación sexual fue siempre reprimida por cualquier tipo de poder.

Los Amantes llevan al Loco a una opción fundamental: tener que escoger entre dos caminos. Por un lado, la aventura y el riesgo que supone aventarse a lo desconocido, entregarse a lo nuevo, ser espontáneo, con el placer y el peligro subsecuentes, por otro lado, la seguridad de permanecer en el área de confort, lo conocido, las rutinas, el autocontrol, el miedo a cambiar, los viejos patrones de conducta. Cambiar significa abandonar un esquema de vida, de auto-imposiciones, que dan seguridad y protección. Cambiar significa hacer las maletas para un viaje del que tanto el itinerario como el destino no están muy claros. El Loco ve que para proseguir su verdadero camino debe deshacerse del peso muerto, debe desapegarse de lo que no le satisface más. Esta es la fase de conciencia del Carro, Arcano VII, su 1ª iniciación que le permitirá abrir un nuevo ciclo.

Todavía no realizó su potencial ni consigue ser espontáneo todo el tiempo; no sabe lo que le espera en su camino, sólo quiere hacer permanente un estado de plenitud y placer que vislumbró. Como los caballeros del rey Arturo, sale a buscar el Grial sin saber que está dentro de sí mismo. Dejará las comodidades de Camelot, abandonará los apegos y órdenes externas, para lanzarse a la aventura de descubrirse, aunque continúe cargando su armadura de miedos, bloqueos y mecanismos de defensa.

En el momento en que El Loco abandona sus prisiones-protecciones externas, sus rutinas más sofocantes y se lanza a la vida, inevitablemente tendrá que confrontar y ajustarse a nuevas situaciones que en realidad él mismo atrae para crecer y tendrá que encontrar la manera más adecuada de expresar sus impulsos internos manteniéndose fiel a sí mismo y sin causar grandes atritos con el mundo externo. El viajero entró en el ámbito del Ajuste (La Justicia), Arcano n.º VIII en la tradición. Este ajuste no era posible antes porque las rutinas y hábitos de conducta no dejaban grietas por donde pudiera colarse una situación catalizadora de su transformación. Sin embargo, ahora que está más abierto y disponible, el ajuste se produce. Tiene un encuentro con su propio karma del mismo modo que un feroz consumidor de alcohol, azúcares y carnes tendrá que someterse, algún día, a una dieta desintoxicante si quiere abrir una nueva fase de vida con salud. En este encuentro con El Ajuste, El Loco elimina fricciones consigo mismo y con el mundo para continuar su crecimiento más equilibrado y fluido.

Es posible que, para el caminante, los efectos inmediatos de este ajuste no sean agradables y probablemente éste va a salir muy tocado de este encuentro, sino profundamente desestructurado. Algunas de sus máscaras se van a caer, especialmente las que escondían su vulnerabilidad, entonces comprenderá que no puede continuar su camino, mientras no se conozca mejor. Para eso, El Loco entra en contacto con el Arcano IX: El Ermitaño.

Así dirige aquí su atención hacia dentro, comienza a estudiarse, es su primera interiorización voluntaria y consciente después de La Sacerdotisa. Cambia su foco, deja de colocar la responsabilidad de sus pesares, angustias y sufrimientos en el mundo externo: la pareja, la familia, el jefe, la crisis económica, etc. para colocarla en sí mismo, percibiendo que si algo lo mueve es porque tiene un área sensible, pues si no la tuviera ese algo no le afectaría. Esta actitud analítica de responsabilización por su vida lo lleva a usar las herramientas terapéuticas a su alcance para conocerse desvendando los estratos de su inconsciente, identificando sus miedos, bloqueos y heridas antiguas, sus deseos prohibidos, tal vez "inconfesables" investigando en su infancia sus orígenes de lo que inhibe su evolución. Así va centrándose, puede abrir su corazón al mundo y su actitud puede ser nutritiva. Lo que aprendió de sí mismo y las técnicas que usó pueden ayudar a otras personas. Éste es un momento muy peligroso, ya que el Loco puede usar sus descubiertas para seguir adelante, transformando su vida, o dejar que su ego se apodere de ellas y, convirtiéndolas en doctrinas, comience a venderlas o a usarlas para darse autobombo. Esto representaría un retroceso hasta El Hierofante. Un hierofante tal vez más alternativo y modernito, pero siempre un loro vendedor de recetas.

El Loco, más centrado y consciente, deja su relativa soledad de anacoreta producto de la fase introspectiva anterior para volver al mundo, a la movida, en brazos del Principio de la Expansión ilustrado por el Arcano X: La Fortuna o La Rueda de la Fortuna. Él, que perteneció a este mundo competitivo y agresivo, degradado y degradante –que en el budismo tibetano se conoce como la rueda del *samsara*: la inercia de la inconciencia que ciegamente nos arrastra al fondo del pozo del sufrimiento– hoy es capaz de verlo desde fuera. Ya no se deja hipnotizar con las banderas gloriosas, el mundial de futbol, las "maravillas" de la tecnología, el sensacionalismo de los medios. Ya no muerde el anzuelo, ve la locura autodestructiva de los humanos, los esclavos esclavizados manteniendo en el poder a los esclavos esclavizadores. Éstas y otras percepciones reafirman su individualidad y su centro. El Loco percibe que puede vivir en el mundo siendo él mismo y que cada situación, puede ser aprovechada como una oportunidad para, no solo aprender, sino para pulir su expresión más auténtica y verdadera.

Por este camino de fidelidad a sí mismo entra en el estado de conciencia del Arcano XI, tradicionalmente llamado La Fuerza, rebautizado por Crowley como *Lust*[10] cuya mejor traducción sería "El Entusiasmo". Éste es un estado de integración de sus lados animal y racional. Identifica, respeta y acoge lo que viene de su lado animal: emociones, instintos, impulsos vitales y necesidades biológicas y corporales, dándoles una expresión adecuada con la mente. Esta integración genera autoestima, autoconfianza, alegría de vivir, energía, vitalidad y entusiasmo. El Loco se siente bonito, sensual, sexy, creativo, lleno de vida, potenciales y méritos, y dice: "yo me amo y me gusto".

Acentuando este proceso de auto-aceptación El Loco se zambulle en el Arcano n.º XII: El Colgado que ilustra el Principio de la Entrega. En 1º lugar la entrega a su propia naturaleza, aceptándose plenamente independientemente de las opiniones ajenas. Así ya no necesita fingir, ya no quiere ser lo que no es para conseguir la aceptación de los demás. En la medida que se entrega a lo que es, puede entregarse a la vida y al mundo, pues mientras no se acepte si hace algo por el mundo lo hará para conseguir la aceptación del mundo, no será un acto de amor sino comercio, será dar para recibir. El "yo me amo y me gusto" del Entusiasmo puede transbordar y tornarse un "yo te amo y amo al mundo".

"Me celebro y me canto a mí mismo. Y lo que yo diga ahora de mí, lo digo de ti, porque lo que yo tengo, lo tienes tú y cada átomo de mi cuerpo es tuyo también". Walt Whitman (1819- 1892)

En Los Amantes, El Loco se enamoró de una persona y tuvo vislumbres de felicidad que, aunque momentánea, le posibilitó en El Carro, abrir un nuevo ciclo. En El Entusiasmo la integración de su lado animal le dio la fuerza y la valentía para entregarse a sí mismo, a la vida y al mundo en El Colgado. En el próximo arcano: La Muerte, de n.º XIII, el amor le permite confrontar los miedos que lo mantenían preso a viejos patrones de conducta que fueron necesarios para ser aprobado en la infancia para dar un salto en su auto transformación. Comprobamos una vez más que el amor es la fuerza transformadora por excelencia, la energía que lleva a la evolución de la sociedad y del ser humano.

En el Arcano XIII, El Loco vive la muerte de su robot, miedoso repetidor de patrones. Sus defensas comienzan a quebrarse, y por las grietas la esencia divina do Ser. El Loco, irradiando amor, abre la tapa de la botella-programa, liberando las primeras burbujas de su fragancia más íntima. Esta liberación, a pesar de que puede ser algo repentino, en verdad, es el fruto de un proceso que comenzó en los Amantes y exigió confrontar la programación infantil.

En estos momentos, la esencia del ser inspira las manifestaciones del Loco. Su naturaleza más auténtica está fluyendo y tomando forma y expresiones concretas. Ésta es la fase de conciencia que llamamos Arte en el tarot de Crowley, arcano XIV, o Templanza en otras barajas, pues todo lo que fluye como una expresión de la esencia del ser es, sin duda, arte. El caminar se transforma en una danza, la palabra en poesía, el silencio en meditación. Cada gesto está impregnado de la belleza que la esencia tiene.

Ésta es la segunda iniciación del Loco (2 x 7), caracterizada por la integración de los opuestos. En el plano profesional hace de su diversión su trabajo[11], de lo que le da ese placer que viene de dentro cuando expresamos nuestros talentos, su forma de ganar dinero. Descansa trabajando pues ¿qué esfuerzo es necesario cuando hacemos lo que nos gusta? Esta carta ilustra el *wu-wei* de los sabios taoístas: el hacer sin hacer, la acción sin acción, el movimiento desde la calma interior, libre de expectativas con los resultados.

Deja de estar dividido de lunes a viernes haciendo lo que no le gusta para tener dinero y de viernes a domingo gastando dinero para comprar placer para pasar a vivir la semana entera con placer y dinero. En un plano más amplio integra sus polaridades, su masculino con su femenino.

El Loco, transformado por el amor y la *praxis,* entra en el 3º septenario de cartas donde va a rescatar plenamente aquellos aspectos suyos que se vio obligado a reprimir. Comienza por sus instintos, las fuerzas que nos mantienen vivos como individuos y como especie, representados por el Arcano XV, El Demonio: el de defensa, el sexual y el de preservación. Aquí el desafío del Loco es permitir que éstos florezcan plenamente, y vuelvan a ser las raíces de su fuerza vital. Los instintos fueron, durante siglos y también en la actualidad de forma más sutil, negados, reprimidos o sublimados, rodeados de tabúes, considerados fuente de dolor y enfermedades, exiliados a las más profundas mazmorras del inconsciente, para después ser manipulados y usados por la propaganda y los medios de comunicación para vender cualquier cosa. Este rescate libera tanta energía que permite, en el paso por La Torre, Arcano XVI, remover las viejas prisiones, lo que sofoca y limita, sean éstas externas (vínculos profesionales, compromisos familiares, exigencias financieras, relaciones donde el amor desapareció) e internas (el ego). Aquí El Loco deja de vender su libertad y su vida a cambio de la supuesta seguridad que las prisiones aparentemente proporcionan.

En La Estrella, arcano XVII, El Loco recupera su percepción que fue ofuscada por toneladas de creencias, principios, valores y prejuicios que como cortinas le impedían ver la realidad externa e interna y que ahora elimina, dejando su intelecto receptivo, atento, realista, funcional e intuitivo.

"No busques la verdad, apenas abandona tus opiniones"
Proverbio zen budista

A partir de aquí, estará con la fuerza y la lucidez suficientes para encarar, entender e integrar las características y talentos de s u ser que tuvo que esconder, primero de la familia después del mundo y finalmente de sí mismo, en el baúl de la sombra del inconsciente, en su encuentro con La Luna, arcano XVIII. Para ello tiene que enfrentar los miedos de volver a pasar por las situaciones de sufrimiento por las que pasó cuando expresó en la infancia dichos aspectos y talentos. Mientras no acepte e integre su sombra será manipulado continuamente por todo lo que se acumuló en el baúl por más que decrete que es un ser de luz, que abrace árboles, nade con delfines o recite mantras. Como dijo Jung: *"Nadie se ilumina imaginando figuras de luz, sino tornando consciente su oscuridad"*.

Sumergiéndose en lo más profundo de las tinieblas, El Loco alcanza la luz: El Sol, el arcano XIX: La Conciencia que se puede manifestar en dos niveles. El primero es el nivel de la individualidad, donde El Loco dice: "Yo soy yo, un ser único, irrepetible y por lo tanto especial. Una vez alcanzado el 1º nivel es posible llegar al 2º: la espiritualidad, donde todos somos iguales. El Gran Espíritu, El Principio Creador, la Divinidad o como la queramos llamar impregna todo lo que existe. Y no digo Dios, porque esta palabra ha sido usada de tal manera durante siglos, se han cometido en su

38

nombre tantos crímenes, que suena falsa, fea, vulgar, una caricatura de lo que en su sentido original pudo expresar un día. Aquí El Loco resplandece, pues tomó contacto con la eternidad, consiguió atravesar todos los velos que escondían el ser de luz que es, siempre fue y será, y dice: "Yo soy divino".

El Arcano XX, El Eón o El Juicio en la mayoría de los Tarots, está entre El Sol (la Conciencia) y El Universo (la realización final). Representa el momento en que el individuo munido de la consciencia alcanzada en El Sol y habiendo integrado su fuerza instintiva en El Demonio, su libertad en La Torre, su percepción en La Estrella y su sombra en La Luna colma de amor y apoyo a su niño/a herido, aquel niño/a que salió de la infancia carente e inseguro y después no creció. Era el niño/a cuyas manipulaciones no dejaban al adulto llevar su conciencia hasta la realización concreta y material de sus potencialidades.

Finalmente, en El Universo, Arcano XXI, El Loco culmina su tarea, realiza sus potencialidades, va hasta las últimas síntesis, concretizaciones y consecuencias. Esta 3ª iniciación (3 x 7) implica una trascendencia, un nuevo ciclo en la espiral de la evolución, caracterizado por estar más atento a lo que viene de dentro. Entonces, apenas resta celebrar, libre y feliz, el éxtasis de la danza de la vida.

CAPÍTULO III - ¿QUÉ ES EL TAROT?

Orígenes e historia

La manera más fácil de responder a esta pregunta podría ser dar una descripción: el Tarot es una baraja de 78 cartas, también llamados Arcanos o Misterios, integrados por tres grupos:

22 Arcanos Mayores

16 Figuras de la Corte

40 Arcanos Menores

Los Arcanos Mayores son la expresión simbólica de Principios Universales o arquetípicos alrededor de los cuales está estructurado el inconsciente individual y colectivo de los seres humanos. Algunos casan perfectamente con las fuerzas que están operando en el nivel Macrocósmico, permeando simultáneamente el universo, el sistema solar, nuestro planeta, la sociedad, el ser humano, cada célula, átomo y partícula de la existencia.

Las Figuras de la Corte son 16 tipos de personalidad obtenidos a través de la combinación de los cuatro elementos – Fuego, Agua, Aire y Tierra. Tenemos entonces cuatro familias la de Bastos, la de Copas, la de Espadas y la de Oros, Discos, Monedas o Pentagramas. Tenemos también 4 funciones ejecutadas por el Caballero, la Reina, el Príncipe y la Princesa en la disposición matriarcal del Tarot de Crowley y Rey, Reina, Caballero y Sota o Valet en la patriarcal de la mayoría de las barajas.

Los 40 Arcanos Menores, o cartas numeradas del As hasta el Diez, están también estructuradas en cuatro series – Bastos, Copas, Espadas y Discos – y representan aspectos del comportamiento humano. Los Bastos muestran como estamos energéticamente, como administramos nuestro fuego, en sus tres niveles: instintividad, creatividad y espiritualidad. Las Copas ilustran diferentes estados emocionales. Las Espadas son mecanismos o estados da mente. Y los Discos u Oros muestran nuestra relación con el mundo material: cuerpo físico, bolsillo, cuenta bancaria y patrimonio.

La descripción sirve, pero la pregunta continúa en el aire: ¿Qué es el Tarot?

⩊ Un arte de adivinar.

⩊ Una visión simbólica del Cosmos.

⩊ Un compendio de conocimientos esotéricos.

⩊ Un mapa de la psique.

⩊ Un camino de crecimiento espiritual.

⩊ Un legado de otras civilizaciones.

⩊ Una representación simbólica del Árbol de la Vida.

⩊ Una ilustración de las fuerzas de la Naturaleza.

⩊ Un instrumento de autoconocimiento.

Todas esas respuestas pueden ser verdaderas, unas y otras se complementan, pero todas limitan la respuesta que estamos buscando, que parece abarcar todas ellas y probablemente muchas más. La propia necesidad de respuesta nos lleva a tener que hacer un cambio de enfoque, ya que nos sucede como a los físicos del siglo XX: cuanto más reducimos el campo ocular buscando precisión, el Tarot se desvanece, como un electrón frente al microscopio electrónico.

Pepe Lógico tiene que bajarse del burro Cartesius y abrir bien los ojos para ver y la sensibilidad para sentir, acordándose de las palabras de don Juan: "Intentar reducir esta maravilla que nos rodea a una realidad mensurable es una gran bobada". Pero una bobada que se hizo hábito hace bastante tiempo.

En la Edad Media era: "Esto es dogma de fe, lo aceptas o te quemamos". Después, con la entrada en el Siglo de las Luces se pasó a decir: "Sólo puede ser objeto del conocimiento aquello que puede ser cuantificado y demostrado científicamente". De manera que los fenómenos cuyas propiedades no podían medirse fueron considerados meras proyecciones subjetivas que debían ser excluidas del dominio de la ciencia. Así el riquísimo mundo de la Astrología, tal vez la cosmovisión mejor elaborada del mundo antiguo occidental, fue reducida por la nueva ciencia newtoniana a tres insípidas leyes matemáticas.

La humanidad se fue acostumbrando, con sus científicos a la cabeza, a ver el mundo como un conjunto de objetos aislados y neutros que cumplen mecánicamente ciertas leyes, hasta el punto de mirarnos como si fuéramos seres previsibles y programados, sin originalidad, espontaneidad ni posibilidad de trascendencia. Y lo peor es que cualquiera que se salga de estos parámetros es considerado loco o peligroso.

Será mejor desistir de conceptualizar el Tarot y aproximarse a él usando los símbolos como puentes. Encontraremos paralelismos entre las cartas y los mitos y leyendas de las culturas antiguas como de la Grecia clásica, la India védica, el Egipto faraónico, el taoísmo chino, la Cábala hebrea, el gnosticismo, etc. El Tarot es frecuentemente llamado El libro de Thoth. Algunos autores sostienen la hipótesis de que Thoth introdujo el Tarot en Egipto. Éste fue un personaje mítico, al que se le atribuía la invención de los jeroglíficos, del lenguaje y de la astrología. Thoth operaba el ritual del juicio de las almas y en su forma sincrética de Hermanubis, las transportaba al otro lado del río que separa el mundo de los vivos del de los muertos. En casi todas las grandes civilizaciones existieron entidades equiparables a Thoth: Hermes en Grecia, Hanumán en India, Quetzalcóatl en México, etc. Son instructores de pueblos que, divinizados, simbolizan los principios y conocimientos que trajeron. Hay quien dice que Thoth fue un alto iniciado atlante que desembarcó en Egipto, con la misión de pasar una tradición que se iba a perder a una nueva civilización.

41

Otros estudiosos afirman que fueron los gitanos quienes inventaron el Tarot, que de hecho lo popularizaron en Europa. Sin embargo, antes de que los gitanos armaran sus tiendas en Barcelona, París y Marsella en las primeras décadas del siglo XV ya existían evidencias de la presencia de juegos de cartas en Europa.

Un monje alemán, llamado Johannes, escribió desde Brefeld, Suiza, una carta que se conserva en el Museo Británico, en la que comenta: "*Un juego de cartas llegó hasta nosotros en este año de 1377. Cuatro reyes cada uno sentado en un trono real y llevando un símbolo en la mano*".

Giovanni Coveluzzo, historiador italiano de finales del siglo XV, escribió la historia de su ciudad natal, Viterbo, para lo cual recogió crónicas de un antepasado suyo. Giovanni escribió: "*En el año de 1379 llegó del país de los sarracenos*[12] *un juego de cartas que ellos llaman naib*". Tanto naipe, en latín *naibi*, como *naibe* en hebreo, significan "brujería" y "predicción".

En 1387 las cartas eran conocidas en España ya que se conserva un decreto de ese año del rey Juan I de Castilla que prohibía jugar a los dados, al ajedrez y a las cartas. Diez años después el alcalde de París también las prohibió. Más simpático, permitía su uso los domingos y festivos. Sin embargo, no existe ninguna evidencia de que aquellos juegos de cartas fuesen de Tarot.

La baraja que durante mucho tiempo fue considerada la más antigua, de la cual se conservan 17 cartas, sería la que consta en la contabilidad del Rey Charles VI de Francia, en 1392: "*Dado a Jacquenim Gringonneur, pintor, por tres juegos de cartas... para el señor Rey... 56 soles parisienses*". Sabemos ahora por el Laboratorio de Investigación de los Museos de Louvre que las 17 cartas son de finales del siglo XV o inicio del siglo XVI. Se conservan en la Biblioteca Nacional de Paris.

Fig.III.01. El Papa y el Juicio de "Gringonnneur"

Probablemente la baraja citada en el libro de contabilidad era un juego de cartas común, es decir, sin los Arcanos Mayores. Las 17 cartas no llevan títulos ni números, pero por el dibujo podemos identificar 16 Arcanos Mayores y una Figura de la Corte. La obra de Gringonneur se perdió, mientras que las 17 cartas continúan siendo conocidas como el Tarot de Gringonneur.

Con el inicio del Renacimiento, la Iglesia Católica deja de tener la hegemonía y surgen, especialmente en Italia, poderosas familias dueñas de la tierra y del comercio con Oriente abierto por Marco Polo. Es bajo el amparo y patrocinio de estos mecenas que aparecen las primeras barajas de las cuales tenemos evidencias históricas. En 1415 encontramos en Venecia un tarot de 78 cartas, con 22 arcanos mayores y cuatro series de 14 arcanos menores cada una. En Bolonia surge *Il Tarocchino* con 62 cartas. El Tarot florentino, también de la época, consta de 97 cartas: 56 arcanos menores y 41 mayores, siendo 17 de la secuencia clásica, 12 signos zodiacales, los cuatro elementos y cuatro virtudes cristianas.

El más conocido es el "Tarot de Visconti-Sforza", de 1441, regalo de bodas de Francesco Sforza y Bianca María Visconti, del miniaturista Bonifacio Bembo (1420 - 1480). Es una baraja policromática y de sus 78 cartas El Diablo, La Torre, El Tres de Espadas y la Sota de Oros se perdieron y fueron redibujadas para posibilitar su comercialización. Ese juego dio lugar a por lo menos 15 barajas diferentes, ninguna de las cuales está completa.

Fig. III.02. El Loco y El Demonio del Visconti-Sforza

Es común acusar al fanatismo religioso de la eliminación de las primeras barajas. Si consideramos que esas barajas aparecen en el seno de la aristocracia italiana, a cuyas familias pertenecía la alta cúpula de la Iglesia, difícilmente podemos creer que la Iglesia condenara el uso del Tarot. Los conocidos sermones de Bernardino de Siena contra la sodomía y los juegos de cartas nada tenían que ver con el tarot.

Contrariamente a la idea de que en algún momento surgió el Tarot, con sus 78 cartas, y que su uso trivial dio lugar a la baraja común con sus cuatro palos, las evidencias históricas parecen indicar que primero aparecieron las cartas del juego. Este tipo de baraja, citadas anteriormente (decretos Juan I de Castilla y el alcalde de París, la carta del monje Johannes, las crónicas de Giovanni Coveluzzo, o el Gringonneur) fue incorporando cartas especiales llamadas Triunfos que en algunos casos eran los dioses griegos, o los signos zodiacales o ya en el Visconti Sforza exponentes de la sociedad de aquella época (Loco, Mago, Emperador, Emperatriz, Papa, Ermitaño), virtudes católicas (Justicia, Fortaleza, Templanza), etc. que pasan a llamarse Arcanos Mayores.

¿Pero cuáles fueron las fuentes de inspiración de Bembo y otros anónimos autores de los primeros tarots italianos?

Si existió un hilo conductor entre el antiguo Egipto y el final de la Edad Media, entre el paganismo y las primeras barajas de Tarot, fue el Gnosticismo que, surgiendo en las provincias orientales del Imperio Romano, se alimentó no solo del cristianismo *in loco,* sino también de las doctrinas hindús, caldeas, persas y egipcias, junto con la filosofía de la Grecia clásica y el conocimiento cabalístico hebraico.

Alejandría fue el centro de la cultura gnóstica en el siglo II a.C. Con los incendios de sus bibliotecas durante la campaña de César en los años 48-47 a.C. después en el año 391 d.C., por los cristianos y su destrucción total en el siglo XII por los musulmanes, la humanidad perdió su mejor legado cultural y quizá la posibilidad de saber alguna cosa concreta al respecto del origen del Tarot.

Pasó un siglo y medio para que aparecieran las barajas que se tornaron las más conocida de la época y que continúan siendo usadas: Los Tarots de Marsella, que según Pierre Camoin, miembro de una familia tradicional de impresores del Tarot, surgieron en dicha ciudad en 1604. Son 78 cartas, sus 22 arcanos mayores llevan título, excepto La Muerte y numeración romana excepto El Loco. Se imprimían usando sellos de madera, de manera que después podían ser coloreados de diferentes maneras. Del siglo XIX en adelante fueron impresos en máquinas.

Si los Tarots del s. XV eran usados por las finas manos de la aristocracia italiana, en el siglo XVII son los gitanos, que lo utilizaban como un medio de adivinación leyendo "la buena fortuna", los que lo popularizan. Si lo usaban con otras finalidades es algo que ignoramos.

En el siglo XVIII Court de Gébelin, pastor de la Iglesia Reformada, ocultista, masón y arqueólogo francés rescata el Tarot para las élites de la intelectualidad europea. En 1781, ocho años antes de la Revolución Francesa, editó "El mundo antiguo analizado y comparado con el mundo moderno" en nueve tomos. En el primer volumen se refiere al Tarot así: *"Es el Tarot todo lo que nos queda de las magníficas bibliotecas de Egipto. Está formado por 77 o 78 láminas... Los 22 Triunfos representan, los líderes espirituales y temporales de la sociedad, las fuerzas físicas de la agricultura, las virtudes cardinales, el matrimonio, la muerte y la resurrección... Aparte de los Triunfos, este juego se compone de cuatro series de naipes: las Espadas que representan los faraones y toda la nobleza militar; las Varas o Bastos que representan los agricultores; las Copas que muestran la clase sacerdotal y las Monedas que representan los comerciantes".*

Fig.III.03. Court de Gébelin y su Colgado

Gébelin estaba convencido de que el Tarot procedía del Antiguo Egipto y que los gitanos eran descendientes de los egipcios. Aunque las palabras gitano y egipcio, especialmente en inglés (*gipsy* y *egipcian*) son muy parecidas, los gitanos proceden del estado de Rajastán (India), de donde fueron expulsos por el conquistador musulmán-mogol Timur Lenk en el siglo XII. Camino de Europa algunos pasaron por Egipto, de donde tal vez absorbieron costumbres y conocimientos, pero no son descendientes de los antiguos egipcios.

Considerar Egipto como el lugar de origen de las ciencias esotéricas era una idea muy común en la Francia pre-revolucionaria. Solamente cuando fueron descifrados los jeroglíficos egipcios con el descubrimiento, por los arqueólogos que acompañaban a Napoleón en su conquista de Egipto a finales del siglo XVIII, de la Piedra de Roseta[13], esta teoría fue descartada. Gébelin sostenía que la palabra Tarot era formada por los vocablos egipcios "*Tar*", que significa camino, y "*Ro*" o "*Rog*", que significa real. El Tarot sería el "camino real", curiosamente esta es también la traducción de *Tao Te King*. De cualquier manera, y aunque Gébelin pudiera estar equivocado en algunas de sus suposiciones, con la publicación de *"Le Monde Primitif..."* el Tarot se convirtió en uno de los oráculos más apreciados por los esotéricos y magos de la época. Gébelin murió en 1874 dejando también una baraja parecida a la de Marsella, eliminó detalles, cambió títulos y hasta puso en pie al Colgado.

Eteillá, pseudónimo de Jean-Baptiste Alliette (1738-1791), discípulo de Gébelin, estudioso de los pitagóricos y que con una baraja propia conocida como el "Tarot del gran Eteillá" desarrolló un trabajo adivinatorio durante la Revolución Francesa que le granjeó fama, discípulos y clientes, entre ellos Mª Antonieta. En su libro *"El arte de leer las cartas"*, el primero que habla explícitamente del uso adivinatorio del Tarot, las cartas vienen con números árabes, de manera que el Loco, con el título de "La Locura" lleva número, el Cero.

Fig.III.04. La Locura de Etiellá

Ya en el siglo XIX, Alphonse Louis Constant, más conocido por Éliphas Levi (1810-1875), también francés, durante un tiempo abad de la Iglesia Católica, cabalista, filósofo y según Crowley –que se consideraba su reencarnación posterior– un gran humorista, vinculó en su *"Dogma y ritual de alta magia"* los 22 Arcanos Mayores con las 22 letras del alfabeto hebreo, fundamentándose en ciertos manuscritos, que lo habrían contactado con la tradición gnóstica. A partir de aquí Levi consideró el tarot de origen hebreo y los 22 Arcanos Mayores formas pictóricas del Árbol de la Vida.

46

Fig.III.05. El Camino de la Serpiente

Según los cabalistas el Universo surgió como sucesivas emanaciones de la Nada. Una Nada que no es la ausencia total de cualquier cosa, sino la potencialidad más absoluta. Estas sucesivas emanaciones crean las Esferas de Manifestación o sephiroth. Desde la primera (Kether - la Corona) que representa los primeros hálitos de la manifestación, hasta la décima (Malkut - el Reino) que simboliza el mundo más denso, tenemos diez esferas dispuestas en tres columnas formando el Árbol de la Vida. Las 22 líneas que unen las diez sephiroth son los llamados Caminos o Senderos del Árbol y se corresponden con las 22 Letras del alfabeto hebreo.

Recorrer ascendiendo estos Senderos, la Senda de la Serpiente[14], desarrollaría poderes mágicos. Para evitar que personas ajenas a la escuela iniciática en cuestión tuvieran acceso a tales poderes, la Cábala práctica era mantenida en secreto. Como la relación entre los Arcanos y las letras fornecía pistas, la tradición antigua y también Levi mostraba una secuencia diferente, en la cual la primera letra *Aleph* no se corresponde con la primera carta, El Loco, sino con El Mago, la segunda.

Establecida una correspondencia entre los Arcanos y las Letras deducimos una relación entre los Arcanos y los Senderos. La Cábala práctica estudia los Caminos como sucesivas iniciaciones que llevan al buscador desde las ataduras más rígidas de la materia en Malkuth hasta la iluminación o fusión con la totalidad en Kether.

En su *"Dogma y ritual..."* Levi ofrece versiones interesantes del Carro y especialmente del Demonio.

"Cuando el clero soberano dejó de existir en Israel, cuando todos los oráculos del mundo se silenciaron en presencia

47

de la Palabra que se hizo Hombre, hablando por la boca del más popular y gentil de los sabios, cuando el Arca se perdió, el Santuario fue profanado y el Templo destruido, entonces los misterios de Ephod y del Theraphim ya no fueron más grabados en oro y piedras preciosas, sino escritos, o mejor dibujados, por ciertos sabios cabalistas, primero sobre marfil, pergamino y sobre cuero dorado y plateado, y después sobre simples cartulinas que siempre fueron objeto de sospecha para la Iglesia oficial, ya que contenían una peligrosa llave para sus misterios". Éliphas Levi

Fig.III.06. Levi y su Carro y Demonio

Por cierto, en la Edad Media era muy usado como recurso nemotécnico el uso de cartulinas que representaban momento claves de una historia, como por ejemplo de la Pasión de Cristo, tanto en la calle por los juglares cuánto en los claustros por los monjes. Hay quien sugiere que de esas cartulinas se originaron los primeros Tarots.

Otro gran estudioso del Tarot fue Gerard Encause o Papus (1865-1917), médico francés, Rosacruz y fundador de la orden masónica de los Martinistas, autor del libro *"El Tarot de los Bohemios"*. Elaboró una baraja basada en el Tarot de Court de Gébelin con dibujos de inspiración egipcia y siguiendo la relación Arcanos-Letras del "Dogma y ritual de alta magia".

Diagramó las 78 cartas en torno al Tetragrámaton (Tetragramatón o Tetragrammaton), un complejo simbólico formado por las letras que componen el nombre de Dios: *Yod, He, Vau* y de novo *He*, es decir Jehovah. El ocultismo hebreo sostiene que los poderes y propiedades de cada ser están contenido en su nombre. Así la pronunciación exacta del nombre de Dios era mantenida en secreto y solamente pronunciada por el Sumo Sacerdote una vez al año en medio del griterío ensordecedor del pueblo.

Fig.III.07. Papus, su Emperador y el Tetragramatón

Yod representa el Principio Masculino, activo o dinámico. Se corresponde con las cartas de Bastos y los Caballeros de Crowley o Reyes de las otras barajas. Se dice que todas las letras proceden de Yod. La primera *He* representa el Principio Femenino, pasivo o receptivo. Se corresponde con las Reinas y con la serie de Copas. *Vau* es el fruto de las dos anteriores y el puente entre los dos Principios. Se corresponde con la serie de Espadas y los Príncipes de Crowley o Caballeros de las otras barajas. La segunda *He* muestra el paso de un ciclo completo para otro y se relaciona con las cartas de Discos u Oros y con las Princesas de Crowley o Sotas (Pajes o Valetes) en otras barajas.

A finales del XIX los doctores Woodman, Woodford y Wynn Westcott, miembros de la logia francomasónica *Quator Coronati,* encontraron en una librería londinense un libro que contenía unos manuscritos con las bases para la fundación de una sociedad esotérica y las correspondencias entre los 22 Arcanos Mayores y las letras del alfabeto hebreo, siendo que *Aleph*, la primera letra, estaba atribuida al Loco y no al Mago. También había unas notas que podrían haber sido escritas por el propio Eliphas Levi cuando visitó Inglaterra. Si estas notas fueran del cabalista francés indicarían que éste realmente trabajaba con otra secuencia de atribuciones diferente de la expuesta en su "Dogma y ritual... "; a partir de estas correspondencias se deducen nuevas atribuciones con los signos astrológicos, los planetas y los elementos.

En palabras de Levi: *"El Tarot... es el más perfecto instrumento de adivinación. Puede ser usado con total confianza por causa de la precisión analógica de sus figuras y sus números. De hecho, los oráculos de este libro son siempre rigurosamente verdaderos, e incluso cuando no predice nada, siempre revela algo que estaba oculto y da los más sabios consejos a los que lo consultan."*

En estos documentos se mencionaba como autoridad en el asunto a Fraulein Spregel, con cuya autorización es fundada en 1886 por MacGregors

49

Mathers, Westcott y Woodman la orden de la Golden Dawn (El Amanecer Dorado). A esta fraternidad, cuyo propósito principal era la obtención de la iluminación y del poder mágico, pertenecieron durante años personalidades como Arthur Edward Waite, el poeta irlandés William Butler Yeats (Premio Nobel de Literatura en 1923) la actriz Florence Farr, la pintora Pamela Colman Smith, Lady Frieda Harris, Bram Stofker, autor de *El conde Drácula,* los cabalistas Paul Foster Case, Dion Fortune y Aleister Crowley entre otros.

Crowley (1875-1947) fue iniciado en la Golden Dawn con el nombre de *Perdurabo* –el que perdura–. En 1899 alcanzó el grado de Practicus y se dedicó al estudio del Tarot, llegando a escribir un libro: *El Tarot de la Golden Dawn.* En 1900 Mc Gregor Mathers lo nombra líder de la orden en Gran Bretaña, a pesar de la oposición de miembros más antiguos, como Waite y Yeats, poeta irlandés, Nobel de literatura en 1923. En julio viaja a México buscando el contacto con entidades espirituales aztecas. Realiza curas y escala montañas, que junto con el ajedrez son su pasión.

Atravesando el Pacífico llega en 1901 a Sri Lanka, donde Allan Bennet, su antiguo tutor en la Golden Dawn, lo instruye en la práctica del yoga, el *pranayama* y los mantras, hasta vivir una experiencia espiritual, llamada *Dhyana,* descrita por él mismo como "*la unión entre el sujeto y el objeto de la meditación en una explosión de música y luz, muy superior a cualquier armonía terrena*". Continúa por la India y Birmania, donde estudió con los budistas. En 1902 guio una expedición al Chogo Ri (K-2) en los Himalayas, cuyo relato está en "El espíritu de la Soledad", de su libro "*Confesiones*". En noviembre se encuentra con McGregor en París y en 1903 compra una finca a orillas del lago Ness donde trabaja con "El Libro De La Magia Sagrada" de Abramelín el Mago.

En marzo de 1904 desembarca con su recién casada esposa Rose Edith Kelly en El Cairo, donde invoca a Thoth, Iao y Horus. El 18 de dicho mes, Horus se le aparece a Rose en sueños. En el museo de Boulak (barrio de El Cairo) Rose reconoce sobre una estela de la XXVI dinastía como pueden ver en la Fig. VIII.23 al personaje del sueño. Curiosamente el número de registro de dicha figura era el 666, número de la Bestia del Apocalipsis, nombre iniciático que Crowley usaba en aquella época[15].

La pareja alquila unos aposentos en el propio museo y durante los días 8, 9 y 10 de abril, Aiwass, ministro y mensajero de Hoor-paar-Kraat, el Señor del Silencio, otra forma de Horus, dictó en perfecto inglés a un Crowley atónito el texto que anuncia una nueva ley para la humanidad:

"La ley es el amor, el amor bajo la voluntad."

"Hacer tu voluntad es la totalidad de la ley"

Este texto conocido como *El Libro de la Ley* tiene tres capítulos. En el primero Nuit, el Principio Femenino, expone la doctrina para la Nueva Era por la boca de Aiwass. En el segundo es Hadit, el Principio Masculino, y en el tercero es el propio Horus. Estas entidades nombran a Crowley su profeta y le encargan que divulgue su mensaje.

En 1937, Crowley hace contacto con la artista, Lady Frieda Harris (1877-1962), para elaborar un Tarot para la Era de Acuario. Desde 1938 hasta 1943 Frieda pintó en acuarelas, bajo la dirección de Crowley, el "Tarot de Thoth" cuyos originales se conservan en Londres en *The Warburg Institute*. Inicialmente Crowley pretendía crear una baraja siguiendo la tradición de los modelos marselleses, pero Frieda consiguió convencerlo de realizar algo totalmente original.

Fig. III.08. Crowley y Frieda Harris

Se aventuraron en campos más sublimes y profundos que lo que permitían los antiguos modelos, buscaron incorporar los últimos descubrimientos de la física y los relacionaron con la antigua tradición esotérica y cabalística. En 1944, fue publicado por la O.T.O (*Ordo Templi Orientis*) británica, una edición limitada en 200 copias del "Libro de Thoth" escrito por Crowley, que incluía las imágenes de las cartas en sus ilustraciones junto con un estudio de cada una de ellas. Las acuarelas originales sólo fueron publicadas como cartas en 1966, 19 años después de la muerte de Crowley.

Según Crowley: *"La tarea de este escriba ha sido preservar los caracteres esenciales del Tarot, que son independientes de las mudanzas periódicas de las Eras y actualizar aquellos caracteres dogmáticos y artísticos que se tornaron ininteligibles."*. Así, La Papisa y El Papa son La Sacerdotisa y El Hierofante; el Arcano XI, La Fuerza, fue rebautizada como *Lust,*[16] y La Templanza y El Juicio pasaron a llamarse El Arte y El Eón respectivamente.

En este trabajo fueron dadas explícitamente las atribuciones de los manuscritos de Londres. Cada Arcano Mayor recibió una correspondencia astrológica deducida a partir de la atribución de la carta con la letra hebrea e cada arcano menor numerado recibe una doble atribución astrológica, relacionándolo con un planeta en un determinado signo. Notemos también que los Discos no son más esas monedas o pentagramas inertes de las barajas antiguas sino discos giratorios que cambian de forma y de color en cada carta.

Otro Tarot muy popular es el "Rider-Waite" pintado por Pamela Colman Smith, Pixie (1878 – 1951) bajo la dirección de Arthur Edward Waite (1857 – 1942), publicado en 1910. Las correspondencias no aparecen explícitamente, aunque Waite coloca una escena de la vida cotidiana en cada uno de los Arcanos Menores (dejando fuera los Ases), facilitando la comprensión de sus significados, aunque los esté reduciendo. Así le pareció a André Breton autor junto con León Trotsky del "Manifiesto Surrealista" cuando Jodoroswki se lo mostró en Paris: - "Acaba con la profundidad del símbolo al colocar algo tan obvio".

Fig. III.09. Waite y Pamela Colman Smith

52

En el Tarot de Waite se inspiraron muchos otros autores, entre los que cabe destacar Salvador Dalí. A pesar de que Waite se quedó parcialmente anclado en viejas ideas (especialmente con las cartas de El Demonio, La Fuerza y El Juicio) pues era la cabeza del pensamiento cabalista-cristiano, sus opiniones acerca del Tarot no dejan de ser muy esclarecedoras: *"El verdadero Tarot es simbólico. Una vez comprendido el significado oculto de sus símbolos, las cartas se transforman en una especie de alfabeto que es capaz de un número infinito de combinaciones y tiene sentido en todas ellas. El Tarot incorpora las representaciones simbólicas de las ideas universales, detrás de las cuales están todos los subentendidos de la mente humana. En este sentido el Tarot contiene la doctrina secreta, que es la percepción por unos pocos de las verdades encerradas en la conciencia de todos, a pesar de que no sean reconocidas claramente por las personas comunes"*.

Muchas barajas han visto la luz en los últimos tiempos, cosa típica de una época de revelación de todo lo oculto y también de consumismo salvaje.

Otros Tarots actuales producto de un estudio serio son, entre otros, el redondo de Mather Peace (1983), el Tarot Junguiano de Robert Wang (1988), y el Tarot Mitológico (1984) de Juliet Sharman-Burke & Liz Greene, que mantienen la estructura clásica. El Tarot Egipcio de Iglesias Janeiro (1954), deshace las cuatro series de Arcanos Menores continuando con la numeración 23, 24, 25 hasta 78. No podemos dejar de destacar el excelente trabajo de Ma Deva Padma (Susan Morgan): El Osho Zen Tarot publicado junto con un libro en 1994. Vemos tanto en los bellísimos dibujos como en los comentarios de cada carta un intento extraordinariamente exitoso de traducir en un lenguaje contemporáneo e integrador los inmemoriales arcanos.

Así pues, parece difícil que esta cosmovisión haya sido el invento de una sola persona. Sin embargo, no sería descabellado pensar que podría haber surgido en una reunión de sabios, tal como el cabalista y sacerdote católico P. F. Case afirma que existió en Fez (Marruecos), que después de la destrucción de la biblioteca de Alejandría se convirtió en un gran centro cultural de Occidente, a la altura del año 1200.

Intentando responder la pregunta con que iniciamos este capítulo, podemos decir que las cartas del Tarot ilustran Principios Universales o Arquetípicos, presentes en el inconsciente individual y colectivo de los seres humanos, que pasan al consciente cuando los percibimos dentro y fuera dándonos pie para actitudes e iniciativas. Podemos decir que el Tarot tiene dos lados: uno inmortal, sin principio ni fin, esencial, arquetípico, que podemos llamar el lado interno, y otro externo, que son las formas particulares que éste adopta dependiendo de las circunstancias históricas y del uso que hacemos de él.

CAPÍTULO IV - RITUAL Y SISTEMA DE LECTURA

Abriendo el juego

Para alcanzar un buen nivel de profundidad y eficiencia en el manejo del Tarot no basta haber leído una montaña de libros. A pesar de que una base teórica firme y clara es siempre necesaria, es imprescindible una buena dosis de intuición para que la lectura sea algo vivo y no sólo un compendio de significados colocados en un orden más o menos afortunado. Ahora, intuición sin base puede ser apenas proyección o delirio. La intuición es algo que podemos desarrollar de muchas maneras. Está relacionada con el tercer ojo o chakra *Ajna*, situado entre las cejas, conocido también como "La rueda de comando". Es el centro intelectual, la base de la mente, de la visión síquica o clarividencia y de la intuición. Este centro es activado por el mantra Om. Cuando la vibración sonora del mantra golpea el paladar, éste vibra y tal vibración se expande por toda la cabeza. Con la práctica podemos dirigirla hacia arriba por un canal que en un punto determinado se ramifica en dos. Uno continúa ascendiendo hasta el chakra *Sahasrara* y otro se desvía 90 grados y sigue adelante hasta el tercer ojo.

Éste también se activa con el sonido iiiiiii… emitido mientras inspiramos. Otra manera de desarrollar la intuición es precisamente leyendo las cartas, aunque inicialmente utilicemos libros o apuntes para interpretarlas. Este capítulo contiene una serie de orientaciones prácticas destinadas a ayudar al principiante a realizar sus lecturas. Con el tiempo cada tarotista encontrará y desarrollará sus propios métodos.

LA BARAJA

La elección del Tarot es fundamental. Sus imágenes van a penetrar en nuestro inconsciente y hacer reverberar nuestros arquetipos internos. El criterio principal para escoger una baraja es sentir una fuerte simpatía por ella, que dependerá fundamentalmente de su expresión gráfica. Nuestra baraja nos tiene que gustar y tenemos que sentirnos inspirados con ella en las manos. Una baraja que nos cause miedo o rechazo no debe usarse para lecturas pero es muy importante estudiarla para identificar y trabajar las áreas de nuestro ser, que se sienten tocadas por tales imágenes, ya que como dice el refrán castellano: "El que se pica es porque ajos come" o en buen mexicano: "Si te choca, te checa".

También es importante que las atribuciones entre las cartas, números, letras, signos, planetas y elementos tengan una coherencia tal que nos permitan enriquecer los significados de las cartas cuanto entramos por la puerta del Tarot en los mundos fascinantes de la Astrología, Numerología y Cábala.

Siempre es preferible recibir una baraja como regalo que comprarla, pues muestra sincronicidad: que la persona está lista y atrayendo un Tarot como instrumento de crecimiento. Ojo, esto no quiere decir que si queremos leer el Tarot vamos a esperar o pedir que alguien nos lo regale.

PERSONALIZACIÓN DE LA BARAJA

Una vez con el Tarot en la mano, el primer paso es personalizarlo, es decir, magnetizarlo con nuestra energía. Para ello, hay muchos métodos. Uno de ellos es dormir siete noches consecutivas con la baraja debajo de la almohada, cerca del cerebelo. Después puede pasar una noche velando las cartas, como don Quijote hizo con sus armas, especialmente si la Luna está llena. En esa hora la persona esparce las cartas en un paño de seda violeta o azul oscuro, de más o menos 1m x 1m. Esos son los colores más Yin del espectro, más receptivos y conservadores, que protegerán mejor la baraja. La baraja debe estar siempre envuelta en ese paño, que abriremos sólo a la hora de las lecturas, disponiendo las cartas sobre él.

Colocaremos primero los Arcanos Mayores, luego las Figuras de la Corte y finalmente los Arcanos Menores, dejando cada grupo una media hora impregnándose de los rayos lunares. Después barajamos hasta que el orden en que las cartas venían de fábrica, haya sido completamente alterado. Mientras que barajamos estableceremos un compromiso con nuestro tarot, de preferencia en voz alta: "Mi querido Tarot, me comprometo a cuidar de ti, manteniéndote lejos de energías pesadas e involutivas, y pido que me ayudes a ayudar a las personas que se consultan a ser más ellas mismas ".

El tarotista no es sólo el guardián de la joya, que la cuida y la protege de energías densas, es también su animador, aquel que le cede su alma. Con el uso del Tarot el lector puede ir resolviendo los misterios de su propia vida, esclareciendo sus puntos oscuros. Irá encontrando orientaciones que lo ayudarán a resolver sus desafíos y también podrá ayudar al prójimo. Y el amor que coloca en su tarea se derrama en sus consultantes y en el mundo en general.

Por este trabajo el tarotista no sólo puede, sino que debe cobrar, aunque sin hacer del dinero su prioridad. Si alguien tiene facilidad para leer las cartas, se siente a gusto haciéndolo y con su trabajo ayuda a los demás, lo mejor que puede hacer es dedicar su tiempo a perfeccionarse en ello y hacer del Tarot su profesión. Además, la mayoría de las personas dan más valor a aquello por lo cual pagan. Otra razón de peso es que el que coloca en el bolsillo tiene menos peligro de colocarlo en el ego. Así el tarotista puede estabilizarse económicamente y hacer los descuentos o trueques que le parezcan oportunos vanagloriarse por ello.

Si el tarotista muestra el tarot en conferencias, clases o seminarios es mejor que tenga otra baraja, que no hace falta magnetizar, ni guardar en un paño, sino que puede continuar en el envoltorio original. Es preferible no mostrar la baraja de las lecturas innecesariamente y menos en bares o ambientes pesados o con personas densas o de mente negativa (excepto durante las lecturas) ya que su cualidad vibratoria puede verse afectada. El paño se vuelve partícipe de la misma energía de las cartas y debe ser tratado con el mismo cuidado. Es preferible guardar la baraja envuelta en el paño, dentro de una bolsa, una cajita o en un manto de lana que abriremos junto con el paño.

EL LUGAR

Aunque podemos leer el Tarot en cualquier lugar que tenga un astral limpio, es muy recomendable disponer de un lugar específico. La energía que generamos cuando realizamos una consulta también recarga el local en que nos hallamos, así podemos crear un pequeño templo cuya energía favorecerá las lecturas subsecuentes. Siempre que sea posible es importante tener un cuarto dedicado exclusivamente a la lectura del Tarot. En tal espacio buscaremos nuestro lugar de poder. Para tal objetivo es preferible sacar todos los muebles y después tumbarnos en el suelo y rodar y arrastrarnos hasta encontrar el lugar en que nos encontremos mejor. Sentados en él giraremos 360° hasta encontrar la orientación ideal.

Definida la posición de la lectura, colocaremos en ella una mesa (redonda es mejor, sin esquinas para que la energía circule mejor –y baja pues así existe la opción de sentarse en el suelo, en un cojín, en un banco de meditación japonés o en una silla), encima de la cual abriremos el paño de seda. También puede ser en el suelo, encima de una alfombra o manta. En el campo existen lugares que poseen una vibración especialmente favorable para nuestros propósitos: cascadas, ríos, grandes árboles, rocas, lagos, etc. Cuando colocamos las cartas en estos lugares, a domicilio, o en cualquier lugar que no sea el que habíamos preparado para ello, es conveniente colocar una manta debajo del paño.

No me parece conveniente llenar nuestro consultorio con imágenes de dioses, santos, profetas, maestros espirituales o símbolos esotéricos porque pueden causar proyecciones en nuestros clientes que tergiversan la comprensión de la lectura. Sugiero tener sólo plantas, imágenes de la naturaleza o, lo mejor, una fuente, que genera *prana*, limpia la energía del local y proporciona un agradable y relajante rumor de agua circulando. Podemos usar los cuatro elementos, bajo diferentes formas como velas, vasos de agua, cristales o hasta una daga, siempre que sea uno de cada uno y se coloquen de una manera discreta. Cuanto más objetos colocamos en un lugar es más difícil que circule la energía y es fundamental que nuestro consultorio esté siempre bien ventilado. Tampoco me parece adecuado usar inciensos o aromaterapia, pues no sabemos si nuestros clientes pueden ser hasta alérgicos a determinados olores o simplemente no gustarles.

LA LECTURA

Una consulta de Tarot es un asunto de dos personas: el lector y el consultante. No es apropiada la presencia de terceros, especialmente de personas próximas del consultante, ya que su energía puede interferir en la magnetización de la baraja y algunas veces también en su receptividad durante la lectura. Un intérprete puede ser aceptado.

Una vez que comenzó la sesión, lector y consultante deben abstenerse de cualquier otra actividad, tal como fumar, comer, atender el teléfono, etc., para colocar toda la atención en la lectura. El lector debe prepararse interiormente antes de cada consulta, dejando fluir su amor, aceptando todas las situaciones de su vida, colocando de lado sus problemas particulares y sus deseos, a excepción del de ayudar al consultante.

Toda lectura debe comenzar con un buen relajamiento que puede ser obtenido con unos minutos de respiración profunda. No conviene comenzar una lectura con el consultante inquieto y ansioso, es preferible usar unos minutos para ayudarlo a serenarse. Ningún objeto como llaves, gafas, celular, cartera, etc., debe estar sobre el paño de seda. También es mejor que el consultante y el lector dejen los zapatos fuera de la sala de lectura. El lector debe evitar que el consultante hable compulsivamente, dando informaciones que pueden distorsionar la lectura. Esto no quiere decir que el lector debe cerrar los ojos ante los mensajes corporales y energéticos que pasa el consultante y que suelen complementarse con lo que las cartas revelan.

Previamente a la lectura el tarotista escoge la Carta Testigo que es un puente entre las cartas el propio consultante. Usaremos las Figuras de la Corte, que representan 16 tipos de personalidad. Haremos el cálculo a partir de la carta astral del consultante como se explica en el capítulo IX, sección Figuras de la Corte y Carta Testigo.

Pediremos pues al consultante que se regale un minuto y medio de vacaciones, sentado cómodamente. No le diremos que se concentre en las preguntas que trae (que pueden ser no tan centrales o profundas) sino que busque un volumen respiratorio lo más agradable posible y coloque su atención en disfrutar de su respiración. Así la persona estará totalmente presente en el presente (nadie consigue respirar en el pasado o en el futuro) e irá hacia dentro, de manera que después cuando magnetice las cartas lo hará desde su centro posibilitando que el tarot hable en profundidad de la persona y no de cuestiones más periféricas. Durante ese minuto y medio, el tarotista barajará seis veces las cartas para que pierdan los restos de magnetizaciones anteriores y hará una invocación. Siempre que acabemos una lectura barajaremos otras 6 veces[17] las cartas. Ahora estaremos listos para invocar.

LA INVOCACIÓN

Sugiero que el tarotista, mientras el consultante se concentra en su respiración, abra la invocación con el mantra "Om", u otro de su preferencia, con el objetivo de sosegar su mente, dejar de lado todo lo que no sea la consulta y abrir la intuición. Existen innumerables invocaciones, cada uno puede encontrar la suya. Sugiero:

"Divina Presencia Yo Soy en Mí, por la fuerza del Amor te invoco y te pido que mediante estas cartas yo pueda dar las orientaciones e informaciones que (nombre del consultante) está necesitando para conocerse mejor, ser más él mismo (o ella misma) y ser feliz".

Años atrás añadía: *"A nuestros guías, mentores y maestros espirituales, invoco y pido que formen con nosotros un campo de energía común"*

Después dejé de hacerlo porque me di cuenta que estaba pasando la responsabilidad de la consulta a terceros, encubriendo mi propia inseguridad de iniciante.

LA MAGNETIZACIÓN

Concluida la invocación durante la cual el consultante estaba con su atención dirigida a su respiración y los ojos cerrados, el lector le explicará con cuidado los siguientes pasos de la magnetización:

1. El consultante, sin cruzar las piernas, tomará la baraja con las dos manos, la colocará frente a sí sin tocar el cuerpo ni la mesa, reducirá su campo visual a cartas y brazos y visualizará o imaginará que junto con la sangre que el corazón manda por la aorta cuando late, emite ondas de luz que descienden por el brazo izquierdo penetrando y energizando las cartas y vuelven al corazón por el brazo derecho con un mínimo de energía solo para cerrar el circuito. Como si fueran olas que vienen del océano (corazón),

rompen en la playa dejando en la arena (las cartas) su energía y vuelven al mar suavemente. Esta operación durará un minuto y medio, durante el cual la energía se va acumulando en las cartas y formando alrededor de ella una bola de luz que se pone más intensa en la medida que nuevas ondas de luz llegan a las cartas. Es mejor que el consultante no predefina mentalmente el color de la energía, sino que deje que sea el que salga.

2. El consultante respirará tres veces colocando las cartas, con la imagen del Arcano contra el cuerpo, en cada uno de los centros siguientes: *Hara,* dos dedos debajo del ombligo, chakra *Anahata* en el plexo solar, chakra *Vishuddha*, en la garganta, chakra *Ajna* o tercer ojo, entre las cejas y *Sahasrara*, en la corona de la cabeza. Estos cuatro centros están relacionados con la voluntad instintiva, emociones, creatividad, mente y espíritu.

No colocamos las cartas en el plexo cardiaco pues ya estuvimos mandando energía del corazón. Cada respiración consta de cuatro partes:

a) Inspiración profunda sintiendo cómo el aire ocupa todo el cuerpo desde la cabeza hasta los pies.

b) Retención durante un segundo, visualizando o imaginando que toda la energía del ser se concentra e ilumina el centro donde están colocadas las cartas.

c) Expiración lenta dirigiendo la energía acumulada hacia las cartas.

d) Retención durante un segundo visualizando la energía que vibra en las cartas.

A veces puede ser interesante que la persona coloque las cartas y respire en algún lugar específico de su cuerpo en el que exista algún problema. Una vez explicado cómo se hace, el tarotista colocará la baraja frente al consultante y le pedirá que antes de tomarla en sus manos se friccione durante unos segundos las palmas para aumentar el flujo de su energía en ellas.

CÓMO BARAJAR

Ahora el consultante devolverá las cartas al lector y éste las barajará, haciendo tres series de cuatro movimientos de los cuales los tres primeros son iguales, y que se realizan dividiendo la baraja en dos mitades más o menos iguales e inclinándolas hacia dentro, como vemos en la Fig. IV.01, dejando caer suavemente las cartas. Es importante no empujarlas, para que sea la energía del consultante la que determine el orden final de las cartas y por lo tanto de la lectura.

El cuarto movimiento de cada serie consiste en sostener la baraja con una mano e irla inclinando poco a poco hasta que las cartas comiencen a caer en la otra mano de manera que las últimas sean las primeras y viceversa, como se ve en la Fig. IV.02.

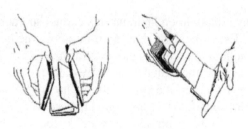

Fig.IV.01 y 02.

Acabados los doce movimientos, el tarólogo o tarotista entregará nuevamente la baraja al consultante y le pedirá que, descansando su mano izquierda sobre ellas, visualice tres ondas de luz que viniendo del corazón penetran en las cartas y después corte el mazo una vez hacia la izquierda. El lector juntará las cartas y las colocará, siempre con la mano izquierda, a su izquierda en el paño.

Son dos tipos de energía los que la baraja recibe. La del consultante durante la magnetización, que una vez acabada la consulta debe ser eliminada barajando seis veces las cartas al mejor estilo crupier. El segundo tipo de energía, mucho más sutil, es la energía del amor que en cada invocación la baraja recibe. Ésta no se elimina, sino que se va acumulando haciendo de la baraja una especie de pila de alta energía sutil, como un poderoso talismán que en cada consulta irradia energía de amor y sanación.

	TAROTISTA	**CONSULTANTE**
Antes	Calcula y saca la Carta Testigo	
Durante	Baraja estilo crupier 6 veces. Invoca	Se conecta consigo mismo mediante su respiración.
	Explica cómo el consultante ha de magnetizar las cartas	Escucha
	Calcula las Lecciones de Vida[1]	Magnetiza las cartas
	Baraja 12 veces dejando caer las cartas	
		Corta
	Abre el juego y lee	Pregunta y comenta
Después	Cierra el juego. Baraja estilo crupier 6 veces	

---

[1] Para ello consultar Formación en Tarot Terapéutico. Volumen 3. Tarot y Numerologia. Desafíos y Lecciones de Vida.

LA LECTURA TERAPEÚTICA O CRUZ CÉLTICA ACTUALIZADA

Ya vimos en el capítulo I un poco de esta lectura. Se trata de una resignificación terapéutica que desarrollé a partir de la tradicional Cruz Céltica, un sistema basado en una disposición de diez cartas (once con la Carta Testigo), como vemos en la Fig. IV.03, siendo que el número inscrito en cada carta indica el orden en que sale del mazo. Usaremos las 78 cartas, siempre barajadas 12 veces entre una consulta y otra, sin separar Arcanos Mayores de Arcanos menores.
Tiene diez posiciones:

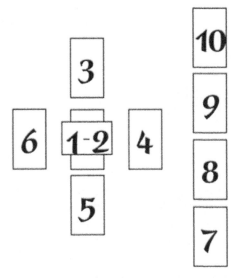

Fig.IV.03. La Lectura Terapéutica

Momento actual (1 y 2). Tradicionalmente las cartas que aparecen en estas posiciones son llamadas La Cruz Dinámica: un par de fuerzas cuya resultante dinamiza la vida de la persona. Muestran el momento que la persona está viviendo y/o la atmósfera actual. En la Lectura Terapéutica, donde lo que nos interesa son las cuestiones internas, vemos con qué impulsos internos la persona está haciendo contacto en ese momento, sus conflictos internos y cuestionamientos, las percepciones que está teniendo de sí misma, el asunto o tema interno que está aflorando a la superficie. A veces una de las cartas nos muestra el gancho con el Ancla mientras que la otra identifica una tendencia o actitud de liberación. A veces, podemos ver en la segunda carta los efectos de la primera, algo que tal vez no se manifestó todavía pero que ya está incubado.

61

Ancla (4). En la Cruz Celta tradicional es la que nos revela el pasado, mostrando situaciones, hechos o actitudes pretéritas que influyen todavía el momento presente. Revela las bases del asunto o de la situación actual en un momento distante del pasado. En la Lectura Terapéutica es el Ancla donde vemos los patrones programados que lo encadenan a su programación infantil, es decir a su pasado, y que constituyen el nudo que hoy puede y debe ser soltado para que la persona se transforme, crezca y madure. Generalmente esa Ancla, está en el inconsciente y como un *iceberg*, sólo es visible una pequeña parte. Este conjunto de trazos se cristaliza en una máscara con que la persona se disfraza, se esconde y defiende para no encarar la realidad ni sus verdaderas emociones. Esta carta es uno de los ejes principales de la lectura, podemos decir que muestra el obstáculo fundamental que en estos momentos debe y puede ser removido para avanzar en el camino de rescate del verdadero Yo y la plena realización personal. En general esta carta tiene dos lecturas: por exceso y por falta. ¿Cómo vamos a saber cuál será la opción más adecuada? En el caso de las Figuras de la Corte y de los Arcanos Menores la presencia o falta de elementos (Fuego, Agua, Aire y Tierra) en la carta astral del consultante nos ayudará mucho. También en todos los casos las cartas de la Infancia y Voz de la Esencia serán indicadores importantes. Cuando no conseguimos decidirnos por una opción determinada, podemos preguntar al consultante: Esta carta se puede interpretar así o asado. ¿Qué interpretación te suena más? En el 90% de los casos la persona va a decir las dos. Por eso estábamos en duda. Sin embargo, las cartas "sombrías" que identifican un mecanismo neurótico apenas tienen una: por exceso, pues la falta de un mecanismo neurótico nunca será un patrón de conducta que impide el crecimiento. Algunos tarotistas consideran estas cartas como negativas dentro de la vieja visión de dividir todo en bueno o malo. En la visión terapéutica no hay cartas buenas y malas. La aparición de una carta "sombría" (y si hay sombra es que hay luz en algún lugar) es el primer paso para entender y desactivar el mecanismo neurótico que la carta ilustra.

Voz de la Esencia o Necesidad interna (7). Tradicionalmente es la del carisma, algo profundo e inherente al ser. En la Lectura Terapéutica veremos cuáles son las necesidades más importantes y urgentes del ser interno, la voz de la esencia, su grito de socorro pidiendo actitudes que estén de acuerdo con su realidad interior, salud y bienestar. Los Arcanos Mayores en esta posición indica qué arquetipo o Principio Universal necesita ser parado de proyectar, rescatado, desarrollado e integrado.

Infancia (9). Tradicionalmente es la que revela las emociones más íntimas, los miedos, las esperanzas, los sentimientos y deseos ocultos del consultante. Algunos autores estudian aquí los factores inconscientes que influyen y presionan al consultante en el momento presente. Como estos factores son fundamentalmente la programación infantil que desde el inconsciente nos continúa manipulando, en la Lectura Terapéutica la llamo Infancia. En La Infancia están los orígenes del Ancla. Aún en una infancia que podemos considerar feliz, existió algún tipo de programación, y para eso está apuntando la carta.

Vemos aquí **a)** cuales fueron los trazos de personalidad que el niño tuvo que adoptar o reprimir y los patrones de conducta que tuvo que desarrollar, para ser aceptada. **b)** También podemos ver aquí los padres y el ambiente familiar.

Si aparece una Figura de la Corte con Aire (Espadas y Príncipes) se referirá más a los padres que al aspecto del consultante que fue reprimido en la infancia. Las consideraciones que vimos en el Ancla para identificar la opción a ser escogida también funcionan aquí. Las cartas sombrías muestran mecanismos neuróticos inoculados por la familia.

Relaciones amorosas (8). Se refiere al mundo de las relaciones amorosas y muestra: **a)** Las actitudes o comprensiones internas que son estimuladas, de una manera agradable o no, por la relación actual o anteriores. **b)** La imagen que el consultante vende en el mercado de las relaciones amorosas para intentar satisfacer sus necesidades de cariño, atención y sexo arriesgándose o exponiéndose lo menos posible. Esta imagen puede ser la expresión del Ancla en el mundo de las relaciones amorosas. c) lo que la persona espera de una relación. Con esta posición completamos as cartas do diagnóstico.

Método (5). En la Cruz Celta tradicional tenemos aquí la base de la cuestión enunciada por el consultante. En la Lectura Terapéutica es la posición del método de trabajo a seguir, las actitudes a tomar o a dejar de tomar para desactivar los bloqueos del ancla, satisfacer la demanda de la esencia y fortalecer y desarrollar la individualidad. Es obvio que si la persona no hace nada el Ancla se refuerza, sin embargo, esto no debe ser usado como una amenaza. Como las interpretaciones de las cartas son muy parecidas en la Voz de la Esencia y en el Método, estudiaremos los significados de cada carta en ambas posiciones juntas.

¡Cuidado! En las posiciones de la Voz de la Esencia y del Método nunca diremos a nuestro consultante que tiene que SER esto o aquello. Es anti-terapéutico decir: tienes que ser más amorosa, más tolerante, más simpática o menos peleona, celosa o impulsiva. Pues si ella hace eso "a huevo" está creando y reforzando justamente la cualidad opuesta, según la ley del péndulo. Si reprime un aspecto suyo, éste se va a la sombra y desde allí manipula continuamente y tal vez un día explote. Terapéutico, sería pedir a la persona que identifique las dificultades internas que no le permiten ser amorosa, tolerante, etc. que identifique porqué determinadas situaciones o personas la llevan a pelearse, a crisis de celos, o a explosiones. Terapéutico es identificar y desactivar las causas de determinadas conductas y no hacer un esfuerzo para desarrollar una conducta que parezca más adecuada.

También hay que tener cuidado para no colocar el Método como una orden, pues nuestro consultante puede salir del consultorio diciendo: "Voy a hacer esto porque el tarotista me lo mandó" acabando con la calidad terapéutica de la consulta cuyo primer requisito es responsabilizar al consultante por su vida y sus decisiones. Éste tiene que entender, a la vista de lo que ya fue dicho en el diagnóstico, que es necesario hacer o dejar de hacer lo que se le sugiere en el Método.

Camino de crecimiento (6). Tradicionalmente la del futuro aquí es El Camino de Crecimiento, el sendero que está hoy detrás de la puerta que se abre con las llaves que aparecieron en las cartas anteriores. Para ello debe entender el Ancla y hacer algo concreto en la dirección mostrada por las cartas del Método y de la Voz de la Esencia. En ninguna hipótesis las leeremos como lo que inexorablemente cae en paracaídas en nuestra vida. Es importante hacerle comprender al consultante que su destino estuvo, está y estará fundamentalmente en sus manos y que con atención, intención y conexión consigo mismo puede cambiar su vida. Y digo "hoy" porque si la persona espera meses para empezar a trabajar-se no está garantizado que lo que apareció en el Camino de Crecimiento lo esté esperando. Las cartas "no-sombrías" indican que la persona está comenzando a desarrollar las cualidades de dicha carta y las "sombrías" que tomó conciencia del patrón neurótico que muestra la carta y que lo mantenía preso y empezando a cambiar.

Resultado interno (3). Esta posición, llamada Corona en la Cruz Celta, indica lo más sublime y elevado que el consultante puede alcanzar. Como esto se encuentra en el lado interno preferí llamarla Resultado Interno. Aquí vemos con las cartas comunes las cualidades o potenciales que fueron rescatadas y con las "sombrías" los mecanismos neuróticos que fueron desactivados. Aunque a veces uso en esta posición el verbo en presente o en pasado, estamos hablando del futuro.

Resultado externo (10). Tradicionalmente Resultado Final y que yo llamo Resultado Externo, muestra la actitud interna del consultante con la que encara el mundo. Una carta "sombría" aquí señala una situación externa que el consultante atrae y le empuja a tener que enfrentar interiormente el patrón negativo indicado por la carta, dándole chance de desactivarlo. Aquí podemos hacer un "truco": colocamos la carta en el Método para que la persona comience a trabajar dicho patrón neurótico de manera que cuando llegue la situación esté más preparada para sacarle provecho.

Algunas frases hechas para componer las interpretaciones:

Momento Actual: Sientes el impulso interno de …, Te estás cuestionando o preguntando…, Estás tomando consciencia de…, Tu atención está dirigida para tal aspecto interno…,

Ancla: La dificultad interna que hoy impide tu crecimiento y que debes y puedes eliminar es…,

Infancia: Para ser mínimamente aceptado tuviste que…, Tuviste que adaptarte a un ambiente de…,

Relaciones: a) Esta relación te ayuda a percibir … b) La imagen que muestras en tus relaciones es…, c) Esperas que llegue alguien y te dé …

Voz de la Esencia: Tu esencia te pide que te des cuenta de…, que trabajes tal patrón, que desarrolles tal actitud…,

Método: Sugiero que hagas…, Sugiero dejar de hacer..., Sugiero que tomes la actitud de…, Sugiero que identifiques tal patrón…,

Camino de Crecimiento: Como consecuencia de usar las llaves que aparecieron en las posiciones anteriores te das cuenta de… y empiezas a …

*Resultado Interno***:** Fruto de todo el proceso identificaste, entendiste y desactivaste las dificultades internas que tenías para...,

Resultado Externo: Producto de todo el proceso encaras el mundo con la actitud de…, Si hasta ese momento no te has dado cuenta de…puedes atraer una situación externa que te obliga a encarar y te da la oportunidad de ver, entender y resolver tal cuestión interna…

Las cartas no deben ser leídas en el orden en que fueron colocadas sobre el paño. Operaremos así: Con las 10 cartas en sus respectivas posiciones, levantaremos las del diagnóstico, es decir, las de la Voz de la Esencia, Ancla, Momento actual, Infancia y Relaciones, por este orden para que el primer contacto sea con la esencia del consultante (y no con el ego, que sería si levantamos primero la del Ancla). Las colocaremos siempre derechas, es decir, no daremos importancia al hecho de que algunas aparezcan invertidas. La interpretación de cada carta dependerá de su posición y de la atmósfera creada por las demás cartas.

Es importante ver las cartas como un todo, buscando una complementación dentro de una unidad armónica que tenga sentido, es decir, sólo vamos a empezar a interpretar cuando todas las cartas del diagnóstico estén a la vista. Comenzaremos a leerlas por donde nos resulte más claro, generalmente la Voz de la Esencia y luego iremos como quien va desenrollando una madeja. Podemos sacar segundas cartas para las posiciones abiertas, de preferencia Voz de la Esencia y Ancla, colocando la mano izquierda sobre la baraja y pedimos mentalmente tres veces la carta que deseamos para complementar o ampliar la lectura. Por ejemplo: "Quiero una carta más para el Ancla". Cortamos, sacamos la carta o cartas en cuestión y dejamos el mazo como estaba.

Hecho el diagnóstico levantamos el resto de las cartas e interpretamos la carta de la posición del Método, después leeremos el Camino de Crecimiento y finalmente los Resultados Interno y Externo. Podemos sacar más cartas para estas posiciones, por ejemplo, tres para el Camino de Crecimiento, en cuyo caso las pediremos y sacaremos juntas obteniendo así una visión más exacta de la evolución del cuadro de la persona.

Una gran mayoría de bastos, indica que toda la historia gira alrededor de cuestiones energéticas, generalmente trabajo y si son copas, serán las cuestiones emocionales las que más necesitan ser trabajadas. Si hay un predominio de espadas el crecimiento pasará por desactivar ciertos mecanismos y creencias mentales y si son los discos (oros o pentagramas) es el cuerpo físico y las cuestiones económicas quienes piden atención. Cuando tenemos muchos Arcanos Mayores, es decir, más de 8 con 20 cartas sobre la mesa, todos los planos están presentes.

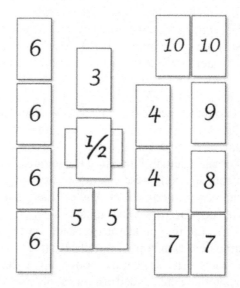

Fig.IV.04. La Lectura Terapéutica completa

No me parece conveniente tener más de 20 cartas sobre la mesa. Buena información no significa mucha información, sino aquella que puede ser bien usada, como vemos en la Figura IV.04.

Concluida la lectura preguntaremos a nuestro consultante si tiene alguna pregunta o comentario. En 99,90 de los casos no hay preguntas y en muchos casos responde que las preguntas que traía ya fueron contestadas.

Hay que considerar también que quien se interesa en una consulta de Tarot Terapéutico no suele venir con preguntas del tipo ¿Fulano, me ama? ¿Voy a ser feliz con Panchito? ¿Va a aparecer mi alma gemela? ¿Voy a aprobar el examen de Matemáticas? ¿Cómo me va a ir en este empleo? etc. sino con cuestiones más del tipo: ¿Qué tengo que entender y qué cambios internos tengo que hacer para …

~ relacionarme de una manera más fluida, placentera y nutritiva?

~ crecer profesionalmente?

~ sentirme mejor?

~ mejorar mis finanzas?

Siendo estas cuestiones bastante centrales en la vida de la persona serán respondidas por la Lectura Terapéutica sin necesidad de ser formuladas.

Es frecuente que las madres pregunten por sus hijos, cuando están en la fase difícil de la adolescencia. Podemos sacar tres cartas. Una que muestra cómo está el niño, otra qué es lo que en el fondo quiere y otra que sugiere una determinada actitud o acción por parte de su madre. Podrían relacionarse con cartas de Momento Actual, Voz de la Esencia y Método.

CAPÍTULO V - LA ESTRUCTURA DEL TAROT Y SUS ATRIBUCIONES

Existen múltiples tentativas de encontrarle al Tarot una estructura propia que le dé la consistencia de un sistema que se explica y sustenta por sí mismo. Sin embargo, todas esas tentativas han echado mano de conceptos procedentes de otros sistemas, como la numerología y la cábala, para llegar a la elaboración de su visión estructural particular. De entrada, vemos que dejando aparte los 22 Arcanos Mayores, las 56 cartas restantes (16 Figuras de la Corte y 40 Arcanos Menores) están distribuidas en cuatro series o palos: Bastos, Copas, Espadas y Discos (también llamados Oros, Monedas o Pentagramas), que se corresponden con los cuatro elementos de la tradición occidental (Fuego, Agua, Aire y Tierra). Vemos en muchos tarots que los Arcanos Mayores están relacionados con números, letras hebreas, senderos cabalísticos y planetas o signos astrológicos. Estas atribuciones, tomadas de otros sistemas de conocimiento, muchas veces enriquecen notablemente los significados de las cartas, pero siempre tenemos que tener en cuenta que son apenas atribuciones y no identificaciones. Por ejemplo, decimos que la Luna está atribuida a La Sacerdotisa, pero esto no significa que la Luna sea La Sacerdotisa.

"Es interesante aclarar un sistema mediante los conceptos de otro, pero empeñarse en hacer que concuerden sólo produce mutilaciones inútiles."   Alejandro Jodorowsky (1929-)

SISTEMA CABALÍSTICO

El Árbol de la Vida de la Cábala es un complejo simbólico que representa de arriba hacia abajo el proceso de manifestación del Principio Creador en diez emanaciones, sephiroth, o esferas. De abajo hacia arriba tenemos el proceso de espiritualización del ser humano, la búsqueda de sus orígenes espirituales. Estas diez esferas, como vemos en la Ilustración V.01, están unidas por 22 caminos o senderos, cada uno de ellos atribuido a una letra hebrea.

68

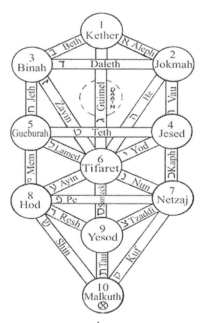

Fig. V.01. El Árbol y las Letras

La 1ª letra: א *Aleph*, se corresponde con el 1° camino, que en este caso es el camino n.° 11 pues las sephiroth también son consideradas caminos. La 2ª letra: ב *Beth* con el 2° camino y así sucesivamente. Es fascinante la correspondencia que encontramos entre la estructura del Tarot y la del Árbol de la Vida:

ARBOL DE LA VIDA	TAROT
22 Senderos	22 Arcanos Mayores
Diez sephiroth numeradas del Uno al Diez manifestadas en los cuatro mundos: *Atzilutz*: Mundo de la Emanación/Fuego *Briah*: Mundo de la Creación/Aire *Yetzirah*: Mundo de la Formación/Agua y *Assiah*: Mundo de la Acción/Tierra	Diez cartas numeradas del As al Diez, para cada una de las cuatro series o palos: Bastos/Fuego, Copas/Agua, Espadas/Aire y Discos/Tierra

Las 16 Figuras de la Corte tienen unas características tan específicas que podemos considerarlas un puente entre los Arcanos Mayores y los Menores. Para Mac Gregor Mathers, fundador de la Golden Dawn, las Figuras no están exactamente sobre las sephiroth sino a su lado. Robert Wang, su discípulo, afirma que las cartas no se corresponden totalmente con las sephiroth sino que son la extensión de sus cualidades. Crowley sitúa los Mayores en los senderos cabalísticos (Fig. V.02), las Figuras de la Corte como vemos en la Fig. V.03, y los Menores en las sephiroth (Fig. V.04).

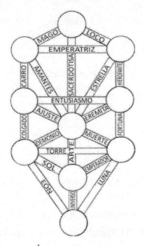

Fig. V.02. El Árbol y los Arcanos Mayores

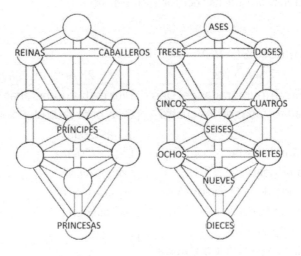

Fig. V.03 El Árbol y las Figuras de la Corte

Fig. V.04. El Árbol y los Arcanos Menores

Juntando las tres ilustraciones tenemos las 78 cartas del Tarot en el Árbol, (Fig. V.05)

Fig.V.05. El Árbol y el Tarot

ATRIBUCIONES ASTROLÓGICAS DE LOS MAYORES

A partir de esta primera relación de los Arcanos Mayores con los caminos cabalísticos y las letras hebreas podemos deducir sus atribuciones astrológicas. Las atribuciones astrológicas de los Menores las veremos en el Capítulo X. Cada camino está vinculado a una letra, así que la primera atribución la tenemos haciendo corresponder los 22 Arcanos Mayores, en su secuencia tradicional[18] (Tarots de Marsella), con las 22 letras hebreas. Asignamos, según los manuscritos, encontrados en Londres, que dieron origen a la Golden Dawn, la primera carta, El Loco, a la primera letra, *Aleph*, y así sucesivamente como vemos en la tabla más abajo.

Ahora bien, estas 22 letras hebreas pueden ser distribuidas en tres grupos:

TRES MADRES: א *Aleph,* מ *Mem* y ש *Shin,* que definen la estructura dialéctica: Tesis, Antítesis y Síntesis, que es central en las enseñanzas del *Sepher Yetzirah* (Libro de la Creación[19]). También podemos decir que *Shin* es la causa, *Mem* el efecto y *Aleph* la síntesis.

71

SIETE DOBLES: ב *Beth,* ג *Guimel,* ד *Daleth,* כ *Qaph,* פ *Peh,* ר *Resh*[20] y ת *Tau.* Dobles porque tienen dos pronunciaciones, una fuerte o dura, y otra suave. Como regla general estas siete letras siempre se pronuncian de forma dura cuando están al principio de la palabra. El sonido duro se marca mediante un punto colocado en el interior de la letra llamado *Dagesh* (ב ג ד כ פ ר ת)[21].

DOCE SIMPLES: ה He, ו Vav, ז Zayin, ח Chet, ט Tet, י Yod, ל Lamed, נ Nun, ס Samek, ע Ayin, צ Tzaddi y ק Kuf, que tienen un solo sonido. Siendo que en el Árbol de la Vida tenemos 3 senderos horizontales, 7 verticales y 12 diagonales en vez de atribuir las letras a los caminos "por orden de lista" también podríamos hacer corresponder las tres letras madres con los caminos horizontales, las 7 dobles con los verticales y las 12 simples con los senderos diagonales, lo cual nos daría una diagramación diferente.

Según el *Sepher Yetzirah* el Universo fue creado con el sonido de las 22 letras: (2:2) "formó con ellas todo lo que ha sido formado y todo lo que será alguna vez formado". (3:4) : "*Las tres Madres en el Universo son el Aire, el Agua y el Fuego...*", es decir, con el sonido א *Aleph,* מ *Mem* y ש *Shin* el Principio Creador formó los tres elementos fundamentales: Aire, el Agua y el Fuego.

Para la tradición hebrea la Tierra no es un elemento fundamental sino producto de la unión de los tres anteriores.

Así, los Arcanos Mayores que se corresponden con las tres letras madres, El Loco, El Colgado y el Eón (El Juicio) reciben la atribución de los tres elementos principales: Aire, Agua y Fuego respectivamente. Cuando muchos siglos después se descubren Urano, Neptuno y Plutón, dichos planetas son atribuidos a dichas letras y como consecuencia a los tres Arcanos Mayores citados.

A las siete cartas relacionadas con las siete letras dobles (El Mago, La Sacerdotisa, La Emperatriz, La Fortuna o Rueda de la Fortuna, La Torre, El Sol y El Universo) son asignados los siete planetas individuales: Mercurio, la Luna, Venus, Júpiter, Marte, el Sol y Saturno. Tal como explica el *Sepher Yetzirah* (4;6): "Siete Dobles ... Y con ellas formó siete planetas en el Universo.

A las doce cartas restantes, relacionadas con las doce letras simples, son atribuidos los doce signos del Zodiaco, tal como dice el *Sepher Yetzirah* (5;3) "*Doce elementales... y con ellas formó doce constelaciones en el Universo.*"

Por otro lado, como las Letras Hebreas se corresponden con los Caminos Cabalísticos del Árbol tendremos también un Camino o Sendero Cabalístico para cada Arcano Mayor. Observen que si en las Fig.V.02 y Fig. V.03 El Emperador y La Estrella están permutados en sus respectivos caminos en el cuadro siguiente están en sus posiciones tradicionales. En la sección "Correspondencias" de La Estrella se explica los motivos que indujeron a Crowley a hacer dicho cambio.

Nº	Arcano Mayor	Letra			Corresp. Astrológica	Camino Cabalístico
0	El Loco		Aleph	Muda	Aire y ♅	11°
I	El Mago	ב	Beth	B V	☿	12°
II	La Sacerdotisa	ג	Guimel	G² J³	☽	13°
III	La Emperatriz	ד	Daleth	D Th⁴	♀	14°
IV	El Emperador⁵	ה	He	H⁶	♈	15°
V	El Hierofante	ו	Vau	V	♉	16°
VI	Los Amantes	ז	Zayin	Z⁷	♊	17°
VII	El Carro	ח	Jeth	J	♋	18°
VIII	El Ajuste	ל	Lamed	L	♎	22°
IX	El Ermitaño	י	Yod	I	♍	20°
X	La Fortuna	כ	Qaph	Q J	♃	21°
XI	El Entusiasmo	ט	Teth	T	♌	19°
XII	El Colgado	מ	Mem	M	Agua y ♆	23°
XIII	La Muerte	נ	Nun	N	♏	24°
XIV	El Arte	ס	Sameck	S	♐	25°
XV	El Demonio	ע	Ayin	Muda	♑	26°
XVI	La Torre	פ	Pe	P F	♂	27°
XVII	La Estrella	צ	Tzaddi	Tz⁸	♒	28°
XVIII	La Luna	ק	Kuf	K	♓	29°
XIX	El Sol	ר	Resh	? R⁹	☉	30°
XX	El Eón (El Juicio)	ש	Shin	Sh	Fuego y ☿	31°
XXI	El Universo	ת	Tau	T Z	♄	32°

[2] G como en gato
[3] Jota inglesa o dj en francés
[4] Th inglesa en 'the'. No existe este sonido en castellano.
[5] Crowley cambió las letras y caminos del Emperador por los de la Estrella. Ver la sección Letra hebraica de la Estrella en el capítulo VIII
[6] H inglesa aspirada como en 'home'.
[7] Z francesa o portuguesa, el sonido más aproximado en español sería ds
[8] donde la z de Tz es una z como se pronuncia en francés y portugués
[9] R, ere, de amor, el nombre que se le da a la letra R en México.

SISTEMA NUMEROLÓGICO DE BASE SIETE

En los Arcanos Mayores, este sistema deja fuera a la primera carta de la secuencia, El Loco, y divide las 21 restantes en tres septenarios:

	El Loco						
1º Sep.	El Mago	La Sacerdo- tisa	La Empera- triz	El Empera- dor	El Hierofan- te	Los Amantes	El Carro
2º Sep.	El Ajuste	El Ermitaño	La Fortuna	El Entusias- mo	El Colgado	La Muerte	El Arte
3º Sep.	El Demonio	La Torre	La Estrella	La Luna	El Sol	El Eón	El Universo

Para ciertos autores cada septenario es considerado un área de experiencia. Las cartas del primero representarían el proceso masculino y consciente de afirmarse y crear la propia estructura personal, emocional, mental, corporal y energética para encarar con autonomía y eficiencia el mundo y la vida práctica. Aquí están los grandes arquetipos, Jung lo llama El Reino de los Dioses.

En el segundo septenario, femenino y subconsciente, vamos hacia dentro, aprendemos a entregarnos y a conocernos. Primero hay que construir una personalidad independiente para poderse entregar, hay que conquistar algo para poder dar. Jung lo llama Reino de la Conciencia del Ego y de la Realidad Terrestre.

El tercer septenario, denominado por Jung Reino de la Iluminación y la Autorrealización, sería supra-consciente, transpersonal y trascendente. Cada carta representaría en el nivel de su septenario el principio manifestado en los números del Uno a Siete o siete etapas del septenario.

Los Arcanos Menores, incluidas las Figuras de la Corte, son divididos en cuatro series de 14 (7x 2) cartas cada una, lo que equivaldría a numerar las Figuras de la Corte con los números 11, 12, 13 y 14.

	1: El impulso	2: La polaridad	3: La fructifica-ción	4: La estructu-ración	5: La busca de sentido	6: La elección	7: La realiza-ción
1º septenario: desarrollo de la autonomía	El Mago	La Sacerdo-tisa	La Empera-triz	El Empera-dor	El Hiero-fante	Los Amantes	El Carro
2º septenario: contacto con el ser interior	El Ajuste	El Ermita-ño	La Fortuna	El Entusias-mo	El Colgado	La Muerte	El Arte
3º septenario: espiritua-lidad	El Demo-nio	La Torre	La Estrella	La Luna	El Sol	El Eón	El Universo
	Los Ases	Los Dos	Los Tres	Los Cuatros	Los Cincos	Los Seis	Los Sietes
	Los Ochos	Los Nueves	Los Diez	Los Caballe-ros	Las Reinas	Los Príncipes	Las Prince-sas

Los Caballeros, Príncipes y Princesas del sistema matriarcal de Crowley se corresponden a los Reyes, Caballeros y Sotas (Valets o Pajes) respectivamente de la tradición patriarcal (Marsella, Waite, etc).

SISTEMA NUMEROLÓGICO DE BASE DIEZ

Deja fuera la primera y última cartas de la secuencia de Arcanos Mayores (El Loco y El Universo) y divide en dos grupos de diez las veinte cartas restantes.

Incorpora las cuatro series de Arcanos Menores numeradas agrupándolas también en diez grados. Las Figuras de la Corte se quedan fuera de esta disposición.

	1	2	3	4	5	6	7	8	9	10	
	El Inicio	Lo Receptivo	La Explosión	La Estabilidad	El Cambio	La Elección	La Acción	La Perfección	La Crisis	El Fin de un ciclo	
El Loco	El Mago	La Sacerdotisa	La Emperatriz	El Emperador	El Hierofante	Los Amantes	El Carro	El Ajuste	El Ermitaño	La Fortuna	El Universo
	El Entusiasmo	El Colgado	La Muerte	El Arte	El Demonio	La Torre	La Estrella	La Luna	El Sol	El Renacimiento	
	Los Ases	Los Dos	Los Tres	Los Cuatros	Los Cincos	Los Seises	Los Sietes	Los Ochos	Los Nueves	Los Diez	

CONSIDERACIONES FINALES

Aunque en principio nos podemos sentir más atraídos por la estructura numerológica de base diez con la que estamos más familiarizados desde la escuela, ésta no incluye las Figuras de la Corte. Por otro lado, en la estructura de base 7 es muy reduccionista pues nos lleva a considerar, dejando al Loco fuera, los 21 Arcanos Mayores como una serie de siete cartas en tres planos diferentes. Aunque encontremos puntos en común entre los Arcanos Mayores, cada uno representa un Principio diferente, un estado de conciencia distinto. Decir por ejemplo que El Emperador, El Entusiasmo (La Fuerza) y la Luna representan el principio de la estructuración (por estar en la columna del 4) en tres planos diferentes me parece forzar demasiado los significados de cada carta, así como vincular a las Figuras de la Corte a los números 4, 5, 6 y 7.

Por eso prefiero el sistema cabalístico, que no sólo integra las 78 cartas sino permite obtener las atribuciones astrológicas.

De todos modos, los Arcanos Mayores tienen una personalidad tan fuerte a partir de sus símbolos que no necesitan de atribuciones cabalísticas o astrológicas para llegar a sus significados. Por eso la sección atribuciones de los Arcanos Mayores la pongo en letra menor, para que nadie se esfuerce con ellas si no es un amante da la cábala o la astrología.

Los significados de las Figuras de la Corte vienen perfectamente definidos por las combinaciones de los cuatro elementos consigo mismos. Donde sí nos será muy útil el Árbol de la Vida es con los Arcanos Menores, dándoles estructura y significado.

CAPÍTULO VI - EL LOCO Y EL PRIMER SEPTENARIO

EL LOCO

Títulos. En los Tarots de Marsella, el título es *Le Mat*, traducción de *Il Matto* de los tarots italianos, que significa El Bobo o El Loco. Crowley, que así como Waite la llama el Loco, insinúa, basándose en la influencia egipcia que tiene el Tarot, que Mat podría proceder de Maat, la diosa-buitre que según esta tradición tiene el cuello en espiral y que, fecundada por el viento, genera todas las especies animales. Maat o Mut, la diosa-buitre, cuyo nombre significa madre, no debe ser confundida con Ma'at, la diosa también egipcia de la justicia y la verdad. En el Osho Zen Tarot lleva el mismo título, mientras que en el Egipcio se llama "El Regreso". El título esotérico del Loco es "El Espíritu del Éter".

Número. El Loco es el Arcano Cero. Esta palabra procede del árabe *cifa* o *sifr*, que significa "vacío". De ella derivan las palabras esfera y cifra, y en francés *chiffre*, cuyo significado es número. El vacío es la fuente y la condición de la Existencia, como el silencio es la fuente y condición del sonido. La idea de vacío fue trabajada por diferentes tradiciones. En China la llamaron "Tao", los cabalistas, "Ain Shoph" y los físicos contemporáneos "vacío".

"Y en verdad la Realidad Suprema es silencio y vacío".
Arnaud Desjardin (1925-2011)

"El Tao es un vacío insondable en movimiento incesante que nunca se agota. Sin nombre es el Principio del Universo, el origen del cielo y la tierra. Con nombre es la madre de todas las cosas. La vida es emanación del Tao. El Tao es en su origen el Vacío. Una confusión inaccesible al pensamiento humano. En el Vacío está el germen de todas las cosas. Y este germen es la Suprema Verdad".
Tao Te King, Lao Tse (604 a. C.- 531 a. C.)

Los cabalistas, probablemente Isaac el Ciego en la segunda mitad del siglo XII, acuñaron el término *Ain Soph*, que significa el Vacío sin límites o la Nada ilimitada, para definir el Principio Creador que anterior a la manifestación y a la polaridad, permea la manifestación. Ininteligible, lo podemos imaginar como un círculo sin circunferencia cuyo centro está en todo lugar. No es un ser, sino un no ser, sin embargo, esto no supone una ausencia de existencia, sino una existencia infinita no manifestada.

Los físicos actuales llegaron a las mismas conclusiones: "*La distinción entre materia y espacio vacío tuvo que ser abandonada por la física moderna cuando se hizo evidente que las partículas virtuales pueden pasar a existir espontáneamente a partir del vacuo y desaparecer nuevamente en este último. Así como el vacío oriental, el vacuo físico no es un estado del mundo de las partículas. Estas formas, por su parte, no son entes físicos independientes, sino manifestaciones transitorias del vacío subyacente.*" Fritjof Capra (1939 -)

Así pues, tanto el cero como el vacío no son la ausencia de todo, sino la potencialidad más absoluta. Si consideramos la ecuación matemática $0 = (+1) + (-1)$ de izquierda a derecha vemos al Cero originando los opuestos, dando lugar a la polaridad y de derecha a izquierda podemos entender el Cero como el punto donde los opuestos se aniquilan y la polaridad se complementa. Deducimos que el Cero no solo da origen a la existencia, sino que también desarrolla los Principios Positivo y Negativo y la idea de polaridad.

Fig. VI.01. El Cero

El Cero sería el Tao, +1 el Principio Yang y -1 el Principio Yin, que combinándose en diferentes proporciones originan los ocho trigramas de

78

cuya combinación obtenemos los 64 hexagramas que integran la cosmovisión del "I Ching".

Los mayas descubrieron y usaron el cero por lo menos mil años antes de que algo parecido fuera conocido en Europa. Lo representaban por un caracol, con forma de espiral, la mejor representación gráfica del cero pues integra el punto sin dimensiones con el infinito. La espiral, símbolo de generación y regeneración periódica, muestra la permanencia del ser a lo largo de las fluctuaciones y los cambios. La espiral está mostrando que el Cero y el Infinito son dos formas diferentes de ver la misma cosa. El Cero es la espiral cerrada, potencialmente infinita, el infinito no manifestado, no diferenciado y el Infinito es el Cero manifestado, la manifestación de lo potencial.

CORRESPONDENCIAS

Letra hebrea. א. Atribuimos al Loco, primera carta de la secuencia, la primera letra del alfabeto: *Aleph*, cuya traducción es 'buey'. Su forma nos recuerda un arado, que firmemente, rígidamente, abre, penetra y deja la tierra lista para ser fecundada. *Aleph* es la primera de las tres letras madres del alfabeto hebraico, es dorada y su valor numérico es 1. Corresponde a nuestra A, a pesar de que es muda simbolizando por lo tanto la Nada. Se la conoce como el Aliento del Aire. Representa el Ser Humano universal.

Camino cabalístico. Los cabalistas consideran las diez Sephiroth como los diez primeros caminos. Por lo tanto, éste será el decimoprimero camino. Une e equilibra Jokmah (la Sabiduría), con Kether (la Corona). Es el camino recorrido por los Iluminados. En dirección ascendente conduce al Caos, a lo no manifestado y en dirección descendente representa el espíritu en su pureza proyectándose rumbo a la manifestación.

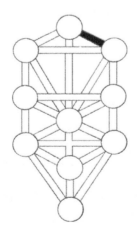

Fig. VI.02. El Sendero 11

Atribución astrológica. ⊡ y ⊡. El Aire es el elemento atribuido al Loco. A pesar de ser un elemento masculino equivalente al Fuego, siendo fruto de la unión del Fuego, masculino, con el Agua, femenino tiene las características de ambos. En los relatos más antiguos Zeus Arhenotelus, el Señor del Aire, combina en su naturaleza los principios masculino y femenino, perfectamente complementados, sustentando la idea de que la Divinidad integra lo masculino y lo femenino, cosa que se corresponde perfectamente con las enseñanzas de la Cábala.

Según la mitología egipcia el buitre hembra se reproduce dando lugar a las demás especies fecundada por el viento, el padre de la existencia manifestada. Loco en inglés, *fool*, deriva del latín *follis,* que significa fuelle: que da aire. El elemento Aire está relacionado con la mente y el proceso de pensar, percibir, analizar, racionalizar, elaborar teorías y proyectos, discriminar, juzgar, proyectar, evaluar, etc.

Podemos atribuirlo también al planeta Urano, la octava superior de Mercurio planeta que gobierna a la mente. Urano representa el Principio de la Libertad Individual, el impulso de la diferenciación. Las características del tipo Urano son originalidad, innovación, intuición, genialidad, irreverencia, informalidad, inquietud, librepensador, desprecio por la tradición, atraído por los cambios, no convencional, rebelde. Puede llegar a ser terco, impaciente, excéntrico, intransigente, con una necesidad compulsiva de super-excitación y de cambiar por cambiar.

Símbolos. La figura central de la carta es un joven vestido de verde: el Hombre Verde de la primavera. Según la leyenda precristiana de origen sajón personifica las fuerzas de la vida en ascensión que originan la primavera y llevan nuestra naturaleza infantil y adolescente a manifestarse más abiertamente. Son tiempos de idealismo, pasión, sueños, impulsividad y despreocupación. Después de meses debajo de la nieve en abril el sol aumenta el arco de su trayectoria en el firmamento y la nieve se derrite dando la posibilidad de sembrar y garantizar la sobrevivencia durante un año más. Entonces se hacía la gran fiesta celebrando la llegada de la primavera. Ese día las leyes, incluidas las de la no tan rígida fidelidad precristiana, se dejaban de lado. Las verdades eran expresadas sin temor a represalias. La relación entre el Loco y la primavera todavía se mantiene viva. En los países anglófonos continúa celebrándose, aunque de una manera más simplista y bromista, *the April Fool's day* o Día del Loco del 1º de Abril, relacionada con la fiesta cristiana de los Santos Inocentes o con el Día de la Mentira en Brasil.

Fig. VI.03. El Loco

El Loco aparece en la carta con los cuernos de Dionisos Zagreus, hijo de Zeus y Deméter, dioses del cielo y de la tierra. Hera, la esposa de Zeus furiosa con la infidelidad de su marido ordenó a los titanes descuartizar y cocinar a Dionisos en un caldero. Sin embargo, Zeus, con la ayuda de Atenea, consiguió rescatar su corazón, que aún latía, y con él preparó una poción que dio a Sémele, princesa tebana, dejándola encinta. Hera preparó una trampa para matar a Sémele, mas Zeus extrajo el embrión de las entrañas de Sémele y lo guardó en su muslo hasta que nació. Después lo entregó a Hermes para ser instruido. Dionysios o Dionisos, "El nacido dos veces", representa las fuerzas de lo no convencional, sus cultos se contraponen con las religiones tradicionales. Hay un paralelismo notable entre Dionisos y Jesucristo. Los dos sufrieron persecuciones cuando nacieron, fueron entregados a terceros para ser instruidos, cuestionaron la doctrina oficial y sus enseñanzas fueron perseguidas, distorsionadas y degradadas por los romanos que transformaron a Dionisio en Baco y el cristianismo primitivo en la Iglesia Católica, Apostólica y Romana tres siglos después de la muerte de Jesús. Dionisos no puede ser sólo considerado, como su versión romana, Baco, dios del vino, el entusiasmo y el deseo sexual. Dionisos es el dios de la liberación, de la eliminación de las prohibiciones y de los tabús, de las catarsis, de la exuberancia de la Naturaleza y de la vida, y del éxtasis a través de la expresión de lo irracional. Simboliza las fuerzas de la vida disolviendo la personalidad adquirida, la máscara de "civilizado" que imponemos a nuestra naturaleza animal. Así, las orgías dionisiacas pretendían rescatar las

81

formas caóticas y primordiales de la vida. Dionisos como Zaratrusta, ambos inspiradores de Nietzsche, tienden a hacer de los humanos seres divinos, o mejor, a reconocernos como dioses.

Entre sus cuernos vemos un cono fálico de luz blanca que representa la influencia espiritual y no manifestada de la 1ª Sephira: Kether. Está vestido de verde conforme a la tradición del hombre de la primavera y viste zapatos dorados, color del Sol y de Aleph, la 1ª letra hebrea. Sostiene un cristal en la mano derecha y una rama de pino en llamas en la izquierda, símbolos del crecimiento mineral y vegetal. Junto con el agua que aparece en la parte inferior de la carta y la bolsa, que nos recuerda la que el Loco de Marsella carga en la punta de su bastón, llena de monedas con los símbolos de los planetas y signos, podrían representar los elementos: Aire, Fuego, Agua y Tierra respectivamente.

Las uvas que aparecen a su lado izquierdo son símbolo de fertilidad, dulzura y éxtasis, siendo símbolo de Dionisos o Baco. El Loco está atravesando tres círculos de luz que aluden al Triple Velo de la Negatividad que son los tres planos de la no manifestación anteriores a Kether. Como los antiguos cabalistas no sabían cómo surgió el universo (solo siglos después se descubrió el Big Bang) imaginaron tres velos que separan el Principio Creador, lo no manifestado, de la Creación, lo manifestado. Y los llamaron Ain, la Nada, "el horror sin nombre" frente al cual la mente humana se derrumba, Ain Soph, la Nada Ilimitada" descrita como un vacío luminoso, inmóvil, inodoro y silencioso y Ain Soph Aur, la Luz Vacía e Ilimitada. De estos tres velos, que separan lo sagrado de lo profano, presentes en el Arca de la Alianza judía, sobró en la tradición católica la cortinita que el señor cura abre y cierra para dejar del otro lado la hostia consagrada y el cáliz.

El Hombre Verde está saliendo del mundo de la no manifestación para entrar en el mundo de la manifestación, del mundo de lo informe para entrar en el mundo de la forma, lo desconocido se vuelve conocido, las fuerzas del inconsciente quieren manifestarse a través de la acción en el plano de la conciencia.

En esos tres anillos de luz vemos la paloma, el buitre, la mariposa y el caduceo de Mercurio. La paloma que en la mitología clásica es atribuido a Venus, simboliza el Espíritu Santo en la cristiana, o principio fecundante y después pasó a representar la paz en el mundo occidental.

El buitre es Maat, la madre del Universo, que refuerza la idea de generación al aparecer con alas helicoidales. La mariposa multicolor es símbolo de liberación de viejos capullos, de renacimiento y transformación, también de levedad y alegría en función de sus colores y de transitoriedad e impermanencia debido al corto ciclo de vida que tiene.

Fig.VI.04. El Caduceo
Fig.VI.05. El Nagakal
Fig.VI.06. El Loco del Golden Dawn

El Caduceo es uno de los símbolos más antiguos que se conocen. Lo encontramos en 2600 a. C. en la copa de Gudea, rey de Lagash (Sumeria, hoy Iraq) y sobre las tablas de piedra, *nagakals*, en la India dravidiana o pre-ariana más antiguas todavía. Originalmente aparece como una vara sobre la cual se enroscan dos serpientes, simbolizando el equilibrio entre las tendencias opuestas. Recuerda la forma de los canales de energía pránica o *nadis*: *ida* y *pingala*, que se entrecruzan alrededor de *sushumna*, el canal central, tal como se conoce en el tantrismo tibetano e hindú. En Grecia el Caduceo adquiere su forma completa. Encima de las serpientes aparece una esfera entre dos alas, que a veces toma la forma de espejo circular y otras de huevo. El huevo es el receptáculo de la esencia de la vida producto de la complementación de los opuestos que también da lugar a la trascendencia indicada por las alas. El Gran Espejo Tibetano muestra el secreto supremo: el mundo de las formas que se refleja en el espejo no es más que un aspecto del vacío.

En la visión de Court de Gébelin, el bastón representa el Ecuador terrestre, las alas son el tiempo, las dos serpientes (masculina y femenina) muestran el Sol y la Luna que durante el año recorren la eclíptica sobre la cual están a veces juntos y a veces separados. También hay quien ve en el Caduceo los cuatro elementos: las serpientes corresponderían al Fuego y el Agua, el bastón a la Tierra y las alas al Aire. El Caduceo, atribuido a Esculapio, dios romano de la medicina, se convirtió en el símbolo por excelencia de esta ciencia. Es interesante la relación gráfica entre el Árbol de la Vida y el Caduceo, apreciable en la figura VI.04.

Para los alquimistas, *"el Caduceo está formado por una vareta de oro rodeada por dos serpientes. Éstas representan los dos principios contrarios, que se unifican en el oro de la vara, que surge como la expresión del dualismo fundamental que da ritmo a todo el pensamiento hermético y que debe ser reabsorbido en la unidad de la piedra filosofal"* (Art et Alchimie, Van Lennep. Bruselas, 1966).

Esta idea de reunificación de los opuestos-complementarios está reforzada por la imagen de los dos niños abrazándose entre las piernas del Loco. Sobre ellos se derrama la bendición de los tres lirios, símbolo como los niños de inocencia y pureza, mostrando aquellas cualidades necesarias para la ascensión del Sol radiante, Kundalini o conciencia adormecida en el chakra Muladhara, hacia la luz de Kether.

El tigre, que junto con el asno acompaña a Dionisos en sus paseos, representa el referente instintivo que orienta al Loco en su ausencia total de experiencias, conocimientos y creencias. Debajo el cocodrilo Sebek, con una flor de loto en la cabeza, es el símbolo egipcio de la fertilidad adolescente.

Significados generales. Macrocósmicamente, el Loco representa el estado anterior a cualquier manifestación, el No Ser de donde espontáneamente surge el Ser. Encarna la idea del Potencial Absoluto, el Caos. Es energía pura que no tiene forma, puede aparecer de una manera o de otra, transformándose permanentemente. Esta idea de existencia no manifestada, o por lo menos no visible, encuentra un cierto paralelismo con lo que los astrofísicos conocen como agujeros negros.

En el plano humano el Loco es el niño/a **EPATIPIC**, anterior a la programación con sus atributos:

1. **E**spontáneo: Asume sus deseos y se deja llevar por ellos.

2. **P**resente: Vive aquí y ahora, sin hipotecar el presente en función de un hipotético futuro.

3. **A**legre: Expresa sus emociones plenamente, retornando después a su alegría natural.

4. **T**otal: Se lanza completamente en la experiencia.

5. **I**nocente: Puro, sin malicia, sin juzgarse a sí mismo ni a los demás.

6. **P**erceptivo: Ve la realidad como es y no a través de creencias, principios y prejuicios que la familia y la sociedad colocaran después.

7. **I**mpredecible: Es capaz cambiar su trayectoria sin aparentes razones lógicas

8. **C**apaz de maravillarse.

En el Tarot de la Golden Dawn, creado en 1978 por Robert Wang, con la supervisión de Israel Regardie, exsecretario de Crowley, El Loco, muestra un niño a punto de perder la inocencia comiendo del árbol del conocimiento. El Loco representa el inconsciente. El inconsciente tiene iniciativa propia. Es un impulso hacia la acción que podemos reprimir, pero no dejar de sentir. Busca el crecimiento tratando de salir al campo de la conciencia. El equilibrio y la salud del individuo están vinculados al equilibrio entre el consciente y el inconsciente, lo que conocemos y lo que no conocemos de nosotros mismos, lo que creemos que controlamos y lo que no controlamos. El problema está en el miedo que el consciente tiene a lo que pueda salir del inconsciente. El inconsciente se manifiesta con deseos. El deseo no tiene nada que ver con la conciencia ni la fuerza de voluntad. Podemos reprimir la manifestación práctica del deseo, pero no el desear.

Dice Esquenazi: *"El Loco no son los objetos del deseo sino la fuente del deseo, la raíz de donde brotan todos los impulsos eróticos, todo el impulso vital. Lo que da vida a la vida es el deseo. Cuando el deseo es aceptado trae gratificación profunda. Cuando es negado aparece rabia, rechazo, disgusto, asco, necesidad de destruirlo, cualquier forma de fuerte oscilación del voltaje emocional."*

El Loco es el Ser Humano Universal, depositario de los talentos y potenciales del ser. Como no tiene nada que ver con orden, estabilidad y raciocinio lógico, se le atribuye tradicionalmente ideas de irreflexión, falta de objetivos, resultados y conocimientos específicos, inconsciencia, irresponsabilidad, pasividad, infidelidad y desorden. Hay quien ve el Loco como el caminante, que pasa por la vida momento a momento, a veces gozando a veces sufriendo. Sin apegos pues el apego es lo que nos dificulta más entregarnos al deseo. Parece el bufón de la corte que perdió su empleo y vaga por el mundo abierto a lo que venga.

EN LA LECTURA TERAPÉUTICA

Momento actual. La persona está entrando en contacto con su niño/a interior, sintiendo el impulso de manifestar las características del niño/a EPATIPIC que ya vimos. Dependiendo de la segunda carta, podemos identificar qué miedos o barreras internas frenan dicho impulso, o en qué aspecto de la vida todo eso está comenzando a manifestarse. Probablemente esto sucede después de una fase en que la persona había perdido el contacto con su niño/a y que puede indicar el inicio de una nueva fase de su vida, arriesgándose a dar un salto rumbo a lo desconocido donde habría o ya está habiendo un florecimiento de potenciales y talentos que hasta ahora nunca se había atrevido a expresar o que ni siquiera se había percatado de su existencia.

Ancla. Por exceso es el síndrome de Peter Pan: el eterno adolescente que no se responsabiliza por sus actos. Una persona que por el hecho de haber sido violado su derecho de tener sus necesidades básicas de alimento y amor satisfechas, en los primeros dos o tres años de vida, especialmente en la fase de lactancia, desarrolló una estructura de defensa de carácter oral que se caracteriza por tener un cuerpo delgado, pecho hundido y frío y músculos fláccidos. Está movilizada por el miedo a ser abandonada. Es dependiente emocional y económicamente. Incapaz de realizaciones prácticas, ya que lo que realmente la mueve es la búsqueda de una mamá, de un papá o hasta de una institución que la cuide, proteja y colme su carencia afectiva, dándole, de preferencia, amor incondicional. Es insegura y dependiente, aunque intenta parecer autosuficiente: "No, yo no necesito...", "A mí no me hace falta...". Vive con intensidad las funciones orales: habla compulsivamente (para mantener la atención de los demás) come, bebe y/o fuma exageradamente. Le encanta el sexo oral. No se cuida y muchas veces pasa la imagen del perrito que se cayó del camión de la mudanza y busca un dueño que lo cuide. Está convencida que el mundo tiene una deuda importante con ella y trata de cobrarla. Está síquicamente presa en la infancia. Esto lo confirmaría el Caballero de Copas o el Dos de Copas - el Amor como 2ª carta del Ancla. Este apego a una personalidad infantil puede ser aliviado con el uso de la esencia floral de **Fairy Lantern***, que también la ayudará a aceptar sus responsabilidades de adulto. Su fijación en el pasado puede ser tratada con **Honeysuckle** y la de **Chesnut Bud** puede ayudarla a estar más atento y a aprender de sus propias experiencias.

Junto con el Cinco de Espadas - la Derrota muestra que pretende obtener la atención de los demás mediante conductas negativas. En este caso sugeriremos el uso de la esencia de **Chicory**.

Por falta sería una persona que perdió el contacto con su niño/a interno, una persona que dejó de ser espontanea, que no vive el aquí y el ahora, en fin, que perdió todas las características del niño/a no programado, transformándose en una persona muy seria, muy racional que necesita tres argumentos científicos para ir hacer pipí. La esencia de **Baby Blue Eyes*** ayuda a recuperar la inocencia y confianza infantiles y la de **Cherry Plum** trabaja el miedo de que la espontaneidad infantil lleve a la pérdida del autocontrol.

Relaciones. a) La relación actual puede ayudar a la persona a rescatar su niño no programado y estimula también el uso de talentos que hasta ahora fueron ignorados, desvalorizados o saboteados. Claro que esto puede suceder de maneras muy diferentes algunas agradables cuando la persona siente el apoyo amoroso de su pareja para hacerlo y otras desagradables cuando este proceso se da como una reacción consciente a la represión por parte de la pareja de alguna de las ocho características del niño no programado. b) Esta persona tiene un comportamiento decididamente infantil. Busca la atención y básicamente la aprobación y la protección del otro. Piensa que puede hacer cualquier barbaridad porque su pareja tiene la obligación de amarlo. En algunos casos puede disfrazarse de original, e innovador o hasta de rebelde para llamar la atención, pero casi siempre cae la máscara y aparece la imagen del niño desamparado que necesita que alguien lo cuide, nutra y proteja.

Infancia. El consultante no tuvo infancia. Fue "adulterado" muy temprano, enseguida tuvo que hacerse adulto, por lo menos en apariencia. No le fue permitido ser espontáneo, inocente y natural, jugar y/o estar simplemente sin hacer nada. Probablemente llenaron su vida con responsabilidades y actividades organizadas, siempre con un adulto orientando y evaluando, impidiéndole no solamente vivir el momento sino crearlo e inventarlo. Puede ser tipo Manolito de Mafalda o el hermano mayor que tuvo que dar ejemplo. También una hermana que llega de la escuela y tiene que cuidar de los bebés y no puede jugar. Se cansó de escuchar: ¡Sé responsable! ¡Tú tienes que…!

Voz de la Esencia y Método. Rescatar el arquetipo del Loco significa conectarse y rescatar el niño/a no programado trabajando para identificar, entender y desactivar las dificultades internas que bloquean las características EPATIPIC. Cuando El Loco aparece aquí podemos pensar que la persona se autocontrola demasiado, reprime sus deseos e impulsos, de manera que el inconsciente puede hostilizarlo generando obsesiones, delirios, paranoias, etc. Es conveniente que escuche más sus deseos e impulsos estableciendo puentes entre su consciente y su inconsciente. En la medida en que profundiza en la observación y comprensión de las experiencias que le hacen sufrir encontrará un montón de deseos escondidos y negados. Es importante que se abra a una nueva etapa en su vida, dando crédito a sus talentos y potenciales y recordando las circunstancias que generaron miedo a lo desconocido y a partir de las cuales hizo de la seriedad un mecanismo de defensa. En la medida que va acabando con su necesidad de demostrar algo a los demás podrá ser más espontaneo. Si aparece El Emperador en el Ancla, es importante que abandone la importancia personal con la cual intenta encubrir su inseguridad y su falta de autoestima.

Sugeriremos que juegue y participe en actividades en que lo de menos son los resultados y lo importante es el placer de la acción. Puede desenterrar sus fotos de infancia y respirarlas hasta que sienta que dentro de sí está ese niño/a espontáneo y travieso. La esencia floral de **Zannia*** la ayudará a rescatar el lado infantil y traer a su vida cotidiana la capacidad de jugar y reír. La esencia de **Baby Blue Eyes*** le facilitará recuperar la inocencia y la confianza infantiles. Tal vez la característica prioritaria a ser desarrollada es estar presente en el aquí y el ahora, que es el único lugar y momento donde transcurre la vida. Una buena manera es colocar toda la atención en la respiración que solo puede transcurrir en el presente.

"El presente corre junto con la respiración. Si estamos totalmente atentos a la respiración y las sensaciones físicas caeremos inevitablemente en el presente. La mente intentará saltar al pasado y al futuro, observaremos este salto y volveremos al presente y a la respiración. Entonces percibiremos cómo en el aquí y el ahora no existen problemas ni angustias. Expandiremos el momento y veremos como una ola de placer nos envuelve y comenzaremos a disfrutar".　　Osho

Camino de crecimiento. Usando las llaves que aparecieron en las posiciones anteriores la persona se da cuenta de hasta qué punto había condenado a las mazmorras a su lado infantil no programado y cuáles fueron las consecuencias, de manera que empieza a desarrollarlas y a sentirse leve y espontánea, cariñosa y alegre, sensible, curiosa y sin prejuicios.

Resultado interno. El ser infantil recuperó su lugar. La persona consiguió identificar, entender y desactivar las dificultades que tenía para manifestar su niño no programado y sus características, así como para llevar a la acción talentos hasta ahora escondidos. Ahora el consultante es capaz de expresar sus emociones, pensamientos, deseos e impulsos del inconsciente de manera espontánea y sin prejuicios de manera que su vida recuperó la gracia.

Resultado externo. Tenemos aquí a la persona encarando el mundo con la actitud que acabamos de ver en el Resultado Interno. Lanzándose en una nueva fase de su vida, consciente de sus potenciales, usándolos en la práctica, estimulada por la aventura y lo desconocido, y dispuesta a realizar nuevos proyectos creativos. Puede estar rompiendo con la trayectoria anterior y tomando un camino más original, imprevisto, lúdico y poco o nada convencional.

EL MAGO

Títulos. En el Tarot de Marsella su título es *Le Bateleur*, malabarista y/o titiritero que en la Edad Media y el Renacimiento realizaba espectáculos en vía pública. Crowley traduce *Le Bateleur* como "el portador del bastón". Aquí tenemos la primera alusión a Mercurio, el portador del bastón: el caduceo. El bastón o la vara es símbolo de poder y clarividencia, instrumento mágico por excelencia, especialmente asociado al fuego que de él brota. Hermes (Mercurio) habría sido el inventor del fuego que después Prometeo robó y llevó dentro de su vara hueca para los humanos. En Tarots posteriores esta carta pasó a llamarse El Mago. En el Osho Zen Tarot es La Existencia. Su título esotérico es "El Mago del Poder".

Número. El número asignado al Mago es el **Uno**. Si el Cero designa una globalidad indiferenciada y "vacía", esta misma globalidad ya constituye una unidad. El Ser emanó de la Nada, como el Uno emana del Cero, es su hijo consustancial: la Unidad está llena de lo que la Nada está vacía. Simbolizado por un punto, como la letra Yod hebrea, el Uno concentra todas las posibilidades del Ser que en el Cero existían en estado informal.

Fig. VI.07. El Uno

El Uno representa toda la Existencia y la unidad, el padrón que permite medir. Confirma la individualidad, la particularidad y la distinción. El Uno es el inicio manifiesto, la afirmación del Ser. El Uno es el falo erecto, el bastón vertical, el Principio Masculino. Simultáneamente con la aparición del Uno, aparece el Dos, el Principio Femenino. Sin uno no puede existir el otro. Para los pitagóricos es el número de la inteligencia. La escuela fundada por Pitágoras en el año 530 a. C., duró diez siglos. Afirma que la esencia de las cosas se encuentra en los números y en las relaciones matemáticas

CORRESPONDENCIAS.

Letra hebrea. ב. Beth es la letra asignada al Mago. Significa casa, habitación. Simbólicamente representa el interior de la boca. Su valor numérico es 2 y su color es el amarillo. Es una letra doble, masculina, que suena como B en su pronunciación dura y V como se pronuncia en Chile en la suave.

Camino cabalístico. Éste es el camino número 12 del Árbol, une Binah, el Conocimiento, con Kether, la Corona. Este camino muestra el estado de conciencia libre de las apariencias del mundo de los fenómenos. Es el estado de Bienaventuranza, del gozo del ser absorbido en la contemplación espiritual, distinguiendo la realidad de la ilusión. Podemos decir que éste es el estado de armonización con la Consciencia Universal.

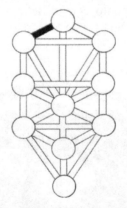

Fig.VI.08. El Sendero 12.

Atribución astrológica. ☿. Siendo Beth una letra doble, la asignación astrológica del Mago será un planeta, en este caso Mercurio. Este vecino del Sol rige la mente racional y discriminadora: los procesos de pensar, analizar, extraer experiencias, comunicarlas y aplicarlas al desarrollo práctico de las propias habilidades en las actividades cotidianas. El símbolo de Mercurio se corresponde con las sephiroth, dejando Kether fuera, ya que ésta no puede ser alcanzada intelectualmente, como vemos en la Fig.VI.09.

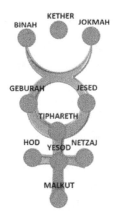

Fig.VI.09. Mercurio y el Árbol

Símbolos. El Mago, es considerado la forma adulta del Loco. El Mago de Crowley, aparece bajo la forma de **Mercurio**, el mensajero de los dioses. Éste es uno de los tres magos pintados por Frieda Harris. En algunas ediciones aparecen los tres. El que estudiamos aquí es el único comentado por Crowley en su "Libro de Thoth".

Fig.VI.10. El Mago

Usa **sandalias** aladas, símbolo de elevación. Levanta un brazo hacia el cielo y apunta con el otro a la tierra como lo hacen sus colegas de Marsella y de Waite, como un canal entre el mundo de lo posible y el mundo de lo real. Esta idea de infinitas posibilidades está en el símbolo del infinito que aparece sobre sus cabezas: un sombrero en el de Marsella, la lemniscata en el de Waite y el caduceo en el de Crowley, que formando un ocho en posición vertical con los cuerpos de las serpientes es también un símbolo de las posibilidades infinitas del desarrollo humano. También podemos ver en este gesto al Mago inspirándose en las leyes universales y aplicándolas al mundo de lo concreto. Asimismo, ilustra el Principio de la Correspondencia del Kibalión: "Lo que está encima es como lo que está debajo, y lo que está debajo es como lo que está encima".

Hace malabares con los diferentes objetos que lo rodean: los **símbolos de los cuatro elementos** o emblemas de las cuatro series de Arcanos menores, con los que opera: el Bastón en llamas con el que crea, la Copa con la que conserva, la Espada con la que destruye y el Disco o la Moneda con el que redime, emblemas relacionados también con sus cuatro verbos: querer, saber, osar y guardar silencio. Encima de su cabeza y a sus lados tenemos **la pluma**, símbolo de la voluntad, y **el papiro**, símbolo de la palabra, ambos atributos de Mercurio. Flotando frente a su mano derecha está el **báculo Fénix**, instrumento de Thoth, dios predinástico egipcio. Recibió su nombre de los griegos, que lo asociaban a su propio dios Hermes. Hermes y Thoth eran considerados dioses de la sabiduría, de la escritura y de la invención, mensajeros de los dioses. Thoth es un dios lunar representado como un hombre con la cabeza del pájaro ibis, símbolo de la concentración y la meditación. Según el mito de Hermópolis, ciudad donde el culto de Thoth se unió al del dios mono local Hedj-Wer, fue Thoth quien bajo la forma de un ibis incubó, sólo con el poder de su voz, el huevo de donde surgió toda la creación.

Fig.VI.11. Thot

92

Otra leyenda sugiere que Thoth era hijo de Horus y de Set. Horus habría colocado su semilla en una lechuga que Set tragó y como resultado Thoth surgió de la frente de Set. Thoth, dueño del tiempo e inventor de la música y los jeroglíficos, ocupó el trono terrenal cuando Horus lo abandonó, y gobernó una tierra pacífica y próspera durante 3.226 años. El fénix es símbolo de inmortalidad y resurrección y según la tradición egipcia cuando esta ave siente que sus fuerzas se agotan construye un nido de brotes perfumados que se inflaman con el calor de su cuerpo. Después de consumirse en las llamas, el fénix renace de sus propias cenizas.

Junto a la mano izquierda del Mago y como saliendo de ella tenemos el **huevo alado**, conocido como el Huevo Órfico, que guarda la esencia de la vida fruto de la unión de los opuestos. Atrás el cono de **luz blanca** de Kether y subiendo impulsivamente aparece el cinocéfalo, el babuino de Thoth cuya función, dice Crowley "es distorsionar la palabra de Thoth, imitar, simular y engañar" pues cuando la palabra entra en acción en el mejor de los casos aparece la ambigüedad y en el peor la falsedad. Otras formas del babuino serían Hermanubis, (unión de Hermes y Anubis) o Hanumán, el dios mono de la mitología hindú.

Significados generales. El Mago encarna el **Principio Masculino Universal: la Acción.** En un nivel humano es la polaridad masculina, la capacidad de tomar iniciativas y la mente en acción: la razón, la voluntad, la habilidad verbal, la comunicación, la percepción, la capacidad de analizar y la creatividad intelectual. Primero es el impulso que viene del inconsciente (El Loco) después la voluntad (El Mago) que se compromete con el impulso. La voluntad genera la iniciativa, la acción, aunque la energía para ello llega del inconsciente.

EN LA LECTURA TERAPÉUTICA

Momento actual. La persona está en contacto con el impulso interno de ponerse en acción tomando iniciativas a partir de ideas, proyectos o teorías que está elaborando. La segunda carta puede mostrar en qué aspectos de la vida esto se concreta o qué dificultades internas pueden estar frenando el proceso.

Ancla. Si el consultante tiene más de 50% de Aire en su carta astral leeremos el Ancla por exceso. Ver en la sección Las Figuras de la Corte y la Carta Testigo del Cap. IX cómo se calculan los porcentajes de cada elemento. Será una persona compulsivamente activa. No puede dejar de correr ni de pensar. Siempre acelerada y estimulada, no puede parar de hablar, de hacer cosas, perseguir objetivos y desarrollar ideas y proyectos, hasta que su cuerpo paga el pato. Se siente amenazada si pierde el ritmo: la sociedad puede rechazarla, de manera que esconde su cansancio. Cuando está exhausta puede mostrar irritación aguda con riesgo de colapso nervioso. Se va desconectando de su interior que se va tornando desconocido hasta el punto que puede sentir miedo encontrarse a solas consigo misma y para evitarlo, mira la tele hasta que se duerme. Acaba siendo una perfecta desconocida de sí misma. La flor de *Oak* le puede ayudar a parar, aceptando sus limitaciones y a equilibrarse desarrollando su lado femenino. La meditación *Gibberish* (http://www.osho.com/es/active-meditations/gibberish-soltarse) le ayudará a despejar esta mente acelerada. Junto con el Diez de Bastos - La Opresión indica una sobrecarga de responsabilidades que asume por miedo a decepcionar. En este caso la esencia de *Elm* le será muy útil. Con un Seis de Espadas denunciaría excesivo intelectualismo, con la consiguiente desconexión con su cuerpo físico y con la naturaleza, lo que lleva al agotamiento. La esencia floral de *Nasturtium** aumentará su vitalidad y lo enraizará con la realidad física de las cosas.

Si el consultante tiene menos de 10% de Aire en su carta astral leemos el Ancla por falta. En este caso se trata de una persona con una dificultad crónica para entrar en acción, moverse, comunicarse, desarrollar ideas, proyectos y teorías y exponerlos. Su raciocinio es apático y probablemente tampoco será muy buena para hablar en público ni para los negocios. La esencia de *Buttercup** puede ayudar a aumentar la seguridad interior para comunicarse con los demás. La esencia de *Peppermint* favorece la atención plena, claridad y prontitud mental y la de *Blackberry** ayuda a poner las ideas en acción.

Infancia. El amor y el apoyo paternos estuvieron condicionados a que el niño/a se mostrara activo, inteligente, hábil, capaz y realizador. Éste se vio obligado a desarrollar su lado racional en detrimento del otro lado más sensible, emocional, tierno y receptivo.

Relaciones. a) La relación actual o las relaciones anteriores ayudan a la persona a desarrollar ideas, proyectos y teorías propias, a fortalecer su autoconfianza para convencer a quien haya que convencer de que son interesantes, viables y útiles y en definitiva a tomar iniciativas a partir de ellos. Esto puede darse de muy diferentes maneras, la menos agradable seria si esto surge como una necesidad porque la pareja no sale del sofá. En cualquier caso, no deja de ser un importante factor de crecimiento. b) Ésta es una persona que se relaciona con un enfoque fundamentalmente intelectual. Sabe comunicarse, hacer proyectos, liar al prójimo, pero no entrega su corazón. Vende una imagen de persona ocupada, llenas de proyectos importantes que no muestra sus emociones y rara vez se queda a desayunar.

Voz de la Esencia y Método. Para rescatar el arquetipo del Mago la persona necesita identificar, entender y desactivar los bloqueos que invalidan sus ideas, sus proyectos, sus objetivos, impiden que la mente trabaje adecuadamente y entrando en acción lleve a puerto las actividades donde su creatividad intelectual se manifiesta. Orientaremos al consultante para entrar en acción. Tiene que prestar atención tanto al mundo interno del deseo como al mundo externo, moverse, expresarse, comunicarse con los demás, ampliar su círculo de contactos, ejercer su fuerza de voluntad, tomar decisiones, usar sus conocimientos y habilidades, desarrollar proyectos y vender sus ideas. Necesita aprender a hacer negocios y cobrar correctamente por su trabajo. No se trata de vender más barato para conseguir amigos sino de que ambas partes salgan satisfechas. Es importante también que observe y aproveche las oportunidades. La esencia de *Cosmos** lo ayudará, desenvolviendo sus capacidades mercuriales de pensamiento y expresión verbal. La presencia del Ocho de Copas - la Indolencia o el Siete de Discos - el Fracaso en el Ancla, indicando letargo crónico, nos llevará a sugerir la esencia floral de *Tansy**, que favorece la toma de actitudes decididas y llenas de propósito.

Camino de crecimiento. Usando las llaves que aparecieron en las posiciones anteriores la persona identifica los orígenes de su falta de acción anterior y comienza a moverse en primer lugar mentalmente elaborando ideas y después tomando las iniciativas correspondientes.

Resultado interno. Esta persona, producto de todo el proceso que vimos hasta aquí, consiguió fortalecer su atención y fuerza de voluntad y superar los bloqueos y miedos que le impedían entrar en acción, tomar iniciativas, aprovechar las oportunidades y desarrollar y expresar su creatividad mental. Hoy se siente mentalmente inspirada, confiando más en su capacidad intelectual, verbal, manual e de comunicación. Aprendió a exponer y vender sus proyectos y a cobrar objetivamente por su trabajo.

Resultado externo. Vemos a la persona encarando la vida con la actitud interna que acabamos de ver en el Resultado Interno. Así actúa en el mundo con decisión y firmeza, creando sus proyectos, usando de un modo muy realista su mente y desarrollando sus habilidades y conocimientos. Es un tiempo de mucho movimiento y comunicación donde trabaja de una manera objetiva y funcional para inventar su realidad.

LA SACERDOTISA

Títulos. Inicialmente se llamó "La Papisa". La aparición de este Arcano está relacionada con el rescate de los valores femeninos en el pensar colectivo con la entrada del Renacimiento. Lo femenino que había sido progresivamente degradado por las sociedades patriarcales (griegos y romanos), fue negado y masacrado por la Iglesia Católica hasta el punto de inventar una trinidad sin diosas. Así el pueblo cansado de un Dios inaccesible, inflexible, juzgador, vengativo y castigador sentía la necesidad de íconos que representasen el amor, la compasión y la misericordia. El Vaticano coloco a la Virgen María y a Jesús como el símbolo de estas cualidades femeninas y también invirtió en la idea de la Santa Madre Iglesia que tampoco germinó en el inconsciente colectivo.

Fig.VI.12. La Papisa del Visconti Sforza

Hay evidencias de una mujer que, en el siglo IX, disfrazada de hombre habría ascendido en la jerarquía eclesiástica hasta ser elegida Papa, muriendo después de parto durante la celebración de la Pascua. Así surgió la leyenda de la Papisa Juana que tomó cuerpo en la Italia del final del siglo XII en una orden religiosa fundada por Guglielma de Bohemia. Creían que su fundadora muerta en 1281 resucitaría en 1300 e iniciaría una Nueva Era donde los papas serían mujeres.

Como en el año 1300 nadie resucitó proclamaron a la hermana Manfreda Visconti, miembro de dicha orden, como Papisa. Esta acabó en la hoguera en Milán, junto con la mayoría de los Guglielmitas, unas semanas después. En 1441 María Bianca Visconti encargó a Bonifacio Bembo, una baraja de Tarot como regalo de bodas con Francesco Sforza. En homenaje a su antepasada Manfreda aparece este arquetipo femenino que en barajas posteriores recibe el título de La Papisa. Considerada la consorte del Papa, este título no debió de agradar mucho a la Iglesia, sin embargo, se mantuvo en los Tarots de Marsella y Papus, mostrando que los tiempos de la Edad Negra y las hogueras estaban acabando. Ya en 1800 en Besançon, sur de Francia, en la época posrevolucionaria en que fue revalorada la mitología greco-romana, aparece la baraja de Louis Carey en que esta carta se titula "Juno". Esta diosa, Hera en Grecia, esposa de Júpiter, simboliza el Principio Femenino en su joven madurez, en pleno vigor, soberano, combativo y fecundo. Inicialmente Juno personificaba el disco lunar. Actualmente y a partir de Court de Gébelin se la conoce como La Sacerdotisa, o La Suma Sacerdotisa en la baraja de Waite. En el Osho Zen se le llama "La Voz Interior". Esotéricamente es "La Señora de la Eternidad" y también "La Sacerdotisa de la Estrella Plateada".

Número. **El Dos** es el número de esta carta. Surge del Cero simultáneamente con el Uno, así como del Tao surgen el Yang y el Yin. El Uno no puede aparecer sino aparece el Dos y viceversa. Si hay luz hay sombra. Cuando hay sombra es que existe luz en algún lugar. Si definimos un aspecto de la polaridad necesariamente tenemos que definir el otro. Si inventamos un ser personificación absoluta de lo que llamamos "bien", estaremos inventando, queramos o no, la personificación absoluta del "mal". No es por casualidad que los religiosos más fanáticos están obsesionados viendo y exorcizando criaturas diabólicas todos los días.

Si todos los números son múltiplos del Uno, todos se pueden escribir como la suma de potencias del Dos: $1 = 2^o$; $2 = 2$; $3 = 2 + 2^o$; $4 = 2 + 2$; $5 = 2 + 2 + 2^o$;...

Fig.VI.13. El Dos

97

El Dos y el Uno constituyen la primera gran dualidad de la que dependen el movimiento y la vida. Si el Uno representa la Unidad, el Dos es la Polaridad. Si el Uno es el Principio Masculino, el Dos es el Principio Femenino. Según la tradición china, antes de cualquier distinción entre el Cielo (Yang) y la Tierra (Yin), el Caos tenía el aspecto de un huevo de gallina. Después de 18000 años el huevo se abrió. Los elementos pesados formaron la Tierra y los leves el Cielo. Según los pitagóricos el Dos es el número de la opinión.

UNO	DOS
El Sol	La Luna
Lo Masculino	Lo Femenino
El Consciente	El Inconsciente
Lo Activo	Lo Receptivo
Lo inmutable	LO mutable
Lo rígido	Lo flexible
La fuerza	La forma
El impulso	La contención

Geométricamente si definimos un punto en el espacio tenemos que definir un segundo punto: el origen de coordenadas, para poder conocer su posición. Definidos dos puntos en el espacio tenemos una línea, algo absolutamente abstracto, sin dimensiones, principio no fin. En verdad todas las manifestaciones del universo son una mezcla de estos dos principios:

"Todo es doble, todo tiene dos polos, todo su par de opuestos." .
El Kybalión

"Debemos tener siempre presente que cada símbolo es ambivalente, la insistencia en cualquiera de las atribuciones contradictorias inherentes a un símbolo es apenas una señal de ineptitud, provocada por los prejuicios... Nada es verdadero, sin serlo en función de la contradicción contenida en él mismo".
Crowley

"Cuando el hombre conoce lo hermoso conoce también lo no hermoso, cuando conoce lo bueno conoce también lo que no es bueno. Porque lo pesado y lo leve, lo alto y lo bajo, el silencio y el sonido, el antes y el después, el Ser y el No Ser, se engendran el uno al otro".
Tao Te King

CORRESPONDENCIAS

Letra hebrea. ‫ג‬. Guimel, letra doble, femenina, gris y de valor numérico 3, es atribuida a La Sacerdotisa. Suena como la g de gato en su pronunciación dura y como la j francesa en la suave. Significa "camello" y representa simbólicamente la garganta: un canal vacío, una matriz donde el aire se transforma en sonido. Jeroglíficamente transmite la idea de expansión y crecimiento.

Camino cabalístico. El 13º camino que une Tiphareth – la Belleza con Kether – la Corona es el asignado a La Sacerdotisa. Como vemos en la figura VI.14 es un camino vertical, que une ambas esferas a través de un espacio desierto que los cabalistas llaman "el Abismo". Es precisamente Guimel, el camello que atraviesa el desierto uniendo las dos esferas.

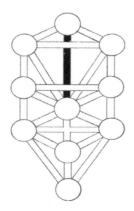

Fig.VI.14. El Sendero 13º

Atribución astrológica. ☽. La Luna es el planeta atribuido a este Arcano. Podemos considerarla como la antítesis del Sol que representa la plenitud y la conciencia de la vida, todo lo que brilla con luz propia. Si el Sol muestra el proceso de individuación del ser humano, es decir todo lo que lo lleva a diferenciarse de los demás y llegar a ser un ser único, la Luna muestra el proceso de integración con los demás. La Luna es símbolo de la infancia, de las cosas ocultas, de lo inconsciente y de la ilusión. Está asociada a ideas de movilidad, flexibilidad y cambios en función de la rapidez con que recorre el Zodiaco. Gobierna la fertilidad y el crecimiento, todo lo que es cíclico y fluctuante, el elemento Agua, todos los seres acuáticos y los animales nocturnos. Su relación con la mujer es muy importante al estar íntimamente relacionada con el ciclo menstrual, el proceso de gestación y el parto. Representa el pueblo y está relacionada con todo lo primordial, lo atávico, los rituales y la magia. Es la dueña de nuestros sentimientos y emociones más profundas. Representa todo lo que nos nutre y nos hace sentir que pertenecemos a algo. Rige nuestra imaginación, nuestra sensibilidad y capacidad de impresionarnos, nuestros sueños y nuestra receptividad. Junto con Mercurio gobierna la memoria y con Marte los instintos. Crea un fuerte apego al pasado, a la madre, al hogar y a las actividades domésticas.

Símbolos. Este Arcano muestra menos símbolos que los dos anteriores. La Sacerdotisa es más simple, más austera, es Isis, la más ilustre de las diosas egipcias, la que protege a los muertos bajo sus alas y los resucita. Inicialmente era la diosa del hogar, pero cuando tomó el nombre secreto de su abuelo el dios supremo Ra, su poder se extendió por el universo. Según la mitología Isis quería aumentar sus poderes mágicos con los conocimientos del más sabio de los dioses, Ra, entonces tomó un poco de saliva que caía de la boca de Ra y juntando tierra sobre la cual éste había pisado, modeló una serpiente que se transformó en una flecha. La dejó en una encrucijada y cuando "el padre de los dioses y el amo del Nilo" pasó, la flecha cobró vida y hundió profundamente su colmillo de serpiente en su pierna. Como los dioses de la magia no podían curarlo, cuando Isis prometió hacerlo a cambio de recibir su verdadero nombre, aquel que le confería su poder mágico, apremiado por el dolor Ra pasó su nombre secreto del lugar que ocupaba en su corazón al de Isis, con la condición de que ésta no lo revelara a nadie salvo a su hijo Horus.

Según la tradición todo ser vivo es una gota de sangre de Isis. Es la grande iniciadora, la que posee los secretos de la vida, de la muerte y de la resurrección.

Encarna el Principio Femenino Universal, es la fuente mágica de la fecundidad y la transformación. En la carta Isis está representada en su forma más espiritual: la griega **Artemisa**, equivalente a la Diana de los romanos. Indomable y feroz con los hombres, desempeña el papel de protectora de lo femenino frente a la supremacía física de los machos. Es la diosa de los partos, protege la pureza y recompensa con la inmortalidad a sus adoradores. Aparece en la mitología como el complemento de Venus-Afrodita, tal como veremos en el arcano III: la Emperatriz. Artemisa representa el aspecto castrador, celoso y dominante de la madre frente a Venus que encarnaría el lado nutritivo, amoroso y dador de vida.

En la mitología hindú encontramos un paralelismo con las consortes o aspectos femeninos de Shiva: Kali y Parvati.

Fig.VI.15. La Papisa de Marsella, La Suma sacerdotisa de Waite y La Sacerdotisa de Crowley

En los Tarots de Marsella y Waite está sentada de este lado del velo que separa lo no manifestado de lo manifestado, el espíritu de la materia, lo sagrado de lo profano. Sería entonces la guardiana de lo divino que sostiene en su regazo un libro o un pergamino donde se lee TORÁ – Libro de la Ley hebreo, el Pentateuco, los cinco primeros libros del Antiguo Testamento, bastión de la tradición patriarcal – medio oculto bajo su manto. Esta Sacerdotisa o Papisa vendida a los machos se transforma de la guardiana de lo divino, en la propia divinidad al ser colocada por Crowley del otro lado del velo. Es el camino de La Sacerdotisa el que nos lleva directamente de Tiphareth a Kether, de la individualidad a la esencia divina, es la actitud de La Sacerdotisa la que conduce a la Divinidad interior. Un libro aporta conocimientos, es el ámbito del Mago, de lo masculino, la sabiduría no es un sumatorio de conocimientos. La sabiduría es saber vivir. La actitud de La Sacerdotisa no es mental sino vivencial, nada tiene que ver con libros. Podemos leer cientos de libros al respecto del amor y no amar. En vez de un libro, vemos el **arco y las flechas** de Artemisa que son al mismo tiempo un arma y un instrumento musical para encantar a sus presas, pues Artemisa es cazadora y también hechicera.

La Sacerdotisa representa todas las diosas, potencialmente diosas de la fecundidad y de la fertilidad. En la base de la carta, junto con el camello, Guimel, aparecen **semillas, frutas, flores y cristales** símbolo del inicio de la vida y de su desenvolvimiento. El cristal, usado por brujos de culturas tan diferentes como las de Borneo, Melanesia y Australia, mayas, navajos y hopis, se considera un medio entre el espíritu y la materia, entre lo visible y

101

lo invisible. El cristal es usado para curar y para adivinar. Es símbolo de la sabiduría y de los poderes mágicos.

Significados generales. La Sacerdotisa encarna el Principio Femenino Universal: La Receptividad. Lo femenino, receptivo y conservador del universo, lo Yin. Es el opuesto y complementario del Mago. En el plano humano muestra esta actitud receptiva, de silencio metal y verbal, de contemplación y meditación, de serenidad y observación interior. Está receptiva al mundo interno, conectada con su íntimo, su conocimiento no es racional, deductivo ni analítico sino intuitivo e instintivo. No pretende conocerse, como El Ermitaño, no está buscando nada. Así no está dividida entre el sujeto y el objeto de la búsqueda. No existe futuro, no existe acción, está total en su no hacer. Sentada con los ojos cerrados, dejando que todo acontezca por sí mismo, en contacto con su interior, en profunda meditación, sin mente, sin proyecciones en el futuro ni anclas en el pasado, sin objetivos, en un eterno presente, se deleita con su propio ser. Para Jung La Sacerdotisa está relacionada con la función síquica de la intuición.

La posición de sus brazos sugiere que también está receptiva al mundo externo. Sabe que lo que le llega no es producto de la suerte, de la voluntad de terceros, sean dioses, entidades espirituales o del Universo conspirando. Sabe que lo que viene ella misma lo atrae para crecer, entonces está muy atenta para percibir el mensaje que las situaciones traen y aprovecharlo.

Tenemos el arquetipo de lo femenino en La Sacerdotisa y en La Emperatriz. En la primera, de un modo más abstracto, espiritual y autónomo. En la segunda, condensado en la materia, en el cuerpo, maternalmente, ya no es tan autónomo pues es necesaria la unión con lo masculino. La Sacerdotisa simboliza una gran matriz antes del encuentro, La Emperatriz es esa gran matriz fertilizada en pleno proceso de gestación.

El Mago es extrovertido, La Sacerdotisa introvertida. La Sacerdotisa es la intimidad, la interiorización. No busca nada pero esta actitud receptiva al mundo interno y externo, aceptando, acogiendo y entendiendo lo que desde dentro quiere manifestarse y lo que le llega de afuera para crecer, facilita el encuentro más pleno consigo misma.

EN LA LECTURA TERAPÉUTICA

Momento actual. La persona está en contacto con el impulso interno de parar, parar de correr, parar de hablar, parar de hacer cosas todo el tiempo. Probablemente esto es producto de haber exagerado en la acción durante los últimos tiempos. Este impulso le pide sentarse, colocar la atención en la respiración para mejor permanecer en el presente, sosegar la mente, meditar y mantenerse receptiva a lo que viene de dentro cuanto a lo que llega de fuera, dejando de dar prioridad a la conquista de objetivos allá afuera para dársela a estar en contacto consigo misma.

Ancla. Un buen indicador para decidir si leemos por exceso o por falta esta carta es la predominancia de los hemisferios en la carta astral. Para una persona diestra un predominio del hemisferio oriental, correspondiente al hemisferio izquierdo del cerebro, el hemisferio de la acción o masculino a partir de 60/36 favorece el Ancla por falta. Si el predominio es del hemisferio occidental correspondiente al hemisferio derecho del cerebro, hemisferio de la receptividad o femenino a partir de los mismos valores, leeremos el Ancla por exceso. En el caso de una persona zurda invertimos las correspondencias. Ver en Las Figuras de la Corte y la Carta Testigo del Cap. 09 cómo se calcula los porcentajes de cada elemento. Los 14 que faltan para 100 son del ascendente que siempre está en el hemisferio oriental y por lo tanto no lo vamos a considerar para hacer este cálculo.

Por exceso muestra al consultante cristalizado en una actitud extremadamente introspectiva, desconfiada y tímida. Es incapaz de compartir sus emociones, su cuerpo y hasta su dinero con los demás. Tiene miedo de actuar, de tomar iniciativas, de mostrar sus emociones. Como la tortuga, vive siempre dentro de su caparazón. Puede usar una máscara de espiritualidad y misticismo para no mostrar su miedo a entregarse a la vida. Su pasividad, resignación, desinterés por la vida y apatía pueden ser trabajadas con la esencia floral de *Wild Rose*. Su tendencia a soñar despierta y su falta de conexión con el presente pueden ser aliviadas con la esencia de *Clematis*. Acompañada del Ocho de Copas - la Indolencia indica un estado de permanente depresión, aunque sin causa aparente. En este caso le sugeriremos el uso de *Mustard*.

Por falta indica una persona con dificultad crónica para conectarse consigo misma, para sentir lo que le viene de dentro, para parar de correr, hablar, pensar y hacer cosas. También le resulta difícil ser receptiva con las situaciones que le aparecen y que en realidad atrae.

Siendo El Mago y La Sacerdotisa opuestos complementarios existe cierto paralelismo entre el Mago en el Ancla por exceso con La Sacerdotisa en la misma posición por falta y entre La Sacerdotisa por exceso y el Mago por falta.

Relaciones. a) La relación actual o las relaciones anteriores ayudan a la persona a ir hacia dentro y conectarse consigo misma en un nivel más profundo. Esto puede darse como un "contagio" de una pareja más sintonizada consigo misma que desarrolló una actitud más contemplativa y receptiva ante la vida y tal vez con experiencia en meditación. Sin embargo, también podría ser que las expectativas y fantasías que la persona tenía con la relación no son colmadas, eso trae sufrimiento y la necesidad de salir del sufrimiento le exige ir hacia su centro. b) Recuerda el ancla por exceso: la persona coloca un velo entre ella y el mundo, escondiéndose y volviéndose impenetrable para las relaciones. Puede temer la proximidad y se da un aire de superioridad, de falsa espiritualidad, o puritanismo. Recomendaremos el uso de la flor de *Fawn Lily*** para ayudarla a aceitar y envolverse con el mundo y la esencia de *Sticky Monkeyflower** para superar el miedo a la intimidad y al contacto físico, especialmente en lo relativo a la relación sexual.

Infancia. El niño/a fue impedido de tomar iniciativas. Sufrió mucho escuchando de sus padres cosas como "estate quieto", "no haces nada bien", "calladita te ves más bonita", "no molestes, vete a tu cuarto". Así, acabó sintiéndose incapaz y un fuerte "no consigo" fue grabado profundamente en su inconsciente. Sus actitudes expresivas y extrovertidas fueron prohibidas. El niño/a se transformó en un ser anulado, rechazado, tímido y solitario que comenzó a crear un mundo interno de fantasías, lleno de hadas y príncipes que algún día le aliviarían sus dolores. Cuando crezca probablemente preferirá no hacer nada que arriesgarse a tomar iniciativas.

Voz de la Esencia y Método. La persona necesita integrar el arquetipo de La Sacerdotisa. Sugeriremos que pare su movimiento compulsivo, que se siente, respire, deje que se calme su diálogo interno, se vuelva hacia el interior de sí misma, entendiendo que existe de la piel para dentro y no de la piel para fuera, se torne y se mantenga receptiva tanto a lo que viene de dentro: deseos, impulsos instintivos, emociones, llegando a sus fuentes y motivaciones, como a lo que viene de fuera para ayudarla a crecer. La meditación será muy útil, especialmente las meditaciones activas de Osho. Esta necesidad puede indicar una profunda y crónica desconexión interna. Esto es muy peligroso pues si la persona no quiere verse a sí misma, va a proyectar sobre los demás todos los contenidos internos que no ve y su percepción de la realidad externa va a ser una tremenda ilusión. La esencia de **Star Tulip***, también conocida como **Cat´s Ears**, ayudará a desarrollar su sensibilidad y receptividad femeninas, abriéndose a la espiritualidad y facilitando la meditación. Si siente atracción por las ciencias ocultas estimularemos su estudio, así como la meditación. Le podemos sugerir la meditación *Vipásana*, donde el meditador sentado en una posición muy cómoda, con la columna vertebral recta, coloca toda su atención en su respiración haciendo de ésta algo agradable y profundo, dejando pasar sus pensamientos sin ponerse a conversar con ellos.

Camino de crecimiento. Usando las llaves que aparecieron en las posiciones anteriores la persona percibe las consecuencias de haber colocado su prioridad en alcanzar resultados externos y entra en una fase más receptiva y tranquila, buscando tornarse más consciente de sí misma especialmente de sus emociones y deseos.

Resultado interno. Esta persona, producto de todo el proceso que vimos hasta aquí, consiguió identificar, entender y desactivar las creencias, miedos y otras dificultades internas que tenía para dejar de correr y tornarse más receptiva con lo que viene de dentro y lo que atrae de fuera. Rescata su polaridad femenina y pierde la angustia de sentirse separada de sí misma para volver a ser un ser silencioso y meditativo, consciente de su rico mundo interior y abierto a la vida. Se descubrirá como un ser completo que no necesita salir corriendo atrás de nadie ni de nada.

Resultado externo. La persona encara el mundo con la actitud que vimos en el Resultado Interno. Centrada y conectada consigo misma, desarrolla su intuición y sensibilidad y puede interesarse por actividades relacionadas con la meditación, las energías sutiles y el esoterismo. Se sentirá más plena y completa y hallará en su interior motivaciones, cualidades y placeres que antes buscaba fuera.

LA EMPERATRIZ

Títulos. Probablemente esta carta, que los incas llamarían "La Pachamama", recibió su nombre de la consorte del Emperador. Casi siempre apareció como "La Emperatriz" con la excepción del Tarot Carey (1791), inmediatamente posterior a la Revolución Francesa, La Emperatriz y El Emperador aparecen, sin corona por motivos obvios, como "La Abuela" y "El Abuelo", respectivamente. En el Osho Zen Tarot se llama "La Creatividad". Esotéricamente es conocida como "La Hija de los Poderosos Unos".

Número. La Emperatriz es el Arcano número **Tres**. El Tres es el fruto de la Unión del Uno y del Dos, participa de sus cualidades, los complementa y equilibra. Si el Uno es Yod, el Principio Activo o Masculino y el Dos es He, el Principio Receptivo o Femenino, el Tres será Vau, resultante o síntesis de la acción de los dos principios anteriores. "No hay dos sin tres" dice el refrán. Así el Tres pasa la idea de **fructificación y de síntesis completa y equilibrada de los opuestos**.

Fig.VI.16. El Tres

Cuando colocamos un tercer punto en el espacio, fuera de la línea definida por los dos primeros, estamos creando un plano también sin dimensiones y que divide en universo en dos: lo que está encima y lo que está debajo. En China el Tres es considerado un número perfecto, expresión de la totalidad, al cual nada le puede ser añadido. Es la conclusión de la manifestación, el número del ser humano, hijo del Cielo (1) y de la Tierra (2), con los cuales completa la Grande Trinidad. Para los pitagóricos el Tres, suma del primer número impar, 1, y el primer par, 2, es el número del matrimonio. El Tres es una vuelta a la **Unidad**. La ecuación 1=3 está continuamente presente pues cualquier acto distinguimos una triplicidad: a) El principio actuante o sujeto, b) La acción de este sujeto o verbo, c) El resultado de la acción u objeto.

El tiempo, que en realidad es un momento continuo, un eterno instante, se manifiesta triple: pasado, presente y futuro. Este concepto de triplicidad ya lo encontramos en las tradiciones matriarcales que expresan el eterno ciclo del inicio, plenitud y fin en las cualidades de iniciadora, realizadora y destructora - o virgen, madre y anciana- de la Gran Diosa.

Así la diosa lunar se presentaba como Artemisa, la luna creciente, virgen, protectora de los partos, de la naturaleza y de lo femenino, Selene, la luna llena, la amante, esposa y madre, generadora y creadora, y Hécate, la luna negra, la sabia anciana, diosa de la magia y de la muerte. Las Parcas que tenían el poder absoluto sobre el destino de los humanos eran tres: Cloto, la tejedora, Láquesis la medidora y Átropos, la cortadora del hilo de la vida. Para los hindúes la Divinidad se presenta bajo tres aspectos, formas o *murtis*:

Brahma, el Principio Creador, Vishnu, el Principio Conservador y Shiva, el Principio Destructor, Transformador o Trascendente. Cada una de las *murtis* tiene su aspecto masculino y su aspecto femenino o *shakti:* Saraswati, Lakshmi y Parvati-Kali respectivamente.

La Divinidad católica se manifiesta también como Padre, Hijo y Espíritu Santo. Este dogma de fe fue instituido en el concilio donde fue creada la Iglesia Católica Apostólica y Romana en Nicea (325 d. C.) convocado por Constantino (272 –337). Si para crear desde una célula hasta una galaxia son necesarios dos principios el masculino y el femenino ¿Qué capacidad creadora puede tener una trinidad formada únicamente por elementos masculinos?

En el Antiguo Egipto eran Isis, Osiris y Horus. Para los huicholes, nación indígena que habita la Sierra Madre Occidental en los estados de Jalisco, Nayarit y Zacatecas (México), la Trinidad está formada por Tatotzi, el Fuego Primordial, el rayo; Tatei Matinieri, El Agua Primordial y Tatewarí, el Fuego Domesticado, enviado por Tatotzi, su padre, para ayudar a los humanos. Asimismo, consideran como una unidad la trinidad formada por el peyote, el maíz y el venado.

Son tres los elementos alquímicos fundamentales: el azufre, el mercurio y la sal, correspondientes a los tres principios hindús o *gunas* que veremos en La Fortuna, que mueven el universo.

CORRESPONDENCIAS

Letra hebrea. 7. Daleth, es la letra atribuida a La Emperatriz. Es femenina, azul, doble y se traduce como **puerta**, umbral o **útero**. Su sonido fuerte (7) es d y suave la th inglesa en el artículo *the*, un sonido que no existe en español. Su valor numérico es 4 y representa simbólicamente los senos femeninos y todo aquello que es nutritivo y abundante.

Camino cabalístico. Es el decimocuarto camino, el primero de los tres caminos horizontales del Árbol. Une y equilibra Binah (el Entendimiento) con Chokmah (la Sabiduría). A pesar de ser un camino que no está en contacto directo con Kether (la Corona) pertenece al Mundo Arquetípico.

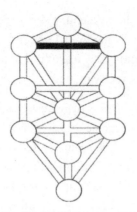

Fig.VI.17. El Sendero 14º

Atribución astrológica. Venus, el planeta asignado a esta carta, engendra las fuerzas que nos llevan a la búsqueda de placer. Rige el amor, la sensualidad, la voluptuosidad, la alegría, la belleza, la dulzura y las relaciones sentimentales. Es el principio de atracción entre los seres. Venus emite ondas de simpatía que hacen que las personas deseen estar juntas, ser agradables con los demás y amarse. Afrodita, la más seductora de las diosas, fue adorada originalmente en Asia, después en Grecia, especialmente en la isla de Citera.

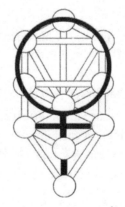

Fig.VI.18. Venus y el Árbol

Afrodita nació de las aguas marinas fecundadas por el semen de Urano, dios del Cielo, cuando su hijo Cronos (Saturno) le cortó los testículos. De la espuma surgió Afrodita, que simboliza las fuerzas irreprimibles de la fecundidad, no en sus frutos, sino en el deseo apasionado que enciende entre los vivos. Podemos ver en Venus la antítesis de Marte. Mientras éste gobierna la acción, la fuerza, los impulsos instintivos y la agresividad, Venus favorece la búsqueda de la tranquilidad, de la paz y el placer, el amor a la vida fácil y el espíritu idealista. Frente al severo, frío y rígido Saturno, Venus alimenta las tendencias a la vida alegre, frívola y despreocupada. Su símbolo, que nos recuerda el *ankh*, cruz ansata o cruz de la vida eterna egipcia, casa perfectamente con las diez *sephiroth* dispuestas en el Árbol, indicando que mediante el amor es posible alcanzar la experiencia espiritual de *Kether*: la Fusión con la Totalidad, cosa que no era posible a través de la mente. Siendo Venus el planeta de la armonía, sus efectos nos sensibilizan ante todas las manifestaciones de la belleza. Y claro, aumentan nuestro deseo de ser bonitos, atractivos y seductores.

Símbolos. La figura central de la carta es una **mujer coronada imperialmente**, indicando que es el complemento femenino del Emperador.

Fig.VI.19. La Emperatriz

Sin embargo, sus atribuciones son mucho más universales. Combina la espiritualidad con sus funciones materiales, como se ve en el símbolo de Venus, donde sobre la cruz de la materia se encuentra el círculo del espíritu. Con los brazos y el tronco, dice Crowley, está formando el símbolo alquímico de la Sal. La Emperatriz sostiene en la mano derecha la flor de loto de Isis, que representa el poder femenino, la vagina arquetípica, garantía de la perpetuación de los nacimientos. Esta flor, que nace en la oscuridad del barro y va ascendiendo en el agua, buscando la superficie, para abrirse en plena luz, es un símbolo de búsqueda y crecimiento espiritual. Su forma de cáliz nos recuerda al Grial.

La Emperatriz está sentada en un **trono**, símbolo de la manifestación universal en su florecimiento total, soporte de la manifestación gloriosa de la Divinidad. El Trono de Alá, llamado también "El Maestro del Trono", está sobre el Agua. El de Buda y el de Vishnú, en forma de flor de loto, representan la armonía cósmica. Para los sufís, vertiente mística del Islam, el trono es su propio corazón. Varias **llamas azules** de forma helicoidal que sugieren juncos surgen del trono, indicando que La Emperatriz procede de las aguas (Binah). Recordemos el mito representado en "El Nacimiento de Venus", del renacentista Sandro Boticcelli (1445-1510) en el que Venus surge, sobre una inmensa caracola, de la espuma creada por el semen de Urano fecundando el mar. Encima de ellos están posados el **gorrión y la paloma**, aves atribuidas a Venus. La Emperatriz viste una ropa estampada de **abejas** y **espirales**, símbolos de laboriosidad, producción y generación respectivamente. En su **cinturón**, símbolo de poder, tenemos los doce signos del Zodiaco, indicando que su autoridad abarca todo el Universo.

Dos Lunas giratorias perfectamente contrabalanceadas muestran que en esta carta todo está en equilibrio, sin ningún foco de tensión.

A sus pies encontramos **una pelicana** con sus pelicanitos, símbolo de la maternidad más exacerbada. Según la leyenda, cuando esta ave no tiene con qué alimentar a sus polluelos pica su propio pecho y les da de beber su propia sangre. Esta leyenda que hasta la fecha ningún biólogo consiguió confirmar fue muy del gusto de la Iglesia Católica que comparó a la pelicana con Nuestro Señor Jesucristo.

A la derecha de la carta vemos un escudo con el **águila blanca de dos cabezas** cuyos picos sostienen la luna, que representa la Tintura Blanca de los alquimistas, que transmuta los metales en plata.

El suelo está cubierto de **flores de lis**, símbolo de la procreación, y prosperidad de la raza. Por ese motivo, esa flor fue escogida por los reyes de Francia para su bandera. En el fondo de la carta vemos **un umbral** o puerta haciendo referencia a Daleth y del otro lado está el **Monte Meru,** que según la tradición hinduista es el centro del universo, residencia de Shiva y Parvati. La Emperatriz ofrece al espectador el lado derecho de su rostro, el femenino. Su **corona** nos recuerda a la corona de Isis que lleva la Sacerdotisa, tres lunas, una llena, una creciente y otra menguante, solo que en este caso la luna llena está rematada por una cruz de brazos iguales símbolo de lo material y concreto. Bola y cruz no solo parecen el símbolo invertido de Venus, sino que recuerdan el orbe imperial que aparece también en la mano del Emperador indicando autoridad e indica que la energía femenina de La Emperatriz fructificó y se estabilizó en el mundo material.

Significados generales. Representa el **Principio Femenino materializado**, así como La Sacerdotisa encarna el Principio Femenino Universal. En la naturaleza representa las **Fuerzas de la Vida** que vivifican, nutren y favorecen el crecimiento de todos los seres.

"Respetar a la Divinidad es reverenciar la Vida, pues no existe nada más divino que la propia vida." Osho

Simboliza la fecundidad en todos los planos y todas las riquezas de lo femenino, la creatividad y la fructificación. En el plano humano representa la madre (Materia=Mater=Matriz=Maternal) y sus funciones. Integrar este arquetipo significa parar de proyectarlo. Parar de buscar una mamá o exigir de la propia que nos cuide, proteja y nutra y pasar a ser con nosotros mismos la madre que nos hubiera gustado tener. Integrarlo significa arraigarse a las fuerzas de la vida, conectarse con el Eros, permitirse el disfrutar y asumir el propio cuerpo como una fuente de placer.

Representa también las sociedades matriarcales. Para Jung ilustra la función síquica del **sentimiento**. La Sacerdotisa uniéndose al Mago se volvió madre, es decir, Emperatriz. Si la primera es considerada ilustración de lo femenino virginal, la segunda lo es de lo femenino maternal. La virginidad de la Sacerdotisa no debe ser entendida en un sentido estrictamente sexual, sino haciendo referencia al hecho de que ella se conservó intacta e íntegra en su actitud introspectiva. La Sacerdotisa es de sí misma, no se define en relación a nadie, no es la esposa de …, la madre de …, la hija de … La Emperatriz, por su parte, se entregó al mundo, su matriz se abrió y los frutos de su amor cubrieron la tierra.

EN LA LECTURA TERAPÉUTICA

Momento actual. Esta persona está entrando en contacto con el impulso interno de rescatar e integrar el arquetipo materno, parando de proyectarlo. En vez de esperar ser amada, nutrida, cuidada y protegida por alguien está, en una primera etapa, empezando a hacer eso con ella misma. Después cabe la posibilidad de transbordar y desee derramar esos cuidados para otros seres: hijos, nietos, mascotas, plantas o seres necesitados de apoyo. Este transbordar viene acompañado de placer. Puede también estar sintiendo ganas de ser madre o cuestionando hasta qué punto expresa su creatividad y fructifica sus talentos.

Ancla. El arquetipo Femenino Materno no está integrado. Si es una mujer, probablemente tuvo una madre que, renunciando a su propia vida, quiso vivir a través de ella, exigiéndole que fuera exactamente como ella quería. "Tú no puedes hacerme sufrir, yo que he renunciado a todo por ti,

111

que me he sacrificado tanto, que aguanto al canalla de tu padre solo por ti". Esta especie de vampirismo puede dar dos actitudes diferentes en la consultante:

Por exceso: La sumisión: La hija repite el esquema materno, renunciando a su propia vida, dejando que su madre viva a través de ella. No cree en sí misma ni en sus talentos, piensa que será amada solamente si se desvive por cuidar y ser útil a los demás, negando cualquier función o actividad que no sea la materna. Se torna una "supermadre" 24 horas. Incapaz de luchar para desarrollarse como persona y superar sus miedos, vive como esclava y pasa ese ejemplo a sus hijos, a los que manipula con sus chantajes emocionales. Esa extrema desvalorización personal permanente puede llevar a somatizaciones muy graves. Con El Colgado, reforzando las ideas de no aceptación, es posible que consiga producir una osteoporosis. Con el Ocho de Copas - La Indolencia en el Ancla, indica una profunda desmotivación que puede llevar a la depresión. Estas enfermedades son típicas de amas de casa que así acaban incapacitadas y finalmente consiguen (¡a qué precio!) que los demás trabajen, se preocupen y ocupen de ellas.

Esta preocupación exagerada con los demás puede ser transmutada por un mayor respeto por su propia individualidad usando la esencia floral de *Red Chesnut*. Las tendencias a hacer de esta dedicación obsesiva una manipulación con matices de autopiedad y martirio pueden ser revertidas con la flor de *Chicory*. Su actitud hiperservicial, que llegaría al agotamiento con el Diez de Bastos - La Opresión cobrará tonalidades de sumisión con El Colgado, en cuyo caso le indicaremos el uso de *Centaury*. Con El Emperador, el Cuatro o el Ocho de Espadas (la Tregua y la Interferencia) tendríamos alguien muy rigurosa consigo misma, tal vez "la madre perfecta", que pretende mostrarse como un ejemplo de trabajo, dedicación y buenas costumbres. En este caso sugerimos usar *Rock Water*.

Por falta: La rebelión: La consultante no quiere ser como su madre aunque no sabe lo que ella misma es. Cultiva el lado masculino mientras que niega el femenino. Se transforma en una ejecutiva, atleta competitiva, mujer de negocios y congela sus sentimientos. Probablemente va a desarrollar problemas en los procesos fisiológicos femeninos. Podemos sugerir **Star Tulip*** y **Rock Water**.

Si es hombre indica que mantiene proyectado el arquetipo materno tal vez con su propia mamá que lo cuida, controla y manipula. Probablemente vive en la casa de su madre y escucha con atención sus opiniones al respecto de sus actividades, cabello, ropa y de sus novias o novios. Si se "desengancha" de la madre va a sentirse atraído por mujeres muy maternales.

Relaciones. a) La relación ayuda a la persona, de una manera agradable o no, a dejar de proyectar el arquetipo materno y a rescatarlo y desarrollarlo. Puede ser que la relación la estimula a tener hijos, o, de una manera no necesariamente agradable, a cuidarse, amarse y nutrirse más y como consecuencia a cuidar y nutrir su ambiente o un grupo específico de seres. También puede ayudar a valorizar y expresar su creatividad. b) Si es una mujer casada, interpreta el papel de "buena madre" para sentirse útil y necesaria, para dejar al marido e hijos dependientes de ella y además garantizar su aprobación y afecto. ¿Quién podría rechazar o criticar a alguien tan buena y dedicada? En el fondo busca seguridad. Si es soltera, en vez se quitarse la ropa cuando llega al departamento del novio, se pone el delantal. Telefoneará todas las noches para preguntar qué cenó e intentar controlarlo en la medida de lo posible. c) Si es hombre, puede estar esperando una mujer/madre que lo cuide. Esto estaría confirmando por El Loco en el Ancla.

Infancia. Este niño tuvo una madre superprotectora y controladora, que castró sus intentos de autoafirmación, autonomía y resistencia. Lo manipuló, condicionando su contacto, atención y falso amor al abandono de muchas de sus iniciativas y actitudes independientes. Así éste adoptó una conducta sumisa y autocontrolada. Su principal dificultad será expresar su rabia. ¿Cómo podría mostrar rabia a una mamá tan buena que hace todo por él?

Podríamos pensar que el consultante edificó una estructura de defensa de carácter masoquista que se desarrolla cuando su derecho de ser independiente, es decir, de poder autoafirmarse oponiéndose a sus padres fue violado. Esto se vive a partir de los 18 meses, cuando el niño aprende a decir que "no". Si esto no es permitido pues la madre es controladora, hiperprotectora, manipuladora y mártir el niño pierde la capacidad de tomar iniciativas independientes. Cuando el niño intenta autoafirmase la madre le hace sentirse culpable o lo humilla. El niño registra "si soy libre tú no me amarás" y desarrolla un cuerpo bajo, gordo y musculoso, nalgas frías y la pelvis proyectada hacia delante. Acumula rabia que es incapaz de expresar pues su mayor miedo es explotar. Será un quejica, que aparentemente se somete, aunque internamente no, de manera que permanece en conflicto. Suele comer y trabajar compulsivamente.

Voz de la Esencia y Método. Esta persona está necesitando integrar el arquetipo de La Emperatriz prodigándose amor y cuidados, permitiéndose disfrutar de todo lo relacionado con lo sensorial. Puede estar pidiendo revisar la historia con la madre, pues la capacidad de vivir el cuerpo con todo el potencial de placer, gracia y alegría que éste tiene, está muy vinculada a la relación infantil con la madre.

Sugeriremos que sea su propia madre, la madre que le habría gustado tener cuando era niño/a, una madre que ama incondicionalmente, que está atenta a las necesidades del niño/a, que nutre, cuida y protege. También que invierta en actividades que la llevan a expresar su creatividad. Después, cuando sienta su corazón satisfecho, deje transbordar su amor. Le sugeriremos que use la esencia de *Iris*,* que estimula la inspiración y la creatividad artística y ayuda a percibir y cultivar la belleza interna.

También puede sugerir que la persona acepte su impulso interno de ser madre si así lo siente embarazándose o asumiendo a sus hijos, cuidándolos, identificando, entendiendo y desactivando los posibles obstáculos, dificultades y resistencias. La esencia de *Mariposa Lily** desarrollará actitudes más positivas y nutritivas con ellos.

Camino de crecimiento. Usando las llaves que aparecieron en las cartas anteriores la persona comienza a cuidarse y amarse. Permanece atenta a sus necesidades emocionales y busca como satisfacerlas. Puede ser que entre en contacto con el impulso biológico de ser madre o de expresar cualidades artísticas. En general muestra la entrada en una fase más amorosa y placentera.

Resultado interno. Fruto de todo el proceso la persona rescató su capacidad de sentir amor por sí misma y por los demás. Hoy se siente bonita y sensual y es capaz de expresarlo. Hizo las paces con el Principio Materno, de manera que hoy se nutre a sí misma en vez de esperar que alguien lo haga y enojarse si no lo hace. También indicaría que desechó miedos, actitudes o creencias negativas acerca de la maternidad y de su capacidad de fructificar y manifestar su creatividad.

Resultado externo. Con la actitud que acabamos de ver la persona está encarando el mundo. Vivifica su ambiente con una energía de amor, cuidados y protección. Puede interesarse en actividades donde lleva a la práctica este papel incluyendo la maternidad.

EL EMPERADOR

Títulos. Aparece con el título de "El Emperador". Su aspecto y los símbolos que lleva, especialmente en las barajas más antiguas, nos hacen pensar en los jefes del Sacro Imperio Romano cuyo precursor fue Carlomagno. Las imágenes que conservamos de tales emperadores, así como de los bizantinos recuerdan mucho las versiones de esta carta. Crowley mantuvo la tradición mientras que en el Osho Zen Tarot se llama "El Rebelde". Su título esotérico es "El Jefe entre los Poderosos".

Número. Es el **Cuatro**. Su significado simbólico se relaciona íntimamente con la cruz y el cuadrado. Cuando colocamos un 4° punto en el espacio fuera del plano definido por los tres anteriores estamos creando el tetraedro que sí tiene dimensiones, límites y volumen. Por eso el cuatro representa lo **sólido**, lo tangible y lo manifestado. Remite a lo formal, a la estructura, a lo que está determinado. También simboliza la **ley,** el **orden,** la **estabilidad**, la organización y el gobierno.

Fig.VI.20. El Cuatro

Mostrando la totalidad de lo manifestado, muestra también la totalidad de lo perecedero, pues lo que tiene forma, se deforma, se transforma y se destruye. Así, en japonés la palabra *Shi* significa cuatro y muerte. Cuando el ser encarna, la madre que le está dando la vida está al mismo tiempo firmando su sentencia de muerte. Para los pitagóricos el Cuatro y el Nueve son los números de la justicia.

La **Cuaternidad** aparece continuamente. Son cuatro los puntos cardinales, los elementos, el número de letras que forman el nombre de Dios

115

en la mayoría de los idiomas, las estaciones y las fases de la Luna y de la vida humana: infancia, adolescencia, madurez y vejez. Según los indios norteamericanos son cuatro las virtudes de la mujer: habilidad, hospitalidad, lealtad y fertilidad; y también las del hombre: coraje, tolerancia, generosidad y fidelidad. Cuatro son los mundos cabalísticos: *Atziluh* o mundo arquetípico, *Briah* o mundo de la creación, *Yetzirah* o mundo de la formación y *Assiah* o mundo material. Para Jung, son cuatro las funciones de la psique: Intuición, Sentimiento, Sensación y Pensamiento. Considerar el ser humano integrado por cuatro aspectos: Ser espiritual y energético, intelectual, emocional y físico nos permite entre usar las cuatro series de Arcanos menores de una manera más profunda, terapéutica y científica.

CORRESPONDENCIAS

Letra hebrea. Tzaddi, צ o ץ si está al final de la palabra. La *Golden Dawn,* siguiendo los manuscritos que la originaron, atribuía al Emperador la letra He, mas en 1904, con el dictado del Libro de la Ley, manifiesto mágico para la Nueva Era compuesto por tres mensajes que Crowley recibió de Nuit, Hadit y Horus, que veremos en el arcano n.º XX. en que Nuit, la diosa del cielo, la diosa madre del Egipto faraónico, explica: "*Todas esas viejas letras de mi libro están correctas, pero Tzaddi no es la Estrella*", Crowley se vio obligado a buscar otra carta para Tzaddi. Su raíz *TZ* significa cabeza en sánscrito y la encontramos en palabras como zar, césar, señor, senado, etc. Basado en esto Crowley asignó Tzaddi al Emperador y He a la Estrella. **Tzaddi** significa **anzuelo**, su sonido es tz, siendo que la z tiene una pronunciación francesa o portuguesa. Es una letra femenina, simple, violeta y su valor numérico es 90 y al final de la palabra es 900.

Camino cabalístico. Este cambio de letras hace con que los caminos se permuten. Así El Emperador baja hasta el 28º camino que une Yesod, con Netzach, mientras que La Estrella sube hasta el 5º camino.

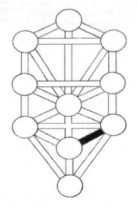

Fig.VI.21. El Sendero 28.

116

Atribución astrológica. . Siendo Tzaddi la primera letra simple asignada a un Arcano, será **Aries**, el primer signo del zodiaco, el elemento astrológico que corresponde con El Emperador. Es un signo de Fuego, gobierna en el cuerpo la cabeza y es representado por un yunque, símbolo de tenacidad, voluntad y progreso.

Aries desarrolla su individualidad a través de iniciar y para ello es entusiasta, impulsivo, de mente viva, dinámico, ambicioso y emprendedor, directo, orgulloso, egoísta, conquistador, de pasiones violentas y primitivas, impaciente y le suele faltar perseverancia para concluir lo que comenzó. Le encanta mandar y le molesta obedecer. Es leal pero inconstante y tiene mucha dificultad para encuadrarse en un padrón o norma. Es optimista y tiene mucha confianza en sí mismo. Se siente más atraído por las ideas revolucionarias que por las conservadoras y, claro, se entusiasma con todo lo nuevo. Tiene una fuerte tendencia a accidentarse, herirse y quemarse, especialmente en la cabeza y en la cara y a sufrir inflamaciones. Gobernado por Marte, el verbo del Aries es **"Yo soy"** y la frase que complementa sus potenciales y dificultades es "Yo estoy entusiasmado en el principio, medio y final de mis proyectos y los realizo con energía y suavidad".

Fig. VI.22. Aries. Jofhra

Símbolos. En todos los tarots vemos un hombre maduro, que en la mayoría de las barajas muestra al espectador **el lado izquierdo de su rostro**, el racional, lógico y masculino. Las líneas de su cuerpo forman ángulos agudos indicando tensión, rigidez y una actitud agresiva.

Fig.VI.23. El Abuelo. Carey

Un emperador más delicado nos trae el Tarot de Besançon de Louis Carey: "El Abuelo" que tocado con un gorro frigio sostiene una flor en la mano. En el Tarot de Crowley sus brazos definen un triángulo y sus piernas una cruz: el símbolo del Azufre alquímico, el principio ígneo, la veloz energía creadora o Principio Masculino de la naturaleza.

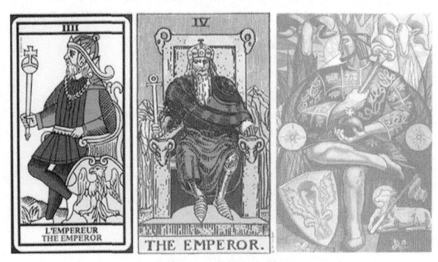

Fig.VI.24. El Emperador

Es el *Rajas* de la tradición hindú. Encima de su trono hay dos grandes **cabras** de los Himalayas, animales independientes, valientes y solitarios, figura central del Demonio. A sus pies está el **cordero**, que domesticado, se volvió cobarde, obediente, servil y dependiente del rebaño y del pastor. Da lana para su amo, cuando no acaba como un suculento asado.

118

Siempre fue la víctima propiciatoria por excelencia. De ahí viene la representación de Jesucristo como un cordero. Estas imágenes muestran el papel del gobierno que pretende transformar seres libres, valientes, instintivos e independientes en cobardes, sin identidad ni voluntad propia, identificados con el rebaño, siguiendo cualquier bandera. Del otro lado tenemos un escudo con un **águila ígnea de dos cabezas**, representando la Tintura Roja de los alquimistas, la que transforma en oro los metales. El águila es el emblema imperial por excelencia, usado por Julio César y Napoleón entre otros. Los brazos de su trono muestran la **Rosa de los Vientos**, indicando que su autoridad se dirige en todas direcciones. En su mano derecha sostiene un cetro con la cabeza de carnero, indicando que su gobierno es fundamentalmente mental. En la mano izquierda, la femenina, sujeta una **esfera coronada por la Cruz de Malta**, para señalar que su autoridad fue establecida sólidamente. Si no fuese por la esfera, redonda y femenina, El Emperador sería tan masculino que acabaría siendo totalmente estéril. El orbe o bola con la cruz nos recuerda el signo de Venus, mostrando que la energía del Emperador fructificó. El color de su ropa es rojo en diferentes grados y como en la de La Emperatriz se ven **abejas**. En el suelo hay también algunas **flores de lis**.

El **rojo** es universalmente considerado el símbolo fundamental del Principio de la Vida. Color del fuego y de la sangre, es interpretado según su tonalidad. El rojo vivo es brillante, diurno, masculino, centrífugo, tonificante y excitante; es la imagen del ardor, de la pasión y de la guerra, de las banderas y de los embalajes de las marcas más vendidas. El rojo oscuro es nocturno, femenino, uterino, secreto, centrípeto y guardián del misterio de la vida. Representa el fuego central de la Tierra, es del color de la libido y del corazón, de los semáforos y del conocimiento esotérico, de la túnica de los emperadores romanos y bizantinos y de los cardenales de la Iglesia católica, símbolo del poder supremo.

Significados generales. El Emperador es el **Principio Masculino manifestado en la materia**. Representa el **universo concreto**, material y sólido. Como dice Esquenazi La Emperatriz es la naturaleza virgen, la ley de la selva donde el pez grande se come al chico. El Emperador es el ser humano que planta. Sin naturaleza no podría plantar, pero va más allá de la naturaleza. El Emperador trae la civilización, el progreso, el trabajo, la cultura, el perfeccionamiento. La Emperatriz, perfecta en sí misma, se relaciona con el inconsciente y en su ámbito el ser humano es una criatura de la naturaleza, un miembro de una determinada especie, no un individuo. Los seres humanos no sólo dependemos y formamos parte de la naturaleza, sino que a lo largo de la historia hemos creado leyes, que no son naturales, que regulan la convivencia en sociedad y teóricamente protegen al pez chico. En La Emperatriz somos iguales a los demás animales respondiendo a nuestros impulsos según los principios del placer y de la supervivencia, con El Emperador nos diferenciamos del resto de los animales podemos razonar, no necesitamos imponernos por la fuerza. Su función síquica, dice Jung, es el **pensamiento**.

El problema surge cuando El Emperador se divorcia de La Emperatriz, cuando su ambición por más poder lo lleva a destruir la naturaleza. En este caso representa el sistema, el poder del dinero, de las multinacionales, del FMI, etc. Este Emperador divorciado mira fijamente objetivos externos y, frío y calculador, pese a que puede ser impulsivo a la hora de expresar su rabia, bloquea sus sentimientos y espiritualidad para "Pensar en trabajar para producir", generando tensiones y desgaste.

Representa al **padre**, su autoridad es una generalización del poder paterno. Es la autoridad y como el padre en la familia tradicional es el poder ejecutivo, legislativo y judicial, la policía, los ejércitos y todo el aparato represivo. El Mago y El Emperador tienen un enfoque fundamentalmente mental. Sin embargo, El Emperador concreta en el plano físico y El Mago se queda en el proyecto mental. El Emperador produce, El Mago vende (no en vano es Mercurio el patrón de los comerciantes).

EN LA LECTURA TERAPÉUTICA

Momento actual. La persona está cuestionándose hasta qué punto manda en su vida y sus objetivos son sus objetivos y hasta qué punto consigue concretarlos materialmente. Puede ser que esté saliendo de una actitud de servilismo y dependencia de otras personas. También puede sentir un impulso interno de asumir posiciones de mayor responsabilidad, autoridad o liderazgo.

Ancla. En un hombre se puede manifestar por exceso o por falta. Por exceso es el controlador. Imagina que, si no domina a las personas más próximas con mano de hierro, si no se impone y tiraniza a los demás, éstos acabarán con él. Así pues, necesita estar por encima de todos. Basa su seguridad en mantenerlo todo controlado. En el fondo es el miedo a ser controlado lo que lo mueve. Desarrolló una estructura de defensa de carácter psicópata. Corporalmente se caracteriza por un cuerpo como el de los superhéroes americanos donde toda la energía se concentra en el pecho en el caso del hombre y en la pelvis si es mujer. No percibe que la verdadera seguridad no está en controlar el mundo sino en la capacidad de entregarse a lo que venga. No acepta sus errores ni posibles enmiendas a sus ideas. Su prioridad es acumular poder. Suele ser un trabajador compulsivo.

Se queja de que nadie hace las cosas bien, que nadie quiere trabajar, así que le indicaremos la esencia de **Beech** para ayudarle a ser tolerante y comprensivo, y la de **Impatiens** para amainar su impaciencia e irritación y volverse más receptivo al ritmo natural de las cosas y las opiniones ajenas. Sus características de intransigente (Cuatro de Espadas - la Tregua) y ambicioso (Cuatro de Discos - el Poder en el Ancla) pueden ser trabajadas con la esencia de **Vine**. La presencia del Diez de Bastos - la Opresión en el Momento Actual, indicando que tomó conciencia de su exageración en el trabajo y que está dispuesto a aceptar que no aguanta más, haría viable el uso de la flor de **Olive**. La flor de **Trillium*** puede ayudarlo a salir de su ceguera materialista y alcanzar una percepción más global de la realidad. Generalmente no se queja de exceso de trabajo y cuando lo hace es para autoafirmarse frente a los demás que no saben o no pueden. Espera reconocimiento por su trabajo mientras cancela sus emociones (excepto la rabia), ya que, si se permitiera tal "debilidad", acabaría exponiendo sus penas, sus carencias emocionales, sus frustraciones y miedos y así sería vulnerable. Es muy probable que en su infancia se sintiera traicionado por sus padres.

Habría un segundo caso por exceso: El Revoltoso identificado por el Cinco de Espadas - La Derrota o La Estrella en el Ancla. También muchos planetas en Acuario o en la casa 11 y/o Urano en aspecto con el Sol, Luna, Marte o Ascendente. En permanente conflicto con todo lo que representa la autoridad, negando el dinero, la propiedad, la familia, la jerarquía laboral, el estado, etc. le sugeriremos **Saguaro***, que ayuda a esclarecer la relación con la autoridad.

Por falta muestra una persona que continúa proyectando este arquetipo en los demás y así hace cualquier cosa para conseguir el reconocimiento de la autoridad y sus representantes: obedece, se somete, hace la pelota, se deja explotar hasta con cierto gusto... La esencia de **Centaury** puede ayudar a desactivar esta necesidad enfermiza de servir o agradar a los demás.

En una mujer, aunque a veces tenemos el primer caso, es más frecuente que esta dificultad de integración del arquetipo paterno se manifieste como: Una fijación con su padre: "tengo que demostrarle que..." o se queda esperando que un macho le resuelva la papeleta y se queda enganchada con hombres generalmente autoritarios y agresivos que la desvaloran.

Relaciones. a) Sea hombre o mujer la relación ayuda a la persona a auto afirmarse, a definir y materializar sus objetivos e/o a asumir mayor

121

autoridad y responsabilidad en el trabajo. Este proceso puede dar-se directamente con el apoyo amoroso de la pareja o puede ser una reacción a un intento de control de la pareja. **b)** Si el consultante es un hombre, busca vasallos que inflen sus deseos de poder, que trabajen para él y lo enriquezcan engordándole el *ego* y la cuenta bancaria. Su paternalismo lo puede llevar a ser protector e incluso generoso, pero la menor duda al respecto de su autoridad absoluta lo lleva a la agresión, ya que por debajo de su máscara de autoridad se muere de miedo de que descubran su vulnerabilidad y sus sentimientos. La flor de ***Poison Oak*** lo ayudará a abrirse emocionalmente pudiendo así borrar su fachada de hostilidad que usa para evitar el contacto íntimo. Si se trata de una mujer, busca un hombre con un perfil paterno y autoritario que le resuelva la vida económica, aunque también puede mostrar una mujer que intenta imponerse en sus relaciones.

Infancia. Representa aquí al padre del consultante, un sujeto autoritario que nunca mostró amor a su hijo/a. Le dio leyes y normas de conducta para obedecer y castigos si las infringía. Lo trató impersonalmente como a un soldado. El niño/a se volvió miedoso, inseguro, sin confianza en sus sentimientos hasta el punto de tornarse racional y frío como su padre. Más tarde puede continuar sumiso y obediente o tornarse un revoltoso.

Voz de la esencia y Método. Integrar el arquetipo del Emperador significa volverse autónomo e independiente en la vida práctica, rompiendo con las cadenas (como nos muestra El Rebelde del Osho Zen) de las convenciones sociales. El primer paso es conquistar su independencia económica, no por el dinero en sí sino por la capacidad de decisión que implica el ser dueño de sus recursos, libre de todos los tipos de chantaje y manipulación vinculados a la dependencia económica. Sugeriremos pues que la persona se autoproclame como la única autoridad competente para mandar en su vida, que identifique sus dificultades internas para hacerlo y revise sus orígenes para desactivarlas. Así podrá definir y trabajar en sus proyectos con más método y organización, valorando más sus talentos, asumiendo sus responsabilidades, en especial consigo misma, para llegar a resultados materiales y tomar las riendas de su vida. Le aconsejaremos el uso de la esencia floral de ***Blackberry*** para que, fortaleciendo su voluntad y capacidad de organización, ayuda a concretar sus ideas en la práctica y alcanzar sus objetivos. Le sugeriremos que practique la meditación Sin Dimensiones   http://www.osho.com/es/meditate/active-meditations/no-dimensions-meditation para fortalecer su centro.

Camino de crecimiento. Usando las llaves que aparecieron en las posiciones anteriores la persona se da cuenta de cómo pasó la vida obedeciendo y cuáles fueron las consecuencias, de manera que percibe la necesidad de mandar en su vida y de responsabilizarse por ella. Empieza pues, mejorando su autoconfianza, a tomar el mando, chutando convenciones familiares y sociales, definiendo objetivos materiales realmente sintonizados consigo mismo y avanzando en la obtención de resultados.

Resultado interno. Fruto de todo este proceso el consultante consiguió identificar, entender y desactivar las creencias, miedos y otras dificultades internas para ser el señor de sí mismo, ordenó su vida y asentó su autoridad sobre bases sólidas y realistas. Sabe lo que quiere y está íntimamente convencido de que lo va a conseguir.

Resultado externo. Esta persona está encarando el mundo con la actitud que acabamos de ver en el Resultado Interno. Dueño de su vida, asume tareas de responsabilidad y tal vez de liderazgo en aspectos familiares, profesionales, económicos y/o políticos. Debe estar atento para no ofuscar su lado femenino, pues si exagera en el esfuerzo y se deja tomar por la ambición puede generar ansiedad y estrés. La esencia de *Larkspur** no solamente le facilitará la manifestación de la alegría interior y de un entusiasmo contagioso, sino que la ayudará a alinear su trabajo de líder con sus ideales, evitando que el *ego* se le infle.

EL HIEROFANTE (EL PAPA)

Títulos. Tradicionalmente lleva el título de "El Papa" aludiendo al jefe de la Iglesia Católica. En barajas más recientes es "El Hierofante", (el revelador de los misterios en hebreo) mientras que en el Egipcio se llama "El Jerarca" y en el Osho Zen es "El Vacío".

A. Crowley nos presenta al Maestro de la Nueva Era, "*cuyo trabajo está siendo y será totalmente diferente del de aquel que dos mil años atrás fue torturado en la cruz. A pesar de que no sabemos con precisión cómo será su trabajo ..., podemos vislumbrar desde hoy, ...el de liberar a la humanidad de las nociones de muerte y pecado*". Ya estamos asistiendo a la integración del conocimiento occidental con la hasta ahora desconocida sabiduría oriental en una nueva-vieja corriente holística. Los títulos esotéricos de este Arcano son "El Mago de lo Eterno" y también "El Maestro Triunfante".

Número. Si colocamos un nuevo punto fuera del tetraedro lo único que podemos hacer es mover el punto alrededor del sólido o el sólido alrededor del punto. Así pues, con el Cinco introducimos la idea de movimiento, de velocidad. Salimos del mundo de la estática y entramos en él de la dinámica. Como la velocidad es la relación entre el espacio y el tiempo (v = e / t) podemos decir que con el Cinco estamos "inventando" el tiempo. Y el tiempo es el gran agente del cambio. A partir del mundo de la materia (horizontal) creamos puentes hacia la trascendencia (vertical).

El Cinco, como vemos en el dibujo de Leonardo da Vinci, Fig. I.01, representa el ser humano físico o microcósmico, con cinco sentidos y cinco extremidades, mientras el Seis se relaciona con el ser humano macrocósmico o universal. También es fundamental en la tradición china. Son cinco las leyes universales, los sabores, las notas musicales, los órganos internos, los planetas y las direcciones. Los elementos también son cinco: Fuego, Tierra, Metal, Agua y Madera, el Metal correspondiendo al elemento Aire del sistema occidental. Siguiendo la dirección horaria de la circunferencia donde está inscrito el pentagrama de la figura VI.22, tenemos el ciclo de *shen* o relación creadora: La Madera crea el Fuego, quemándose. El Fuego crea Tierra con sus cenizas. La Tierra crea el Metal, que es encontrado en su interior. El Metal crea el Agua fundiéndose. Y el Agua crea la Madera, alimentándola. Siguiendo las líneas de la estrella, encontramos el ciclo de *k'o* o relación destructiva: El Fuego domina al Metal fundiéndolo. El Metal domina a la Madera, cortándola. La Madera domina a la Tierra, cubriéndola de vegetación y sujetándola con sus raíces. La Tierra domina al Agua, represándola o formando cauces por donde ésta fluye. Y el Agua domina al Fuego, apagándolo. En dicho país el Cinco es símbolo de Unión, producto del casamiento del *Yin,* 2, con el *Yang,* 3.

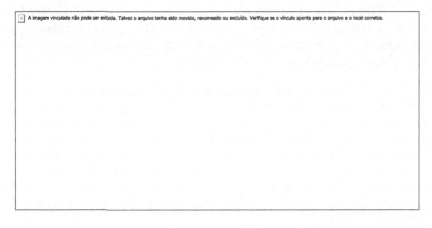

A imagem vinculada não pode ser exibida. Talvez o arquivo tenha sido movido, renomeado ou excluído. Verifique se o vínculo aponta para o arquivo e o local corretos.

Fig.VI.25. Los 5 elementos chinos   Fig.VI.26. El Cinco

En la India es considerado el número del Principio Vital, también fruto de la unión de lo femenino, 2, y lo masculino, 3. Según el *Popol Vuh,* texto mitológico maya, los dioses gemelos del maíz, después de ser sacrificados en una hoguera y tiradas sus cenizas al río, resucitaron después de cinco días bajo la forma de brotes de maíz. Así, para esta cultura el Cinco es el número de la perfección y de la Divinidad. En México, para los huicholes el Cinco representa la totalidad que incluye las cuatro direcciones y el eje vertical. Según los aztecas, los mayas y los griegos, existieron cuatro humanidades antes de la actual que sería la quinta.

Si colocamos los cuatro elementos occidentales sobre el pentagrama tendremos diferentes opiniones sobre cuál debe ser el quinto. Para Crowley y la Golden Dawn este elemento es el Espíritu. Otros autores, encontrando muchas semejanzas entre el Fuego y el Espíritu (incluso la letra hebrea Shin designa a ambos) colocan el Éter en la punta superior del pentagrama. Yo prefiero colocar la conciencia proyectándose sobre la cuaternidad, armonizando los cuatro aspectos e integrándolos en el pentagrama ascendente, símbolo del movimiento evolutivo y del poder del amor, como se ve en la figura VI.23. Cuando la conciencia no nutre ni libera la voluntad, ésta cae en el conflicto de la cuaternidad programada y se pierde en la locura autodestructiva que se expresa en el pentagrama descendente, símbolo del movimiento involutivo, del "amor" al poder y de la magia negra. Para los pitagóricos el Cinco revela la quintaesencia de todas las cosas.

CORRESPONDENCIAS

Letra hebrea. ו. Vau o Waw la letra correspondiente al Hierofante es simple, masculina, anaranjada y su valor numérico es seis. Vau significa **clavo o gancho,** dándole una connotación ciertamente fálica, y así como éste prende un cuadro a la pared, Vau es un agente mediador que une el espíritu a la materia. Vau es la tercera letra del Tetragramaton y sintetiza las características de las dos primeras: Yod, lo masculino y espiritual y He, lo femenino y material. Suena como la V en Chile.

Camino cabalístico. El 16º camino une Jesed, la Misericordia, con Jokmah, la Sabiduría. Aquí la individualidad rumbo al Espíritu recibe sus influencias. Dice Crowley que "el significado espiritual de este camino está dado por el signo de Tauro, que es el símbolo de la realización más densa del elemento Tierra".

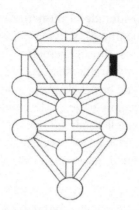

Fig.VI.27. El Sendero 16º

Atribución astrológica. ⊠. **Tauro** es un signo de Tierra, y como tal, práctico, utilitario y realista. Si Aries es la acción, Tauro es la conservación y la lucha para conservar lo conquistado.

Fig.VI.28. Tauro.Jofra

Su verbo es **Yo tengo** y su frase de crecimiento es "Me regocijo con mis realizaciones y estoy abierto a las sorpresas y cambios de la vida". "*El camino del Tauro es armonizar los factores opuestos y facilitar la concordia*", dice Iglesias Janeiro en "La Cábala de la Predicción". Este signo está gobernado por Venus así que es afectuoso y pacífico, pero cuando no aguanta más explota con una furia insospechada. Es sensual y apasionado, aunque a veces se muestre tímido. No le agrada la especulación mental. Su temperamento es fuerte, aunque un poco lento. Es prudente y tenaz, paciente

126

y acumulador de todo lo que agarra. Es perfeccionista pero no le gusta mudar de hábitos, así que fácilmente se vuelve prisionero de sus rutinas. Le encanta la buena mesa y siente atracción por todo lo bello. Es tranquilo, no le gustan las prisas, es reflexivo y con tendencia a la introversión. En el cuerpo físico, Tauro gobierna el cuello y la garganta donde generalmente sus nativos sufren de abscesos y dolores.

Símbolos. La figura central de la carta es en la mayoría de las barajas la de un hombre maduro vestido con una **túnica**. De todas las ropas, ésta es la que tiene una connotación más espiritual pues no corta la circulación de la energía. En la carta de Crowley la túnica es naranja, color de Vau. Con la mano izquierda el Hierofante **bendice** y con la derecha sostiene un báculo con la apariencia de llave, terminado en **tres anillos** que representan las tres Eras o Eones: de Isis, Osiris y Horus. Esotéricamente poseer la llave significa ser un iniciado y también la capacidad de iniciar a los demás.

Fig.VI.29. El Papa de Marsella y el Hierofante de Waite y Crowley

Lleva en el pecho un pentagrama ascendente, dentro del cual **un niño corre** confiada y alegremente, simbolizando el espíritu de la Nueva Era, donde las ideas de muerte y pecado no esclavizarán más al ser humano. El Hierofante, se encuentra inscrito en un **hexagrama**, símbolo del Macrocosmos, indicando que está en equilibrio con el Universo. El Pentagrama símbolo del microcosmos dentro del Hexagrama forman el Hexagrama Pentáfico (Fig VII,XIV) con que los masones representan el n.º 11.

Delante del Hierofante vemos **una mujer**, con una espada en la mano derecha y la luna en la izquierda. Representa, dice Crowley, la Venus de la Nueva Era, haciendo referencia al capítulo 3 del Libro de la Ley, donde Horus dice: "Quiero que la mujer ciña una espada ante mí". Es la mujer que no acepta resignada el papel de doble esclava: del macho y del sistema; armada y militante lucha por su liberación. Es La Sacerdotisa indicando que solo se alcanza la iluminación por el camino de la Sacerdotisa que conduce de la individualidad, Tiphareth, a la fusión con el universo, la iluminación, en Kether. Sin esa actitud receptiva la sabiduría es inalcanzable y el conocimiento no pasa de una lista de informaciones, datos y creencias.

Estando el signo de Tauro regido por Venus, el planeta del amor, el hecho de que el Hierofante esté sentado encima de un toro indica que es el amor al mundo lo que lleva a La Sacerdotisa a transformarse en un Maestro/a.

Detrás se ven dos **elefantes**. El elefante es Ganesh, hijo de Shiva y Parvati, dios de la ciencia y de las letras, símbolo del conocimiento. Como el toro, la tortuga y el cocodrilo, carga el universo en su espalda. Es símbolo de poder y estabilidad. El toro es Nandi, el vehículo de Shiva, animal consagrado a Poseidón, a Dionisos, a Venus, a Indra, etc. Es símbolo de fuerza y de arrebatadora virilidad. También es un símbolo femenino asociado a las divinidades lunares. Este animal de formas llenas y movimientos lentos y sensuales, lleno de vida y de emanaciones telúricas, es el mejor asiento de Venus, como muestra el signo de Tauro de Jofra (Fig. VI, 29).

En las cuatro esquinas de la carta tenemos los **querubines**, que a semejanza de los dragones chinos son los guardianes de los santuarios. Representan también los cuatro elementos y los cuatro signos fijos del Zodiaco. El Hierofante integrando la cuaternidad en sí mismo, alcanza la quintaesencia de las cosas.

QUERUBINES	ELEMENTO	SIGNO ASTROLÓGICO	EN EL SER HUMANO
León	Fuego	León	Energía & Espíritu
Águila	Aire	Acuario	Intelecto
Ángel	Agua	Escorpión	Emociones
Toro	Tierra	Tauro	Cuerpo físico

Crowley rompió las correspondencias tradicionales afirmando que en la Nueva Era el Águila se corresponde con Acuario y el Ángel con Escorpión. Estos querubines también aparecen en el último Arcano mayor,

El Universo, donde están vertiendo agua mientras que aquí parecen máscaras, tal vez sugiriendo que el adoctrinamiento lleva a enmascarar la identidad. Su **sombrero fálico** se complementa con la **rosa de cinco pétalos** que florece en un vitral, por donde entra la luz de Jokmah, sostenido por 9 letras Vau o clavos. El nueve es el número de lo elevado, de lo celestial y también de Yesod, la Sephirah asociada a la Luna, exaltada en el signo de Tauro.

Rodeando la vidriera una **serpiente** y una **paloma** aluden al primer capítulo del Libro de la Ley en que el Principio Femenino, Nuit se expresa así: *"La Ley es el Amor, el Amor bajo la Voluntad. Que los tontos no confundan el Amor pues existe Amor y amor. Existe la paloma y existe la serpiente. ¡Escoged bien! Él, mi profeta, escogió, conociendo la ley de la Fortaleza y el gran misterio de la Casa de Dios"*. La Casa de Dios es otro título de La Torre, Arcano XVI, y en ella también aparecen la paloma y la serpiente. La paloma, símbolo de pureza, paz y simplicidad, representa el amor donde el instinto fue sublimado en cuanto que la serpiente representa aquí el amor donde el instinto fue integrado.

"Representan las dos formas del deseo, lo que Schopenhauer llamó la Voluntad de Vivir y la Voluntad de Morir. Representan los impulsos masculino y femenino.... Estas dos tendencias no son incompatibles. Esto resulta obvio cuando entendemos la vida y la muerte como dos fases de una misma manifestación energética". El libro de Thoth, A. Crowley.

Significados generales. El Hierofante encarna el **Principio de la trascendencia espiritual**. El Hierofante es el **maestro espiritual** que ayuda a los caminantes a reencontrar su Divinidad Interna, a deshacer los hechizos de la programación, transformando sapos en príncipes. Es el iluminado que hace resonar la centella divina en cada uno de nosotros. La palabra hierofante viene del hebreo *hier-phaine,* que significa revelar. Es el revelador de nuestra verdadera naturaleza y de los misterios de la vida, es el hombre o la mujer de conocimiento, el *Chamán,* el brujo. Preside y ejecuta las ceremonias y los rituales. Crea puentes, es el pontífice, entre la materia y el espíritu, o, como dice Paul Case, entre "la sensación exterior y la iluminación interior".

Estos conceptos tuvieron que ser escondidos pues las religiones patriarcales, negaron la divinidad de nuestra esencia. Nos arrancaron a Dios y lo colocaron fuera, lejos en el cielo o guardado en algún *Sancta Sanctorum,* inaccesible para el común de los mortales. El contacto entre ese dios y la humanidad pecadora fue monopolizado por ciertos intermediarios que se auto-designaron "escogidos" y se consideraron en posesión de la verdad absoluta. Ese dios externo fue inventado a partir de la sublimación de ciertas cualidades humanas y, claro, tuvieron que inventar también un diablo con la exageración de los por ellos considerados defectos humanos. Dios y diablo pues a imagen y semejanza del ser humano. Cobrando por sus servicios estos religiosos acumularon enorme poder y riqueza. Establecieron normas morales, leyes, doctrinas, dogmas y mandamientos que, en ausencia de un estado organizado y una legislación temporal, como fue el caso en las épocas de Moisés y de Mahoma, fueron la base legal de sus sociedades.

Tales doctrinas y dogmas eran muchas veces contrarios a la naturaleza humana y a la razón, y condenaban a la mujer a un papel de esclava, pero prometían el paraíso y la felicidad para después de la muerte. Los "justos", los que sufrieron, los que renunciaron, los que obedecieron, los que murieron en la "guerra santa", serán recompensados. Esta falsa espiritualidad es una compensación de profundas carencias emocionales o económicas, si no "la borrachera del ego" como dice Esquenazi.

Así, en ausencia de la Divinidad Interna, el Maestro perdió su significado más profundo y se transformó en el Papa. Aquel que enseña la doctrina, que da las ordenes y patrones de conducta, que publica las encíclicas, que cateyuiza e impone la moral. O como dice Waite: "es la fuerza que gobierna la religión externa". Entonces tendríamos a La Sacerdotisa, que representa la vía femenina, interna e intuitiva de alcanzar el conocimiento, guardiana de la sabiduría oculta, de lo esotérico, y este Papa cuya función sería dictar la ley e instruir en la doctrina, lo exotérico. En este sentido El Hierofante acaba siendo el poder de la ideología y la moral dominantes. En la Edad Media estaba totalmente vinculado a las religiones y en Occidente al Vaticano. Hoy en el primer mundo las religiones perdieron parte de su poder y las nuevas doctrinas, aunque continúan usando las religiones, están definidas por los sistemas de producción y el *American way of life,* constituyendo el soporte ideológico del Sistema. Estas doctrinas no son más transmitidas desde los púlpitos y los altares de las iglesias, sino retransmitidas continuamente por la radio, la TV, periódicos y revistas. Los nuevos Papas son los medios de comunicación, **el Cuarto Poder**.

Estamos delante de una encrucijada crítica: o la humanidad se vuelve más consciente, pacífica, introspectiva, amorosa, ecológica, solidaria y cooperativa, (todos valores femeninos) o podemos apostar en algún tipo de reformulación planetaria, producto de la autodefensa de Gaia, nuestra Gran Madre, el Planeta Tierra.

¿Cuál sería el papel del Hierofante si sobrevivimos? Una humanidad más evolucionada no puede permitir que la historia se repita. Puede ser el fin de los rebaños obedientes y manipulados. El Hierofante volverá a ser de nuevo el **maestro** iluminado y el **maestro interior** de cada uno de nosotros.

Si decimos que El Hierofante es el Revelador de lo Sagrado, tenemos que tener muy claro que lo sagrado está dentro de nosotros, para no reducirlo a portavoz de una ideología. El Hierofante quien nos ayuda a aprender a vernos y conocernos, a satisfacer la necesidad de encontrarle un sentido trascendente a la vida. Este sentido lo podemos buscar en religiones, o cualquier tipo de ideología políticas, pero solo lo encontraremos yendo a lo profundo de nosotros mismos. Ahí podemos encontrar la plenitud, la totalidad de nuestro ser, la dimensión trascendente. El Hierofante nos ayuda a acceder a la dimensión de la eternidad cuando nos coloca en el presente. No enseña la verdad, enseña a cuestionar las creencias sobre las que montamos nuestros patrones de conducta, llevándonos a la independencia de criterio y de acción, y estimula en el caminante su tendencia natural de alcanzar la plenitud interior.

"La relación entre maestro y discípulo es la que hay entre una oruga y una mariposa. La mariposa no puede probar que la oruga es capaz de convertirse en mariposa, pero puede provocar un anhelo en la oruga de que es posible". Osho

Uno de los grandes maestros de esta época es Osho. Iluminado desde los 21 años, actualizó e integró las tradiciones espirituales de Oriente y Occidente. Transformó el "sea esto o lo otro", "haga esto y no lo otro" por un "sé tú mismo", "permítete que salga lo que hay dentro de ti y obsérvalo". Sus ideas fueron tan subversivas que en 1985 fue secuestrado y envenenado por el FBI. Murió bajo los efectos del veneno en 1990, en Poona (India). Aunque nunca escribió nada sus charlas están transcritas en cientos de libros y sus centros continúan funcionando.

EN LA LECTURA TERAPÉUTICA

Momento actual. El consultante está tomando contacto con un impulso interno de ir más allá del mundo material. Se interesa por paz de espíritu, cualidad de vida, tiempo libre y otras cosas que no se pueden medir ni pesar. Cuidado, eso no quiere decir que niegue o renuncie al mundo material. Puede estar listo para aprovechar lo que los maestros iluminados comparten, cuando el discípulo está listo el maestro aparece, o para abrirse a dimensiones espirituales. También puede interesarse por adquirir o transmitir conocimientos. La segunda carta puede mostrar para que área específica está dirigida esta búsqueda: de autoconocimiento con El Ermitaño y La Sacerdotisa o más académica con el Seis de Espadas (La Ciencia).

Ancla. Por exceso muestra una persona cuyas palabras, gestos, acciones y pensamientos responden a una determinada doctrina, movimiento o ideología. Fuera de este comportamiento robotizado y lleno de típicos tópicos, nadie está ahí. Su máscara puede llegar a ser tan perfecta que no permite el mínimo contacto interno con sus emociones y su cuerpo físico. Puede hasta ser un catequizador, que repite mecánicamente sus doctrinas pasando su autoafirmación por llevarnos a su iglesia, templo, partido o hinchada correspondiente. Claro que semejante personaje difícilmente va a aterrizar en un consultorio de Tarot Terapéutico, sin embargo, sí lo podrían hacer variedades más *ligth*, no ya fanáticos pero sí que aún están en cierta medida anclados a una doctrina. Piensan que si son buenos Dios los va a premiar o los va a castigar si no hacen una oración antes de dormir. Esta persona podría enraizar su idealismo y su entusiasmo y conectarse con su cuerpo usando la esencia floral de *Vervain*. El Sol en la Infancia nos llevaría a pensar que su actitud de identificación con una determinada ideología se debe a la fragilidad de su Yo. Con el Siete de Espadas - La Futilidad, a su permeabilidad a las opiniones ajenas y con la Princesa de Copas a la necesidad de agradar. En estos casos la esencia de *Goldenrod** ayudaría al fortalecimiento del Yo y a relacionarse socialmente mejor.

Por falta puede mostrar alguien que no ve o no quiere ver nada más allá de la materia. La esencia de *Star Tulip** desarrolla la sensibilidad y ayuda a conectarse con los mundos más sutiles.

Relaciones. a) La relación ayuda a la persona a percibir que más allá de la materia algo hay y va abriendo los ojos para la espiritualidad. **b)** Vende una imagen de quien siempre sabe más que el otro, y derrochando conocimientos y datos pretende seducir y acaba envolviéndose con las personas que lo aceptan como "profesor". De sus sentimientos e instintos nadie sabe, tal vez ni él mismo. También pode estructurar sus relaciones amorosas obedeciendo doctrinas, especialmente si aparece con el Cuatro de Espadas - La Tregua.

Infancia. Este niño/a fue muy adoctrinado, probablemente tuvo una formación religiosa rígida que acabó con su espontaneidad. Tal vez sus padres estuvieron ligados a algún movimiento político, ideológico, cultural o religioso cuyos principios le fueron inculcados, y éste/a los incorporó para ser aceptado, hasta transformarse en un pequeño robot.

Voz de la Esencia y Método. Integrar este arquetipo significa dejar de proyectarlo. Dejar de engancharse con supuestos maestros esperando recibir la seña de la felicidad. Cuanto más rígidas son las creencias, doctrinas y principios que nos pasaron y adoptamos, más restringen la expresión de nuestra esencia divina que desde el inconsciente intenta manifestarse y nuestra vida pierde la gracia y el sentido. Conectarse con el maestro/a interior significa parar de tragarse doctrinas ajenas encontrando en el interior de uno mismo su propia fuente de autoconocimiento. El maestro/a interior sabrá reconocer los verdaderos iluminados que pueden facilitar dicho proceso, aprovechando lo que estos han dicho o escrito y diferenciarlos de los charlatanes, adoctrinadores, manipuladores o profesores esotéricos. El camino del Hierofante sugiere religarse con la esencia abriéndose a las enseñanzas de un maestro iluminado, de un maestro que no te enseña nada, pero te ayuda a ser más tú mismo. A ser más tú mismo en criterios y pensamientos, en acciones y actividades, en sentimientos y reacciones emocionales. Como dice Hermann Hesse en Sidharta: *Nada puedo darte que no exista en ti. No puedo abrirte otro mundo de imágenes, más allá del que existe en tu propia alma. Yo te ayudaré a tornar visible tu propio mundo, y eso es todo."* Sugeriremos la esencia de **Lotus*,** elixir espiritual que ayuda a la persona a abrirse espiritualmente. También puede indicar que el consultante se atreva a pasar sus conocimientos o los profundice en su área profesional.

Camino de crecimiento. Como consecuencia de usar las llaves que aparecieron en las posiciones anteriores la persona comienza a abrirse al mundo espiritual y a aprovechar lo que los maestros iluminados han dicho o escrito.

Resultado interno. El consultante, fruto de todo el proceso que vimos hasta aquí, encontró su propio camino espiritual y, gracias a sus prácticas y estudios, está abriéndose a nuevos niveles de conciencia. Puede indicar también que superó los bloqueos que le dificultaban abrirse a la espiritualidad y/o transmitir sus conocimientos a los demás.

Resultado externo. Fruto de sus vivencias, de su contacto con lo interno, o de su comprensión y conocimiento respecto al mundo o a un asunto particular, esta persona está pasando un mensaje, un conjunto de conocimientos o una teoría específica en alguna área determinada. Sus actividades prácticas están impregnadas de un sentido más trascendente, especialmente si aparece con La Sacerdotisa. También puede mostrar al consultante envuelto en un aprendizaje espiritual con un maestro iluminado.

LOS AMANTES

Títulos. En los Tarots de Marsella, este Arcano se llama "El Enamorado". Conocido también como "El Matrimonio" en el de Eteillá y "El Vicio y la Virtud" en el de Eliphas Levi. Después pasó a llamarse "Los Amantes" en los tarots de la Waite, Crowley, Golden Dawn y Osho Zen. En el Tarot Egipcio se titula "La Indecisión" y en el Mitológico "Los Enamorados". También ha aparecido como "Los Dos Caminos". Sus títulos esotéricos son "El Hijo de la Voz" y "El Oráculo de los Dioses Poderosos".

Número. El **Seis** es el número atribuido a este Arcano. Si con el Cinco introducíamos el concepto del Tiempo, dándole al ser la opción de tener pasado, presente y futuro, es decir memoria, el sexto punto es colocado en la punta de la nariz del observador. El Seis es capaz de ser testigo de lo que sucede a su alrededor, de colocarse en el centro del universo, es decir, de ser autoconsciente. El Seis es el centro del sistema, así como Tiphareth, la sephira número Seis, es el centro del Árbol de la Vida. Tradicionalmente el Seis es el número de la **perfección** y el **equilibrio.**

En el hexágono, símbolo gráfico del Seis, tenemos seis triángulos equiláteros dentro de un círculo, siendo el lado de aquellos igual al radio de éste. El Seis es casi exactamente la relación entre el perímetro de la circunferencia y su radio: $P/r = 2\pi = 6.2832$. Siendo muchos los paralelismos que encontramos entre ambas figuras el hexágono compartirá con el círculo su simbolismo de espiritualidad y perfección.

Fig.VI.30. El Seis

Antiguamente el Seis era consagrado a Venus-Afrodita, diosa del amor físico. Si el sexo es la unión carnal entre el macho y la hembra, el seis es la unión entre lo masculino y lo femenino universal. A pesar de que para algunos analistas el Seis representa el ser humano físico sin su elemento trascendente, la tradición esotérica occidental mantiene que el hexágono representa el ser humano universal o macrocósmico. En oriente la escuela tántrica hindú busca la iluminación espiritual a través del desarrollo de la sexualidad consciente. Así el hexagrama representa la penetración de la *yoni* (vagina) por el *lingam* (pene) simbolizando el equilibrio entre los principios femenino y masculino.

Así pues, en el hexagrama se completan las tendencias opuestas y complementarias: el triángulo ascendente (Fuego – Masculino) con el descendente (Agua – Femenino). La polaridad intrínseca de todas las cosas manifestadas se integra nuevamente dando lugar a algo nuevo. Diremos que el Seis representa **la Unión Creadora**, producto del equilibrio y complementación de los opuestos.

En Occidente el hexagrama, anterior a la estrella de David o sello de Salomón, emblema de Israel, es el símbolo totalizador del pensamiento hermético. En primer lugar, contiene los símbolos de los cuatro elementos:

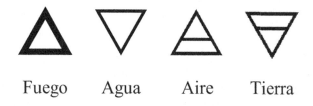

Fuego   Agua   Aire   Tierra

Asignando a las cuatro puntas laterales del hexagrama las propiedades fundamentales de la materia (seco, húmedo, caliente y frío) deducimos las propiedades de cada uno de los elementos tal como las usaba el alquimista suizo Paracelso (1493-1541) y que vemos en la figura VI.31.

Fig.VI.31. El hexagrama y las propiedades da materia

135

El Fuego es caliente y seco. El Agua es húmeda y fría. El Aire es húmedo y caliente. La Tierra es seca y fría. El hexagrama engloba los siete metales principales, con el oro en el centro y los siete planetas correspondientes alrededor del Sol. Para los mayas el sexto día era el de los dioses de la lluvia y de la tempestad y también el día de la muerte.

CORRESPONDENCIAS

Letra hebrea. ז. **Zain o Zayin** es la letra asignada a Los Amantes. Es simple, masculina, naranja y su valor numérico es siete. Suena como la z portuguesa. Significa **espada** o **arma**, que forjada en el fuego y templada en el agua es un símbolo de polaridad y de integración de la polaridad. Con un filo destruye, con el otro construye y con los dos consagra. Colocada en posición vertical, como en el As de Espadas, une la Tierra con el Cielo. Zayin sugiere la percepción y el discernimiento afilado. Ésta representa a la mente que también es polar, puede afirmar o negar y cuando se calma, hasta el punto en que se vuelve no mente, se torna un canal que nos conecta con la esencia y nos lleva a la trascendencia.

Camino cabalístico. El camino de *Zain* es el decimoséptimo. Une Binah (el Entendimiento) con Tiphareth (la Belleza). En este camino, la individualidad que se equilibró en Tiphareth se dirige hacia la columna restrictiva de la forma, yendo en dirección al entendimiento profundo de Binah. Se va alejando de la ilusión de aislamiento y llega "a la percepción de que la apariencia de individualidad aislada no es sino el efecto producido por el poder que tiene el Yo de concentrar sus límites de energía en cualquier punto particular en el tiempo y en el espacio".

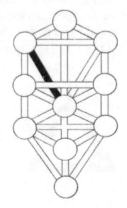

Fig.VI.32. El Sendero 17.

Atribución astrológica. ♊ **Géminis** es el signo zodiacal atribuido a este Arcano. Es un signo de Aire, mutable y gobernado por Mercurio. En el cuerpo humano rige los pulmones, los brazos y los hombros. Es el símbolo general de la dualidad, expresión de todas las oposiciones que se resuelven en una tensión creativa.

Fig.VI.33. Géminis. Jofra

El géminis desarrolla su individualidad teniendo ideas y estimulando intelectualmente a los demás. Para eso posee una inteligencia aguda y vivísima, una gran facilidad y rapidez de entendimiento y una enorme curiosidad. Le gusta conversar y gesticular para dar precisión a sus ideas. Sus ojos son vivos, penetrantes y muy expresivos. Tiene una sed insaciable de conocimientos, pero su enfoque intelectual limita su profundidad. Es muy sociable y comunicativo de modo que podemos decir que es el nativo más extrovertido del Zodiaco. Es muy hábil y siempre quiere hacer varias cosas al mismo tiempo. Su potencial afectivo no está muy desarrollado. El géminis no confía mucho en sus sentimientos ni en sus sensaciones e impulsos instintivos. Tampoco tiene un lado místico notable, pero en compensación tiene una gran habilidad para entender, asimilar y renovar las creaciones y los descubrimientos de los demás. Le encantan los cambios hasta el punto de que acaba siendo inconstante. Las responsabilidades no son su fuerte. Su verbo es **"Yo dudo"**, no como expresión de desconfianza, que es más una característica de los nativos de Capricornio sino como necesidad y resultado inherente a su enfoque intelectual de las cosas y de la vida. Su frase integradora es: "Yo doy profundidad a mi conocimiento a través de la sabiduría de la concretización". Los nativos de este signo tienen tendencia a sufrir de los nervios, a contraer enfermedades pulmonares, a padecer trastornos mentales y a pasar por accidentes de locomoción.

Símbolos. En la carta de Crowley/Harris vemos que casi todos los símbolos son dobles, formando **dos series de opuestos**, cuya complementación está sugerida en esta carta, pero cuya integración final solo sucederá en el Arcano XIV, El Arte que podemos considerar como la culminación de la Boda Real que se inicia en Los Amantes. Estas dos cartas o caminos constituyen la máxima alquímica: ***Solve et Coagula,*** Disuelve y Coagula, Separa y Junta, Géminis y Sagitario, análisis y síntesis. El fondo de la carta está lleno de **espadas** *(Zain)* reafirmando su carácter analítico.

Fig.VI.34. El Enamorado de Marsella y Los Amantes de Waite y Crowley

Muestra **la boda** del rey moro o negro, coronado como emperador, con la reina rubia o blanca que porta la corona de la emperatriz. Las dos figuras están mostrando la polaridad fundamental de lo femenino y masculino en un nivel humano. Este simbolismo polarizado se amplía con la presentación de los atributos imperiales. Ella sostiene el **Grial**, símbolo del Agua y él una **lanza**, símbolo del Fuego, ambos ayudados por una pareja de niños. Delante de la reina el niño negro sujeta la lanza del rey y frente al rey, el blanco ayuda a la reina a sostener la copa. Éste tiene en la mano derecha un **ramo de rosas** blancas, símbolo del amor puro, y aquél agarra una **porra**, símbolo de agresión, dando así continuidad a las dos series de opuestos.

Los novios usan un manto de piel de armiño, símbolo de pureza y de autoridad. En la capa del novio vemos serpientes y en la de ella

138

abejas. Debajo están sentados el **león rojo,** y el **águila blanca,** símbolos de la polaridad, de los principios masculino y femenino en la naturaleza, del Sol y la Luna, del Fuego y el Agua, el ácido y el álcali, de la tintura roja y la blanca, del Azufre y la Sal alquímicos siendo el tercer elemento, el Mercurio representado por El Ermitaño que consagra la unión real. En las esquinas superiores encontramos **dos figuras femeninas** que hacen referencia a los tarots de Marsella en los que se ve un joven entre dos mujeres, una rubia coronada y una morena plebeya. Parece que éste tenía que escoger entre las dos, que representarían según el pensamiento disociador y moralista de la época, el vicio y la virtud, la pureza y el pecado, el bien y el mal. La actitud corporal del hombre entre las dos mujeres refleja una escisión interior: la cabeza (la razón) mira para un lado, pero el cuerpo (el inconsciente) mira para el otro. Algunos autores ven aquí el momento en que el joven tiene que decidirse entre la seguridad que le proporciona su madre y la aventura y el placer que pueden venir con la novia. La pasión despertada por la flecha de Cupido lleva al adolescente a romper con las expectativas paternas tomando decisiones independientes. Sin esta ruptura el ser humano no se individualiza. En el Tarot de Crowley son Lilit y Eva. La primera, a la izquierda, representa la mujer instintiva, en la plenitud de su sexualidad relacionándose con quien quiere, cuando quiere y como quiere, libre de cualquier moralismo o tabú. Según la tradición judía, groseramente machista, Lilit es la primera mujer creada por Jehová del mismo barro que Adán. Lilit no quiso someterse a los caprichos de Adán y huyó del paraíso comenzando así su carrera "demoniaca".

En medio de las dos series de símbolos polares tenemos tres figuras individuales: Cupido, un encapuchado y el Huevo Órfico. Encima **Cupido,** Eros en Grecia, el dios Amor, hijo de Venus, disparando sus flechas, con alas doradas y una venda en los ojos. Recuerden el mito: Cupido lanza de flechas de oro y de plata. La persona alcanzada por una de oro se enamora locamente de la primera persona o animal que pasa por delante. Si es de plata odia locamente a dicha persona o animal. Esas flechas son nuestras proyecciones. Proyectamos sistemáticamente encima de los demás aquellos aspectos o talentos que fuimos obligados a esconder en nuestra infancia porque su expresión acarreaba respuestas por parte de la familia que nos hacían sufrir y décadas después continuamos escondiendo del mundo y de nosotros mismos. Las proyecciones pueden ser de oro o de plata dependiendo de si la persona apenas escondió esos aspectos o talentos o si los escondió y los condenó, como pueden ver en la 3ª llave del bienestar en http://www.tarotterapeutico.info/esp_videos.htm .

Cuando vivimos grandes oscilaciones de voltaje emocional o instintivo con determinadas personas, eso tiene más que ver con nuestros aspectos y talentos escondidos que con dichas personas, pero si tenemos una mínima percepción de la proyección, cuando suceden dichas oscilaciones tenemos la oportunidad de rescatar el aspecto o talento escondido.

O **encapuchado** celebra el matrimonio hermético. Su túnica es **violeta** en tonos cada vez más claros en la medida que sube y se aproxima a la luz de Kether. El violeta es el color del secreto: bañados en su luz se realizan los misteriosos pasos de la transformación de la vida en muerte.

"Este personaje, es el Ermitaño, una de las formas de Mercurio, que con sus manos extendidas (gesto mágico o señal de entrante que también representa bendición y consagración) está proyectando sobre la pareja real las misteriosas fuerzas de la creación.".　　　　　　　　　"El libro de Thoth" Crowley

Alrededor de sus brazos vemos el anillo o cinta de Moebius, (1790-1863), prusiano, matemático y astrónomo, discípulo de K. F. Gauus, director del observatorio astronómico de Leipzig. Sus trabajos de matemática pura, especialmente "El cálculo baricéntrico" (1827) fueron de gran importancia para la aplicación del principio geométrico de la dualidad, del que fue inventor. Trabajando con este principio Moebius llegó en 1861 a definir la superficie de un solo plano, de modo que puede ser recorrida completa y continuamente pasando de un lado al otro.

Fig.VI.35. El cinturón de Moebius

Este cinturón, obtenido al unir los extremos de un rectángulo muy alargado después de darle un giro de torsión, según Pauwels y Bergier en "El retorno de los brujos", facilita el acceso para otras dimensiones a quien lo recorre. Representa la palabra, el verbo, la acción de crear, que fructifica en el **Huevo Órfico** que simboliza la esencia de la vida fruto de la unión de lo masculino y lo femenino. Ya lo vimos en el Mago y volverá a aparecer en El Ermitaño. **La serpiente** simboliza el principio vital primordial que estimula las transformaciones necesarias para perpetuar la vida y la sabiduría inherente a todo este proceso.

En el Tarot *de Waite*, vemos una pareja y un ángel. El hombre (la razón, el consciente) mira a la mujer (el deseo, el inconsciente) que mira al ángel que uniendo los dos principios los lleva a la transcendencia. Indica que la razón solita no accede a la espiritualidad. La razón rompe sus propios límites a través de la pasión y ésta necesita de la atención del consciente para transcender.

Significados generales. Esta carta ilustra el Principio **de la Polaridad creando el Universo**. Es el proceso de Creación del Universo por la interacción amorosa de los principios femenino y masculino. Lanzar esta afirmación en plena Edad Media, o en el Renacimiento era muy peligroso pues en nada concuerda con la versión oficial, de que un dios masculino creó el mundo de la nada. Fue por esto, conjetura Crowley, que esta representación fue sustituida por otra en que se ve un hombre entre dos mujeres, símbolo de la elección entre dos alternativas. Hoy podemos decir sin temor que antes de cualquier manifestación concreta, la energía primordial tiene que polarizarse dando lugar a los opuestos de cuya interacción surge el universo. No es posible un Dios creador masculino o femenino. Afirmar que existe un Dios padre todopoderoso creador del cielo y la tierra, es un error tan grande como decir que en la gestación de un ser humano solo interviene el padre y el papel de la mujer es, como el de la tierra, acoger en su seno la semilla y nutrirla. Como es arriba es abajo, si para generar cualquier criatura aquí abajo son necesarios los dos componentes de la polaridad, lo mismo sucede para la aparición de una galaxia, del universo o de una célula.

Este Arcano también nos pasa la idea de **Unión**. Aquí las polaridades comienzan a complementarse, a unirse. La fuerza que lleva a la unión procede de la separación y viceversa. Representa **el análisis**, cualidad de Géminis. Lo separado, lo cortado por la espada de *Zayin*, el *Solve* dando lugar al *Coagula*, a la síntesis (a lo unido en *Samek*, el uróboro que abraza el cosmos manteniéndolo unido - Fig. VI.07.), cualidad de Sagitario, al Arte, Arcano XIV.

En términos humanos conocemos varios grados de unión: El "androginato interno" o fusión de las polaridades internas, el "androginato" externo, en la que los seres completos e integrados constituyen la Pareja Cósmica y la fusión con la Totalidad o iluminación.

141

También vemos varios tipos de amor. El Eros, el amor erótico inconsciente, romántico y con fuerte carga proyectiva y posesiva representado por Cupido. Quien vive ese nivel de amor se enamora por aquella área interna suya que no desarrolló en su vida y que ciegamente está queriendo vivir a través de la otra persona. Nos enamoramos de quién necesitamos para percibirnos tal como somos realmente. "Yo te quiero para mí" sería una expresión de este tipo de amor, es decir, solamente en la medida que el otro se ajusta a lo que yo quiero, lo amo, si es que podemos llamar a este tipo de pasión, amor. En realidad, no consiguen verse, ven apenas sus proyecciones. El amor erótico más consciente se da en la pareja, dos individuos maduros, completos y autónomos que, por ello, ya pueden tener una relación de crecimiento, donde cada uno ve y respeta al otro. Existe polarización y atracción sexual que dinamiza la relación, sin proyecciones. El tercero es *Filos*, representado por los niños, donde ya no hay posesión, proyecciones, atracción sexual ni deseos de llenar carencias. Está más próximo a la amistad, a la fraternidad y a la complicidad desinteresada. "Me hace feliz verte feliz" sería un dicho filárquico. El cuarto es el Ágape, la comunión universal, el amor que mana en todas direcciones, la compasión budista, representado aquí por El Ermitaño.

Percibir que el hombre y la mujer de nuestra vida están dentro y no fuera, son nuestras polaridades internas, cambia la manera de relacionarnos. Salimos de relaciones de dependencia, de dame esto que yo te doy aquello, de regateo, de querer que el otro se ajuste a lo que esperamos, de juegos de poder y desde nuestro centro nos relacionamos con las personas compartiendo aquello que se sintoniza con nosotros. A partir de ahí podemos ver claramente cuál es el camino de vida en el que somos realmente fieles a nosotros mismos. No se trata pues de una elección entre elementos externos, se trata de optar por uno mismo, de vivir la unión consigo mismo, esa es la verdadera elección, la que lleva a la integración del consciente con el inconsciente. Como diría don Juan el maestro de Castañeda: Hay un camino que tiene corazón, los demás no llevan a ningún sitio.

EN LA LECTURA TERAPÉUTICA

Momento actual. La persona percibe que quedarse esperando su media naranja solo trae frustración y sufrimiento y que ya es una naranja entera. Esta percepción no solo cambia su manera de relacionarse, sino que facilita que descubra cuál es el camino donde realmente es fiel a sí misma.

Ancla. En esta posición los Amantes ilustran un patrón de conducta producto de proyectar una de sus polaridades. Pasó la vida buscando fuera lo que cree que está faltando dentro y eso la deja colgada en relaciones de dependencia y actividades sin significado.

Si está en una relación orbita a su pareja, se torna su supuesto complemento, distanciándose así cada vez más de sí misma, dejando de hacer su propio camino. Con el Cuatro de Copas - El Lujo se identifica tanto con su relación que fuera de ella se pierde. Es el marido de..., la esposa de.... Este apego exagerado, puede ser trabajado con **Bleeding Heart***, de manera que amar a alguien no signifique la pérdida de su individualidad. Se pregunta: ¿Que tengo que hacer para que esta persona me haga feliz? Así se pierde en el mundo de las dudas entre inúmeras posibilidades externas de manera que su incapacidad de tomar decisiones puede volverse crónica. Su capacidad de decisión, su determinación y autoconfianza pueden ser fortalecidas usando **Scleranthus**. Si se trata de un adolescente indeciso que imita o busca una salida preguntando a los demás lo que debe hacer, le recomendaremos **Cerato**.

Si no está en una relación esta proyección se puede vivir de dos maneras. Como una búsqueda frenética o como una expectativa de que llegue su media naranja. En ambos casos ve a Lancelot en Frankenstein.

Infancia. La relación entre sus padres la marcó negativamente. Pudo haber presenciado escenas de celos, peleas y juegos de poder donde era colocada en medio, especialmente si aparece con un Cinco de Copas - la Frustración o de Espadas - la Derrota. Con un Tres de Espadas - el Dolor es posible que la relación de sus padres la dejara con un sentimiento pesado de invalidación, abandono, culpa o inferioridad. Tal vez la relación de uno o los dos genitores con terceras personas la privaron de la atención y contacto y así se acentuó su sensación de rechazo. Estas experiencias negativas pudieron generar una rebelión intensa o un miedo insistente a todo lo que huela a familia o a vínculo duradero, y en el peor de los casos la dejaron incapaz de entregarse al amor.

Relaciones. a) La relación, de maneras agradables o no, empuja a la persona a identificar y desarrollar sus polaridades internas, favoreciendo así el fluir en sus relaciones, al eliminar dependencias, apegos, exigencias y auto-exigencias, y percibir cual es la vida que realmente tiene que ver con ella haciendo las opciones correspondientes. b) Aquí puede haber un exceso de fantasías. Sueña con boda, conoce a una persona y se pone a pensar en el viaje de novios y mientras espera el príncipe azul, o la mujer maravilla, se le escapa la vida entre las manos.

Voz de la Esencia y Método. La persona necesita parar de proyectar el arquetipo de la Polaridad y desarrollarlo internamente. Eso significa entender que es un ser completo y parar de buscar o esperar su alma gemela por ahí, acabando con la tendencia a anularse al transformarse en el complemento de otra persona.

El mito de Platón fue interpretado erróneamente. No estamos condenados a la infelicidad hasta encontrar nuestra media mitad allá fuera, seremos infelices hasta que la encontremos aquí dentro. Así podrá salir de sus indecisiones crónicas y hacer una verdadera elección de vida. Para ello es importante parar de forzar obcecadamente que las cosas sean como queremos que sean, pues si forzamos la acción, la receptividad desaparece y no escuchamos la voz interior.

Podemos sugerir que la persona elabore una lista de todo lo que quiere que su pareja le proporcione y después vea lo que puede darse a sí misma, liberándola de esa responsabilidad y exigencia. Le recomendaremos el uso de la flor de *Wild Oat,* que lo ayudará a reconocer las actividades que realmente tienen sentido para su Ser interno.

Camino de crecimiento. La persona se da cuenta de cómo pasó su vida dando prioridad a encontrar a alguien que le diese lo que ella creía que no podía darse a sí misma, haciendo sus elecciones de vida en función de dicha o dichas personas. Ahora, usando las llaves que aparecieron en las posiciones anteriores, empieza a desarrollar sus polaridades, va saliendo de la dependencia, el apego y las exigencias y auto-exigencias, va cambiando su manera de relacionarse, asumiendo su propia responsabilidad con su vida y aprendiendo a tomar decisiones viendo mejor cuales son las opciones de vida que realmente tienen que ver con ella.

Resultado interno. Esta persona, producto de todo el proceso que vimos hasta aquí, consiguió identificar, entender y desactivar las dificultades internas, miedos, creencias, etc. que tenía para desarrollar sus polaridades, sentirse y expresarse como un ser completo pudiendo así vislumbrar y recorrer su verdadero camino de vida y fluir en sus relaciones.

Resultado externo. La persona está encarando el mundo con la actitud interna que acabamos de ver en la posición anterior de manera que está tomando una serie de decisiones en el mundo externo que la llevan a inaugurar el camino de vida donde realmente se siente fiel a sí misma.

EL CARRO

Títulos. Aunque en el Tarot Egipcio esta carta se titula "El Triunfo" y en el Osho Zen "El darse cuenta", en la mayoría de las barajas es conocida por la designación de los tarots de Marsella: "El Carro". Sus títulos esotéricos son "El Hijo de los Poderes de las Aguas" y "El Señor del Triunfo de la Luz".

Número. El **Siete** es el número del Carro. Símbolo de la vida eterna para los egipcios, no es solamente un número primo, como también es el único sin múltiplos y divisores (excepto el Uno, claro) de la primera decena, simbolizando la pureza, la sutileza y la esencia.

Fig.VI.36. El Siete   Fig.VI.37. La 2ª polarización de la Unidad

Siendo siete los colores del arco iris y las notas de la escala musical diatónica, podemos considerarlo un **regulador de las vibraciones**. Culmina un ciclo y abre una renovación creadora. Es también el número de los días de la semana, de los planetas individuales (Urano, Neptuno y Plutón son generacionales) y de los metales principales. Los cuatro periodos del ciclo lunar y el ciclo genital de la mujer son también de siete días: La ovulación ocurre el 14º día (2 x 7). La implantación del óvulo el 21º día (3 x 7), el ciclo menstrual es de 28 días (4 x 7) y el embarazo dura 280 días (40 x 7).

Si la primera polarización de la Unidad da Tres, la segunda da Siete tal como vemos en la figura VI.37. El Siete es considerado el **n.º de la magia** pues siendo un agregado del Tres, símbolo de lo abstracto (Lo mental y lo espiritual. Consideren que Espíritu en francés *"Esprit"* también significa mente y que los grandes esotéricos de los siglos XVIII e XIX eran en su mayoría franceses.) con el Cuatro, símbolo de lo concreto (la realidad material) permitiría materializar las ideas. También abarcando los dos mundos, se le considera símbolo de la totalidad del universo en transformación.

El rayo blanco (Uno) se descompone a través del prisma (Tres) en los siete colores. Este fenómeno se puede enunciar esotéricamente así: el Siete es la manifestación de la Unidad a través de la Trinidad. Matemáticamente sería: $7 = 3 = 1$. También podemos obtener los siete colores del espectro a partir de los tres fundamentales. Son 49 (7×7) el número de varetas usadas en el *I Ching* y el número de días que dura el estado intermedio entre la vida y la muerte según la tradición japonesa. Para Hipócrates el Siete da vida y movimiento. Son muchas las tradiciones que consideran siete centros sutiles o *chakras*. En el Corán se habla de siete sentidos esotéricos.

CORRESPONDENCIAS

Letra hebrea. ח. Jet es la letra del Carro. Simple, femenina, de color ámbar y de valor numérico 8, significa campo, recinto o cerca e implica los diversos medios de estructurar la percepción consciente global en componentes que conseguimos percibir y entender. Jeroglíficamente simboliza la existencia elemental, el principio de la aspiración vital. Suena como la j y se le atribuye el elemento Agua.

Camino cabalístico. El camino de Jet une Gueburah (la Severidad) con Binah (el Entendimiento). Éste es uno de los cinco caminos que atraviesan el Abismo, por lo tanto, es muy difícil de recorrer porque además está en el pilar del rigor. La fuerza, el poder y el coraje de Gueburah llevan al adepto a atravesar el Abismo y alcanzar el supremo entendimiento y la comprensión del sentido del dolor en Binah. Enlaza la Severidad de la Ley con la Comprensión ilimitada del Espíritu, así que la pérdida de la noción de la posesión es fundamental para poder andar el camino 18. *"El mensaje individual más importante de este camino es que el Espíritu puede ser reconocido por detrás de la forma y que ésta, como vehículo de la intención del propio Espíritu, precisa volver a su origen"*, Madonna Compton *"Los arquetipos del Árbol de la vida".*

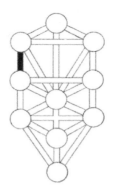

Fig.VI.38. El Sendero 18.

Atribución astrológica. ♋ Cáncer, atribuido al Carro, es un signo de Agua, cardinal y considerado como el más sensible del Zodiaco. Los nativos de este signo, al igual que el cangrejo, se visten de una cáscara protectora para esconder su vulnerabilidad. Son imaginativos y temperamentales y pierden notablemente su autoconfianza en ambientes hostiles, llegando a imaginar críticas y ataques inexistentes. Naturalmente tímidos, tampoco les gusta la soledad y tal vez por eso tienen una fuerte tendencia a vivir a través de los demás. Los cáncer están gobernados por la Luna, de ahí su sensibilidad, sus emociones intensas y su apego a sus orígenes, al hogar materno, a su madre y al pasado. Les fascina el mar. En el cuerpo humano el signo de Cáncer gobierna el pecho y el estómago. Tienen tendencia a padecer de trastornos digestivos, anemia, hidropesía, dilatación del estómago y desequilibrios glandulares, todo de origen sicosomático. Su verbo es "Yo siento" y crecen contribuyendo al bienestar de la comunidad y al progreso del ser humano. Su frase integradora es "Yo nutro a los demás y a mí mismo a través de mis visualizaciones positivas".

Fig.VI.39. Cáncer.Jofhra

147

Símbolos. La carta muestra un carro, aparentemente jalado por cuatro misteriosos animales, cuyo auriga sostiene un disco giratorio. En principio el **carro** es el vehículo con el cual nos podemos mover y comunicarnos con independencia, nos pone en contacto con la realidad exterior.

El **toldo** del carro, dice Esquenazi, "protege al auriga de lo que puede venir de lo alto de lo que no controla". Es azul marino, color de Binah, y en su orla está escrito *abrahadabra*, versión crowliana del conocido *abracadabra* palabra que procede del hebreo *abreg ad habra,* traducido como "arroja tu rayo hasta la muerte".

Fig. VI.40. Abracadabra

La disposición de esta palabra (Fig. VI.40) funciona como un captador de energía espiritual dirigiendo al vértice inferior las energías de lo alto y al mismo tiempo mandando para los abismos telúricos cualquier vibración negativa. Los médicos (o físicos) de la Edad Media la usaban, especialmente para combatir la fiebre. El toldo está sujeto por **cuatro columnas**, aludiendo al Tetragramatón de color ámbar de la letra Jet, y **las ruedas rojas** representan la energía dinámica de Gueburah que origina el movimiento. Justamente El Carro se corresponde con el sendero cabalístico que une y equilibra Geburah con Binah.

Frente a los tarots de Marsella y de la Golden Dawn, que colocan caballos para tirar del carro, Crowley, probablemente inspirado en las esfinges de Levi, colocó **cuatro animales**. Cada uno es una combinación particular de los cuatro querubines que forman la esfinge. Esto nos recuerda la visión de Ezequiel del carro de fuego. Existe una línea mística judía llamada Merkabah (carro en hebreo), relacionada con esta visión. También podemos ver aquí una referencia al mito de Arjuna y Krishna no Bhagavad Gita cuyo mensaje es el del desapego y la no identificación.

148

  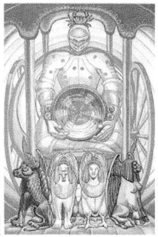

Fig.VI.41. El Carro

Estas cuatro esfinges representan también los aspectos de la cuaternidad humana mezclados y mirando en direcciones diferentes siendo que ninguna de ellas está mirando hacia atrás, es decir, hacia el pasado. Todas las posibilidades están abiertas, menos volver. Esto enfatiza las ideas de ruptura, inicio del camino y desvinculación con el pasado.

El auriga sentado en medio loto está totalmente oculto en su armadura, también ámbar con la visera de su yelmo bajada pasándonos una imagen marcial como corresponde a Gueburah, la esfera de Marte. Diez esmeraldas están incrustadas en la armadura dorada. Son las **diez estrellas** de Assiah o Mundo material de los cabalistas. La **armadura y el yelmo**, encima del cual tenemos un cangrejo símbolo de Cáncer, representan el ego, las defensas y máscaras, los traumas cristalizados y las tensiones musculares con las cuales el auriga todavía se identifica y con los que intenta protegerse de los peligros del viaje de la vida.

No parece estar muy interesado en el paisaje, su atención está dirigida al **disco giratorio**, cuyos fluidos son rojos (Yang, masculino) en el centro y azules (Yin, femenino) en la periferia, firme por dentro y suave y flexible por fuera, como sugieren los maestros de artes marciales. Este disco es una forma del Grial símbolo de la plenitud, objetivo del auriga que está sentado sobre la **Luna** que en su forma más receptiva o femenina indica que la base de todo este viaje, de esta búsqueda de la plenitud está en el inconsciente, tal como está expresado en el Árbol de la Vida y en las leyendas más antiguas de la mitología griega. El camino del Carro está pavimentado con **piedras doradas**, se trata del Camino Real o senda del autoconocimiento.

Mientras el Tarot Mitológico y el Tarot Cósmico muestran carros en movimiento, los de Marsella, Waite y Crowley están quietos. Y en el caso de los Tarots de Marsella va a continuar estándolo porque como pueden ver las ruedas están perpendiculares a la tracción de los caballos.

Significados generales. El Carro es la primera iniciación del Loco. Representa el **Principio del desapego** que lo lleva a cerrar un ciclo (7) y abrir uno nuevo. La percepción de la vida que realmente quiere vivir que tuvo en los Amantes lo lleva a desapegarse y largar todo aquello que ya no lo nutre, no lo estimula ni entusiasma, todo aquello que se tornó peso muerto. Puede ser que todavía no sepa muy bien cómo se concreta ese nuevo camino de vida, pero sabe muy bien lo que ya no quiere más. En este momento se siente impelido inconscientemente a buscar la plenitud a través de algo nuevo y para ello se siente dispuesto a abandonar las estructuras, los condicionamientos, rutinas, vínculos y hábitos antiguos, lanzándose a la aventura de lo desconocido. Movido por la necesidad de encontrarse a sí mismo se desapega de lo que traba la expresión de su esencia. Tenemos aquí una afirmación personal, el individuo consigue funcionar adecuadamente en el mundo externo, con un cierto grado de autonomía. Ejerce su fuerza de voluntad para ser autónomo, para librarse de lo que no quiere más. Este movimiento procede del inconsciente en su búsqueda de la plenitud. No es sólo una cosa del consciente como en El Emperador. Este ser quiere ser el dueño de su destino, comienza a percibir que su vida no es el producto de las circunstancias sino el resultado de las respuestas que da a esas circunstancias. Sabe que estas respuestas vienen del inconsciente, él no las controla. Tiene por lo tanto que permanecer receptivo a su inconsciente pues sólo así encontrará la plenitud que busca y que está simbolizada en la atención prestada al disco giratorio. Esta carta es la representación del camino espiritual.

El Carro representa una renovación creadora, en él se encierra un ciclo de mudanzas cuantitativas que llevan a una transformación cualitativa. Los autores vinculados a la línea jungiana ven aquí la constitución de la "persona", la máscara, el personaje que encubriendo al verdadero yo, el actor incorpora para representar y funcionar en el teatro de la vida.

Para otros esta carta significa la victoria, como en el Tarot Egipcio, que la titula "El Triunfo". No cabe duda que El Carro representa una gran liberación. Sin embargo, se trata de una liberación parcial, pues el auriga continúa enfundado en su armadura. Es una carta de inicios y no de resultados. Una victoria importante se da en el Arcano XIV, El Arte, la segunda iniciación del Loco que aquí ya sabe lo que quiere y trabaja en ello de una manera consciente.

EN LA LECTURA TERAPÉUTICA

Momento actual. Esta persona está sintiendo el impulso interno de cerrar un ciclo de su vida y abrir otro, largando lo que ya no lo llena, estimula ni anima, lo que se transformó en peso muerto: Objetos, actividades y/o relaciones que ya no le satisfacen. Está con ganas de algo diferente, buscando algo nuevo relacionado con un sentimiento íntimo que todavía no se manifestó en los planos concretos pero que cada día está pulsando con más fuerza. La busca de plenitud se manifiesta hoy en la conquista de su independencia y autonomía y eso significa eliminar lo que no le nutre o estimula.

Ancla. Podemos encontrar dos casos:

Por falta indica que esta persona tiene una gran dificultad para desapegarse, coloca la seguridad y la estabilidad como prioridades en la vida y a partir de ellas justifica sus actos y su prisión, especialmente si aparece junto con el Cuatro de Discos o de Copas (El Poder y El Lujo). Se identifica con su papel social, con su función y se desconecta de su esencia. La dificultad de aceptar el desafío del cambio y la falta de participación con las personas puede ser tratada con la esencia de *Honey Suckle*.

Por exceso el consultante se muestra compulsivamente autosuficiente, desapegado e independiente. Dice: "No necesito nada ni a nadie". Oculta sus sentimientos, sus impulsos instintivos y sus necesidades materiales y emocionales. Para él cualquier compromiso o vínculo es un freno en su camino hacia "altas metas", importantes realizaciones o proyectos exóticos y pseudo-espiritualistas con los que intenta llamar la atención y engordar su ego. Tiene dificultad para cumplir un rol social. Por debajo de su brillante armadura tenemos una persona muy carente, celosa y posesiva. Si se te cuela en casa, absorberá tu atención contándote sus aventuras, te vaciará la nevera y si te descuidas se te meterá en la cama. Sentirás que te succionan tu energía y cuando se va sin mostrar lo que siente, verás una sombra triste y orgullosa alejarse.

Construyó una estructura de defensa de tipo oral, especialmente si las cartas de la Infancia (Tres de Espadas - La Aflicción, o Cinco de Copas -La Frustración) nos muestran que existió un fuerte rechazo. Esta mezcla de egocentrismo y carencia afectiva que podría estar subrayada por el Dos de Copas - El Amor en el Ancla, está pidiendo *Heather*.

Infancia. Justamente la infancia es la época menos propicia para el desapego. El niño necesita cerciorarse plenamente que sus papás son sus papás, que su casa es su casa y sus juguetes son suyos, así se sentirá seguro y después podrá ir desapegándose poco a poco. Con El Carro en esta posición el niño/a se sintió abandonado, no recibió la necesaria protección, amor y apoyo que requería para afirmarse. El mensaje que recibió fue claro: "Arréglatelas como puedas", "No vamos a estar siempre solucionándote la vida", "Tienes que ser fuerte e independiente". Faltándole la seguridad y el cuidado que debía proporcionarle la familia, el niño/a desarrolló una máscara de invulnerabilidad y para no sufrir con el rechazo, decidió, como los niños de la calle, no mostrar sus necesidades de amor y apoyo y mostrarse exageradamente independiente y autosuficiente.

Relaciones. a) Su relación le deja clara la necesidad de largar todo lo que perdió la gracia y así cerrar un ciclo de vida y abrir otro. En algún caso puede ser que la propia relación esté incluida en el paquete a desechar, especialmente si aparece con un Cinco de Copas – La Frustración. b) Vende una imagen de libre y desapegada cuando en realidad tiene mucho miedo de crear vínculos. Siempre está de paso, proyectado en el futuro o rumiando el pasado, persiguiendo algún objetivo muchas veces distante y aparentemente elevado, que no le permite envolverse ni entregarse. La flor de *Sweet Pea** lo ayudará a crear vínculos y a desarrollar su noción de hogar.

Voz de la Esencia y Método. Llegó el momento de concluir un capítulo de su vida y abrir uno nuevo. Para ello sugeriremos que trabajando el desapego haga una limpieza largando todo lo que no nutre, le anima y estimula, deshaciéndose del peso muerto, desde objetos materiales como la ropa que no se usa, los libros que nunca va a releer, vínculos laborales, exigencias financieras, compromisos familiares, relaciones amorosas que de amorosas ya no tienen nada, etc. Sería conveniente hacer una lista de todo aquello que apenas ocupa espacio y tiempo e identificar y trabajar los miedos y otros posibles bloqueos que dificultan esa limpieza. Es imposible escanciar vino en una copa que está llena. Crear un vacío facilita la llegada de lo nuevo. Recomendaremos el uso de *Sagebrush** que lo conectará con su esencia ayudándolo a liberarse de lo que ya no sirve a su evolución.

Camino de Crecimiento. Usando las llaves que aparecieron en las posiciones anteriores la persona percibió que no puede continuar cargando un montón de cosas, actividades, relaciones, etc. que se vaciaron de significado y empieza a eliminarlas abriendo así la posibilidad de cerrar un ciclo de su vida y abrir otro.

Finalmente, la persona le hizo caso a su sentimiento interno, creyó en sí misma y en su derecho de conducir su vida tal como le place, de manera que para de apegarse a sus rutinas, obligaciones y hábitos.

Resultado interno. Esta persona, producto de todo el proceso que vimos hasta aquí, consiguió identificar, entender y desactivar las dificultades internas que tenía para, escuchando su voz interior, juntar el temple necesario para descartar lo que ya no le nutre. Rompió vínculos insatisfactorios, se deshizo del peso muerto y está sintiendo qué es lo que le toca realmente sus fibras sensibles, lo nutre y estimula para abrir un nuevo ciclo.

Resultado externo. La persona está encarando el mundo con la actitud que acabamos de ver en el Resultado Interno. Puede estar dejando su empleo, transformando sus relaciones familiares, abandonando actividades que ya no le dicen nada, dejando de vivir en función de los demás, de su cuenta corriente o de una busca enfermiza de seguridad. Está dispuesta a lanzarse en una nueva etapa de vida en la que sus actividades y vínculos tengan un sentido profundo para ella.

CAPÍTULO VII - EL SEGUNDO SEPTENARIO

EL AJUSTE (LA JUSTICIA)

Títulos. "La Justicia" en la mayoría de las barajas, fue rebautizada por Crowley como "El Ajuste", considerando que la justicia es un concepto estrictamente humano y no se puede considerar como una característica de la naturaleza: "*A pesar de ser exacta, la naturaleza no es justa bajo ningún punto de vista*". Es "El Valor" en el Osho Zen Tarot y sus títulos esotéricos son "La Hija de los Señores de la Verdad" y "El gobernador de la Balanza".

Número. El ocho representa el **Equilibrio Cósmico**. Dos veces cuatro, muestra plena encarnación del Espíritu en una materia que se torna creadora y autónoma, originando sus propias leyes en armonía con las leyes cósmicas: "*Como es arriba es abajo; como es abajo es arriba*". *Kybalión*

Fig. VII.01. El Ocho

Las cuatro direcciones cardinales y las cuatro intermedias forman el ocho de la Rosa de los Vientos que transmite la idea de totalidad. La representación gráfica del Ocho, el octógono, es un intermediario entre el círculo y el cuadrado, entre el Espíritu y la Materia, entre lo no manifestado y lo manifestado.

En la cosmogonía china el mundo está gobernado por los ocho trigramas. En Japón es un número totalizador. Este país es llamado "Las

154

Islas del Gran Ocho", queriendo decir que al archipiélago lo forman innumerables islas. Esta tradición se sintoniza con el hecho de que el Ocho en posición horizontal es el símbolo matemático del infinito. Waite asignó a esta carta el número Once, considerando que la mujer que sujeta la balanza debe estar en medio de la secuencia como el fiel de la balanza, dejando el Ocho para la carta a la que tradicionalmente se le atribuía el número Once: La Fuerza.

CORRESPONDENCIAS

Letra hebrea. ל. Lamed es la letra atribuida a este Arcano. Es una letra simple, femenina, su color es verde esmeralda y su valor numérico es treinta. Suena como nuestra L. Significa "el yugo del buey", abriendo así una relación interesante con El Loco, cuya letra, como ya vimos, significa buey. Sin el yugo la fuerza del buey no puede aprovecharse, así como sin el necesario ajuste los potenciales del Loco no son operativos. Jeroglíficamente Lamed representa una serpiente desenrollándose o también el ala de un pájaro estirándose para alzar el vuelo.

Camino cabalístico. El camino de Lamed (22º) une y equilibra Tiphareth (la Belleza) con Gueburah (la Severidad). Es como un guía interno siempre dispuesto a transmitirnos las lecciones necesarias para nuestra evolución que exige una reevaluación continua de nuestro modo de vida, ya que en él confrontamos nuestra programación infantil (karma) que pesa y determina como un yugo, exigiendo para ello las mejores cualidades de Gueburah, para poder mantener conscientemente el equilibrio.

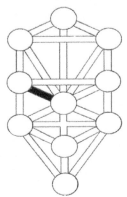

Fig. VII.02. El Sendero 22.

Atribución astrológica. ⌐▢⌐. Todos los tarots atribuyen Libra a este Arcano. Libra es un signo de Aire, cardinal y gobernado por Venus. Su búsqueda venusina de amor, de placer y de belleza está filtrada por el intelecto. Gobierna los riñones, que son órganos eliminadores que purifican

155

la sangre. Libra es el primer signo social, para él relacionarse es tan importante como respirar. Crece armonizando, embelleciendo y equilibrando su ambiente.

Tiene horror de las groserías, las discusiones exaltadas y las peleas, de modo que para evitarlas a veces se deja dominar por personas de temperamento más fuerte. Esconde su agresividad natural detrás de ideales de paz, armonía y belleza, intentando siempre resolver amistosamente los conflictos. El libra pertenece al grupo, no se siente a gusto solo, necesita los otros para dialogar y argumentar. Busca el éxito social y puede ser un gran adulador ya que tiene una enorme necesidad de ser apreciado por todos; pero no soporta las multitudes. Prefiere la tranquilidad, la vida fácil, alegre y cómoda, como buen venusino que es. Es inconstante e indeciso, tiende a huir de los problemas. Sin embargo, su capacidad de colocarse en el lugar de los demás lo hace desarrollar un profundo sentido de la equidad, la justicia y el equilibrio, pese a que esta tendencia puede llevarlo a olvidarse de sus emociones. Su verbo es "**Yo equilibro'** y su frase integradora es "Yo genero armonía con belleza y autenticidad". Los Libra poseen generalmente una constitución física más débil que la de los nativos de otros signos. Les encanta la vida sedentaria y, claro, pagan por eso. Tienden a enfermarse de los riñones y del aparato urinario en general.

Fig. VII.03. Libra. Jofra

Símbolos. La figura central de esta carta es una mujer joven y delgada que se equilibra en la punta de una espada que sujeta con las dos manos. Está disfrazada de **Arlequín**, personaje irreverente de la *Commedia dell'Arte*, farsa italiana del siglo XVI, viva imagen de lo irresoluto, incoherente y sin principios. Este personaje, complemento femenino del

Loco, está coronado con las **plumas** de Ma'at, diosa egipcia de la verdad, de la justicia y de la ley. Hija de Ra, dios del sol.

Fig. VII.04. Ma'at

"De estas plumas de avestruz de la Doble Verdad, tan delicadas que el más sutil aliento mental las agita, cuelgan de las cadenas de la Causa y el Efecto, los platillos o esferas donde el Alpha (lo primero) y el Omega (lo último) se equilibran. No es posible dejar caer un alfiler sin provocar una reacción correspondiente en cada estrella".

El Libro de Thoth. A. Crowley

Fig.VII.05. La Justicia de Marsella y Waite. El Ajuste de Crowley.

La mujer ajusta y equilibra el Universo; su expresión revela la íntima satisfacción que siente al contrabalancear cualquier elemento de desequilibrio. La mujer está delante de una especie de trono formado por **esferas y pirámides**, cuatro encima y cuatro debajo, que transmiten la idea de ley, orden y límite, y que muestran gráficamente la misma serenidad y equilibrio que la mujer, en un plano más impersonal. En las cuatro esquinas de la carta tenemos esferas verdes y azules, perfectamente equilibradas, de las que surgen líneas de fuerza que forman una cortina y se integran en el diamante o *Vesica Piscis* (Literalmente, la vejiga natatoria del pez que le proporciona equilibrio) desde donde la mujer ejecuta su trabajo. Esta figura, producto de unir dos círculos, nos recuerda una vagina y fue muy usada en los arcos de las catedrales góticas y enmarca muchas representaciones de Jesucristo y los santos.

Fig. VII.06. La Vesica Piscis

La espada que aparecerá en el As de Espadas, es la Espada de los Magos con sus tres soles y dos lunas en la empuñadura. Puede ser veloz y devastadora eliminando lo superfluo, puede hacer la guerra y también puede forzar la paz. Como la mente que afirma y niega, la espada es un símbolo de polaridad.

Significados generales. Este Arcano ilustra **el Principio Universal que ajusta y equilibra el universo**, desde el Cosmos como un Todo hasta cada una de nuestras células y partículas subatómicas. Para mantener dicho equilibrio tales fuerzas van construyendo aquí, destruyendo allí, ajustando los fenómenos particulares. Este ajuste o reorganización continua de la

Existencia puede ser comprendido en los términos de la **Ley de causa y efecto**, así como Mme. Blavatsky divulgó el concepto de **karma** (cuyo significado literal es acción) limpiándolo de las ideas de premios y castigos, de pago por nuestros pecados y errores.

El karma es la acción que nos coloca en la posición que nos corresponde en el camino de nuestra individuación, en función de lo que ya recorrimos y de lo que nos falta por recorrer hasta llegar a ser plenamente lo que somos. Todos los bebés nacen igualmente divinos y perfectos, salvo problemas intrauterinos, no importa si en su última encarnación fueron un Hitler o un Gandhi. Sus padres a través de la programación infantil, durante los 7 primeros años de vida, van a "karmatizarlos" colocándolos en el mismo punto de evolución que estaban en la vida anterior, dándoles la oportunidad de desactivar los desafíos y conflictos que no resolvieron en vidas anteriores. Después el adolescente irá atrayendo las situaciones que le dan chance de resolver estas cuestiones y crecer.

Se trata de ajustar y encontrar un equilibrio entre los impulsos internos y el mundo externo donde vivimos esos impulsos. No se trata de reprimirlos temiendo una respuesta negativa del mundo externo porque entonces se van acumulando y pueden alcanzar una masa crítica que un día pasa por encima de nuestra capacidad de control y explota hacia fuera haciendo una barbaridad en el mundo externo o hacia dentro destrozando el cuerpo físico. Se trata de respetarse y expresar todos los impulsos, eso sí buscando la manera más adecuada de hacerlo. Siempre es mucho más fácil cuando ese impulso no está acumulado. Si la actitud de una persona me molesta una vez puedo mostrárselo amablemente, pero si no lo hago y voy acumulando rabia va a ser difícil decírselo de una manera gentil y adecuada. Por otro lado, si somos respetuosos con nuestros impulsos seremos más respetuosos y tolerantes con el mundo. Aunque determinadas creencias o hábitos de determinadas personas, grupos o etnias nos parezcan trogloditas, reaccionarias o machistas no vamos a pelearnos con dichas personas si no nos atacan. Colocaremos el bikini en Ipanema, pero no en Kabul.

EN LA LECTURA TERAPÉUTICA

Momento actual. El consultante está sintiendo la necesidad de reajustarse. Percibe que existen demasiadas fricciones internas y/o externas en su vida y que forzar las cosas sólo lo aleja del equilibrio. Tanto exigirse a ser "lo que se debe ser", "lo que cree que es" o "lo que imagina que puede llegar a ser" o a "lo que los otros quieren que sea", sólo crea tensiones internas pues lo obliga a reprimir buena parte de sus impulsos internos, que se van acumulando y un día pueden explotar creando conflictos con el mundo externo.

Ancla. Por exceso diremos que esta persona se esconde detrás de una imagen de modelo de conducta. Siente la necesidad compulsiva de agradar y ser aceptado por la sociedad. Para ello deja de ser lo que es, para intentar ser lo que se imagina que los demás esperan de él, ajustándose así a la etiqueta y moral vigentes. No se dio cuenta todavía de que ser mejor o peor no tiene sentido. ¿Con qué parámetros definimos lo mejor o lo peor? De lo que se trata es ser plenamente lo que se es. Finge descaradamente y hace cualquier concesión para ser aceptada, para evitar enfrentar lo que probablemente más teme: ser abandonada, ya que le tiene horror a la soledad.

"La soledad no es lo sucede cuando estás solo, sino lo que sientes cuando no puedes conectarte contigo mismo." Osho

Esta negación de sí misma y tanto juego de cintura oportunista e hipócrita la dejan muy ansiosa y vulnerable, y con gran dificultad para tomar decisiones. Quien paga el pato son las emociones, que acaban en el baúl de los recuerdos.

Una vertiente interesante de este caso es la del ego rígido que se exige mostrarse justo, aparentemente equilibrado, racional y disciplinado sin concesiones para lo subjetivo, encarnando el juez de sí mismo y de los demás, que, igual a la ley, debe ser en todo momento universal e impersonal. Orgulloso de su conducta inmaculada, pregona a los cuatro vientos que no le debe nada a nadie, critica despiadadamente a los pecadores y se otorga el derecho de tirar la primera piedra, la segunda y la tercera si le dejan. El caso general estaría acentuado con el Dos o el Siete de Espadas –la Paz y la Futilidad– sugiriendo el uso de *Agrimony,* que ayuda a rescatar los verdaderos sentimientos, a perder el miedo a la soledad y a valorarse. Su comportamiento preso a las normas sociales para ser aceptada puede ser revertido con el uso de la esencia floral de *Goldenrod*,* que fortalece la convicción interior. El Emperador, El Hierofante o el Cuatro de Espadas –la Tregua– reforzarían la autorrepresión y el fanatismo del segundo caso, indicando la necesidad de usar la flor de *Rock Water,* que estimula la tolerancia, la comprensión y la flexibilidad. Puede ser usado junto con la esencia de *Beech* si el Cinco o la Reina de Espadas señalan la presencia de rasgos excesivamente críticos.

Por falta muestra una persona incapaz de ajustarse mínimamente al ambiente donde está. Vive en permanente conflicto consigo misma y con el mundo. Probablemente carga un historial de severa represión de sus impulsos que se van acumulando hasta que explotan de manera inadecuada o hasta delictiva creando así serios problemas con la sociedad. No siendo respetuosa y tolerante con sus impulsos internos tampoco lo es con las creencias, hábitos y costumbres de los demás y acaba poniéndose el bikini en Kabul.

La esencia de *Saguaro** puede ayudar a resolver conflictos con las figuras de poder, a aceptar la ley y armonizar los vínculos con la autoridad.

Infancia. Uno de sus padres (tal vez los dos) quiso que su hijo/a fuese un modelo de conducta, criticó, juzgó y desvalorizó todo lo que el niño/a hacía y decía, con una actitud fría y racional. Condicionó su aprobación a que el niño/a adoptara patrones de conducta igualmente fríos, calculistas, racionalistas y aparentemente justos. Éste/a grabó el sentimiento de estar siendo vigilado constantemente, inhibió su espontaneidad y bloqueó notoriamente la expresión de sus sentimientos. Es obvio que detesta ser criticado y como mecanismo de defensa puede haber desarrollado la labia de un abogado para salvarse y no responsabilizarse.

Relaciones. a) La relación ayuda a la persona a encontrar maneras adecuadas de expresar sus impulsos sin chocar con el mundo ni crear tensiones internas producto de reprimirlos. b) El consultante actúa y vive sus relaciones afectivo-sexuales "como Dios manda", se muere de miedo de tomar cualquier iniciativa no sacramentada que derrumbe su máscara de persona justa y recta, modelo de conducta dentro de la relación, tipo "la perfecta casada o casado" que se ajusta milimétricamente a los deseos o expectativas de su pareja.

Voz de la Esencia y Método. Integrar este arquetipo pasa por hacer reajustes. En primer lugar, sugeriremos que la persona identifique claramente las fricciones que tiene en su vida, examine cuidadosamente las circunstancias que generan esas tensiones entendiéndolas como conflictos producto de contener impulsos o producto de la expresión no adecuada de dichos impulsos generalmente acumulados. Después va a tratar de identificar y desactivar las dificultades internas que tiene para dejar de hacerlo y finalmente va a buscar la manera más adecuada de expresar sus impulsos en el mundo externo.

Las cartas de la Infancia y del Ancla nos darán más elementos. El Siete de Copas - La Corrupción en el Ancla o en el Momento actual indicando el apego a patrones de conducta viciados y autodestructivos, nos llevará a sugerir la esencia de *Morning Glory**, que ayudará a ajustar su ritmo de vida a los ciclos de la Naturaleza, rescatando así buena parte de su fuerza vital. Esta transformación no puede darse sin la honesta aceptación del lado sombrío, para lo que recomendamos usar la esencia de *Scarlet Monkeyflower**.

Camino de crecimiento. Usando las llaves que aparecieron en las posiciones anteriores la persona percibe que intentar ajustarse a lo que imagina que los demás esperan de ella solo aumenta sus tensiones y trae sufrimiento y frustración. Así empieza a hacer reajustes buscando las maneras más apropiadas de expresarse manteniéndose honesta y auténtica consigo misma y como consecuencia disminuyen las fricciones.

Resultado interno. Esta persona, producto de todo el proceso que vimos hasta aquí, consiguió identificar, entender y desactivar las dificultades internas, creencias, miedos y otros bloqueos que la impedían expresar fluida y adecuadamente sus impulsos internos en el mundo externo. Libre de fricciones se siente internamente equilibrada. Desarrolló su capacidad de adaptación al medio ambiente y a las circunstancias externas manteniéndose auténtica.

Resultado externo. Vemos al consultante encarando la vida y sus quehaceres prácticos con la actitud interna que acabamos de ver en el Resultado Interno. Sin tensiones internas puede usar el sentido común, encontrando las maneras más eficientes para llevar a la práctica sus impulsos e iniciativas. Sin extremismos ni radicalismos, puede ajustarse al mundo externo sin prostituirse.

EL ERMITAÑO

Títulos. En la mayoría de los Tarots es "El Ermitaño" o "El Eremita". En el tarot de Besançon, se titula "El Encapuzado" y en el Osho Zen Tarot, "La Soledad". Sus títulos esotéricos son "El Profeta de lo Eterno" y también "El Mago de la Voz del Poder".

Número. El Nueve, la manifestación del Tres –número del Espíritu– en los tres planos cabalísticos de la existencia: Neshamah o espiritual, Ruash o psíquico y Nephesh o biológico, es el número asignado a El Ermitaño.

En muchas tradiciones –azteca, maya, taoísta y budista– existen nueve cielos, dándole un carácter **elevado** a este número. Parménides (515-414 a.C.) afirma que el Nueve concierne a las **cosas absolutas**. Para los taoístas es el número de la **plenitud**.

Fig. VII.07. El Nueve

El *Tao Te King* contiene 81 (9 x 9) capítulos. También podemos considerar el Nueve como el Cinco, el número del ser humano, sobrepuesto al Cuatro, número de la materia, representando así el aspecto más espiritual y elevado del ser humano. Nuestra numeración decimal está basada en el nueve, que es el cero en un ciclo superior de numeración, así como el diez (10 = 1 + 0 = 1) es el uno de un nuevo ciclo. La raíz del nueve significa "nuevo". La forma gráfica de este número nos recuerda una espiral abierta, mientras que el cero puede ser considerado una espiral cerrada. Matemáticamente existe un fuerte parentesco entre estos dos números: a) cualquier número sumado a nueve o a cero y reducido, acaba dando el mismo número: 5+9=14=1+4=5; 5+0=5; b) Cualquier número multiplicado por nueve y reducido da nueve, del mismo modo que cualquier número multiplicado por cero da cero: 5x9=45=4+5=9; 5x0=0. El nueve es también el número de la inspiración, de las relaciones armoniosas y de las artes clásicas, pues nueve son las musas, que en la mitología griega representan el total del conocimiento humano.

CORRESPONDENCIAS

Letra hebrea. י. La Golden Dawn y también Crowley atribuyen la letra **Yod** al Ermitaño. Es simple, blanca y femenina, a pesar de que representa el Principio Masculino en el Tetragrámaton. Su valor numérico es 10 y como el Uno, en la matemática, Yod es la base de la construcción del alfabeto hebreo. Significa mano y simboliza el inicio, la semilla, el principio masculino fecundante. Jeroglíficamente representa la manifestación potencial. Suena como nuestra i.

Camino cabalístico. El camino de Yod une Tiphareth (la Belleza) con Jesed (la Misericordia), el Arquitecto de la Manifestación. En este camino están los inicios de la manifestación. El sentido humano asociado a este camino es el del tacto.

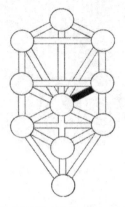

Fig.VII.08. El Sendero 20

Atribución astrológica. El signo atribuido a este arcano es Virgo, signo de Tierra, mutable y regido por Mercurio. De los tres signos de Tierra es el más femenino y receptivo, vinculado especialmente al cereal, alimento fundamental de las grandes civilizaciones de todos los tiempos, y a Deméter. Deméter en Grecia, Ceres en Roma, diosa de la fertilidad de la tierra y de los cereales, fue la que conservó una mayor proximidad con la Gran Diosa, que con la llegada del patriarcado vio repartidos sus atributos entre las diferentes diosas. En la Escuela de Misterios de Eleusis dedicada a Deméter se mantenían vivos rituales neolíticos dedicados originalmente a la Gran Diosa. Virgo gobierna los intestinos, el sistema nervioso y en general todo el abdomen. Crecen conservando la pureza de los principios que facilitan la reproducción de los seres y de las cosas y hacen que los esfuerzos sean útiles. Les encanta analizar, catalogar, discriminar y se fijan en los menores detalles, señalando lo que les parece equivocado. Piensan que su misión es ordenar el mundo. Generalmente expresan mejor sus talentos como subalternos que como líderes. Suelen ser tímidos y reservados, lógicos y con un sentido crítico peligrosamente desenvuelto. Son ordenados, metódicos, precisos y muchas veces insoportablemente perfeccionistas. No les gusta precipitarse ni se dejan llevar con facilidad por los impulsos. Sus pasiones son moderadas y prefieren la diplomacia y la conciliación a la guerra y a la disputa. Se preocupan mucho con la alimentación, la salud y la seguridad material. Son eternos aprendices. Tienen notable tendencia a enfermarse del sistema digestivo, a intoxicarse y a sufrir de disturbios en el sistema nervioso, sensorial y motor; son hipocondriacos y tienen la manía de tomar medicinas. El verbo de Virgo es "Yo discierno" y su frase integradora es "Yo acepto y colaboro con la perfección y el orden universal".

Fig. VII.09. Virgo. Jofra

Símbolos. En el centro de la carta tenemos **la mano** del Ermitaño, la herramienta más perfecta. La palabra mano tiene la misma raíz que manifestación y nos trae ideas de actividad, poder, habilidad y dominio. La mano abierta es símbolo de inocencia: puede dar y recibir libremente sin impedimentos morales ni restricciones mentales. Sujeta una **lámpara** en cuyo centro arde el Sol, que simboliza la llama viva de la conciencia. La luz, manifestación de la lámpara, según el Zen, representa la sabiduría. En Occidente es símbolo de santidad y de la vida contemplativa. Su oscilación en los rituales hindúes sugiere el rechazo de los pensamientos del mundo profano.

Fig. VII.10. El Ermitaño

165

La posición del Ermitaño se asemeja a la letra Yod. Da la espalda al observador, es decir, al mundo externo y dirige toda su atención hacia la contemplación del **Huevo Órfico** que guarda la esencia de la vida. Alrededor del huevo se enrosca la **serpiente**, Señora del Principio Vital, de las transformaciones necesarias para perpetuar la vida y de la sabiduría inherente a este proceso. El huevo representa el final de un ciclo biológico y el posterior retorno a la vida. El Huevo Órfico simboliza la capacidad de dar nacimiento a nuevas formas físicas y emocionales. La carta está dividida en dos partes, una superior y otra inferior, por el rayo de luz horizontal de la lámpara. El área inferior está ocupada por el **espermatozoide**, que en las otras barajas aparece como un bastón, símbolo de la energía masculina (Yod) en el mundo material. Tanto en el espermatozoide, representado como lo concebía la teoría espermista: el *Homunculus*, como en el bastón está contenida la fuerza del inconsciente masculino, símbolos de vitalidad y regeneración. Según esta teoría el ser humano estaría completo en el espermatozoide. Su falsedad fue demostrada por Lazzaro Spallanzani con la mejora de los microscopios en 1751. En la tradición bíblica (Moisés) y en la budista el bastón hace brotar fuentes. También es un símbolo de autoridad, representando al maestro en cuyos consejos se apoya el discípulo. Abajo está el perro de tres cabezas, el **Cancerbero**, guardián de las puertas del infierno griego, de la sombra del inconsciente. Con dos cabezas está mirando hacia delante y con la otra otea hacia atrás, es decir, observa el pasado, indicando que en el camino del autoconocimiento no es posible dejar asuntos sin resolver por más escondidos que estén en el inconsciente, es decir, en el pasado.

El Ermitaño está rodeado de **espigas de trigo**, símbolo de Virgo, de Deméter y de la fertilidad en su sentido más exaltado. Aquel que se conoce ya puede compartir con los demás su experiencia de transformación, ya puede ser nutritivo. En palabras de Crowley: *"En esta carta se revela todo el misterio de la vida en las operaciones más secretas. Yod = Falo = Espermatozoide = Mano = Logos = Virgo"*.

Significados generales. Representa el **Principio de la Introspección**, del ir hacia adentro. En términos humanos es el autoanálisis, los autores junguianos ven aquí el **arquetipo del Sabio**. El Ermitaño es aquel cuya prioridad es conocerse. Se distancia del mundanal ruido, y observa y analiza su mundo interno, iluminando gradualmente su inconsciente con la llama de su conciencia.

Siendo una forma de Mercurio, su enfoque introspectivo es necesariamente analítico y metódico. Observa y analiza esa zona de la mente donde se reflejan los impulsos del inconsciente. Va ampliando la conciencia de sí mismo en la medida que analiza y profundiza en su propia experiencia, observa y comprende cómo reacciona ante las diferentes situaciones. No puede haber comprensión sin experiencia, sin embargo, las menores experiencias pueden proporcionar comprensión cuando nos metemos en ellas en profundidad. El Ermitaño se da cuenta de que el crecimiento sólo se da a través de uno mismo y de la propia experiencia y no a través de algo externo. Si la actitud de La Sacerdotisa es meditativa, y lleva a la Sabiduría, el camino del Ermitaño es el autoanálisis y lleva al Conocimiento. La actitud de El Ermitaño es la del científico, del Jacques Cousteau que munido de instrumentos bucea en el lago Titicaca y fotografía los hasta entonces desconocidos sapos gigantes. La actitud de La Sacerdotisa es la de Jacques Mayol, el primer buzo que a pleno pulmón bajó a más de 100 metros, que se encuentra más a sí mismo en el fondo del mar y se divierte jugando con los delfines. El Ermitaño no está interesado en divulgar conocimientos, promulgar doctrinas ni instruir discípulos, como El Hierofante. Apenas sigue el mandato socrático "Conócete a ti mismo" inscrito en el oráculo de Delfos. El Ermitaño tampoco es un personaje solitario, un yogui que vive aislado del mundo huyendo de cualquier impacto que pueda provocar respuestas en su inconsciente. Por el contrario, tales respuestas son fundamentales para él. El yogui solitario corre el riesgo de ser atropellado por el autobús en el momento en que deja su retiro y se depara con un *outdoor* de ropa íntima.

El Ermitaño cambia el foco. Deja de ponerlo en las circunstancias para colocarlos en cómo y porqué éstas le afectan. Sabe que si algo le mueve es porque hay un área sensible. Se pregunta por qué esto me irrita, por qué esto me duele, por qué esto me entristece, por qué esto me da miedo, por qué esto genera una determinada oscilación de voltaje emocional o instintivo. Deja de colocar la responsabilidad (o la culpa) en terceros, en el mundo cruel y se responsabiliza por lo que le pasa. Para de intentar cambiar las circunstancias pues sabe que él las atrae para ayudarlo a crecer, para aprender alguna cosa de sí mismo y hasta que no la aprenda se repetirá.

Al identificar sus áreas sensibles, puede cuidarlas y curarlas, dejando así de ser impactado por las circunstancias de manera que permanece en su centro desde donde puede ser fértil y nutrir al mundo con su simple presencia. Sin dedos apuntando hacia el cielo, nos recuerda a los sabios taoístas: "*Quien sabe no habla, quien habla no sabe. El Sabio cierra la boca ... y se hace impenetrable al mundo exterior al que abre sólo su corazón. ... Entonces el Sabio se funde con el Todo*" (Tao Te King, cap. 36).

Así como el Cero y el Nueve están vinculados numerológicamente, El Loco y El Ermitaño son los dos caminantes del Tarot. Como dice Esquenazi: "*Quien reprime el deseo (El Loco), reprime la autoconciencia (El Ermitaño). La sabiduría que huye de la locura no es sabiduría. Esa sensatez no es más que miedo.*"

El Ermitaño estando centrado se siente en casa en cualquier lugar. Quien no está en su centro siempre necesitará un lugar para volver, sintiéndose extranjero en todos los demás. Para el que está en su centro, la idea de perderse carece de significado.

EN LA LECTURA TERAPÉUTICA

Momento actual. El consultante está sintiendo la necesidad de conocerse mejor, probablemente para dejar de sufrir. Se dio cuenta de que su sufrimiento no es consecuencia de las circunstancias, sino de cómo éstas le afectan. Preguntándose por qué cada situación le afecta de la manera que le afecta va yendo hacia dentro y empieza a conocerse.

Ancla. Por exceso tendremos una persona que dice con frecuencia "Mejor sola que mal acompañada". Una persona tímida, compulsivamente introvertida, siempre analizando y juzgando a los otros y a sí misma. Tiene dificultad para relacionarse (siempre tiene asuntos particulares más importantes que resolver) y expresar sus emociones y necesidades de amor y sexo. Es sexualmente inmadura y tiene una fuerte tendencia a hacer de la frugalidad, de la austeridad y de toda forma de abstinencia y privación, los principios fundamentales de su movimiento personal. Siempre está muy preocupada consigo misma, especialmente con su alimentación, (todo le sienta mal) su salud y su seguridad, para la que puede trabajar como un autómata. Cuando abre la boca es para enaltecer la purificación, el ayuno, la abstinencia o para condenar el hedonismo. Con su aislamiento del mundo intenta esconder sus carencias emocionales y sus miedos a exponerse y especialmente a ser rechazada. Es un personaje sombrío, maniático, aprehensivo, quisquilloso, quejica y solitario (nadie lo aguanta) que niega sus impulsos instintivos. Puede incluso considerarse un santo canonizable. Con el Cinco de Espadas – La Derrota, es venenoso, destructivo y autodestructivo. Con el Ocho de Copas – La Indolencia podríamos detectar la presencia de tendencias depresivas, obsesiones y la búsqueda velada de la compasión ajena.

"La seriedad es una enfermedad. El sentido del humor es una de las partes más esenciales de la espiritualidad". Osho

Esta tendencia al aislamiento, producto de una desconfianza e inseguridad extremas, debidas a actitudes paternas hostiles en la Infancia, denunciadas por un Nueve de Espadas – la Crueldad, puede ser tratada con la esencia de **Baby Blue Eyes*,** que trabaja restaurando la confianza y la inocencia infantiles. La de **Oregon Grape*** le facilitará hacer amistades disolviendo el miedo a la hostilidad ajena. La esencia de **Beech** amainará su exagerado espíritu crítico y la de **California Wild Rose*** le devolverá el entusiasmo por la vida y por los demás.

Por falta esta persona tiene una incapacidad crónica de ir hacia dentro y observarse. Cuando le asaltan emociones no gratas, si es hombre corre al bar y si es mujer se va de compras. Acaba siendo una perfecta desconocida de sí misma. La esencia de **Black-Eyed Susan*** puede ayudar a que reconozca sus emociones ocultas.

Infancia. Fue una infancia solitaria y sin placer. Se vio privado de la compañía de otros niños y su hogar era exageradamente serio ("de fiestas y jarana, ni pensar"), austero, donde carcajada era considerada una falta de respeto. Tal vez existiera un anciano o un enfermo cuyo reposo no podía ser perturbado. Faltó atención y sobró crítica para las iniciativas y opiniones del niño/a. Este contacto con los adultos de su familia lo llevó a aislarse y a desarrollar un sentido analítico muy pronunciado. Sintió que no tenía derecho a ser amado, cuidado ni escuchado y que lo mejor sería escapar, desaparecer en el mundo interior.

La Sacerdotisa y El Ermitaño en esta posición indican introversión; sin embargo, con la primera el acento está en la invalidación de la acción, de la palabra y del movimiento y con el segundo está en la falta de contacto amoroso y de placer acompañadas de críticas, soledad y seriedad.

Relaciones. a) La relación está ayudando a la persona a conocerse mejor. Probablemente su pareja la está tocando en ciertos puntos sensibles que desencadenan emociones intensas. El autoconocimiento se dispara cuando deja de poner el centro de la cuestión en su pareja y lo pone en comprender por qué la conducta de su pareja la mueve como la mueve. Se da cuenta de que su pareja le está dando la posibilidad de conocerse al identificar y tener que trabajar dichas áreas sensibles. b) Tenemos aquí una persona que no se relaciona. Sus miedos a exponerse corporal, emocional e incluso (aunque menos) intelectualmente cohíben una comunicación real. Puede disertar sobre la castidad cuando siente que la cortejan.

Tal vez fue muy rechazada en la infancia (Tres de Espadas – La Aflicción) y hoy tiene miedo de mostrar sus heridas, prefiriendo guardar las distancias. Sugeriremos el uso de la flor *Pink Monkeyflower**,* que alimenta la valentía para abrirse emocionalmente.

Voz de la Esencia y Método. Esta persona se desconoce, hace demasiado tiempo que no presta atención a sí misma, que no mira sus adentros, ya no sabe quién es ni lo que quiere, tal vez nunca lo supo. Interpreta el *script* sin ningún cuestionamiento.

169

Integrar el arquetipo de El Ermitaño significa fundamentalmente:

1. Darse cuenta de que el problema no son las circunstancias sino cómo afectan. Y esto depende de uno, pues la misma circunstancia afecta a dos personas diferentes de manera diferente. Si algo duele, irrita, da miedo, entristece, etc. es porque existe un área interna vulnerable que es necesario identificar, comprender y curar, de manera que victimizarse o pelearse con las circunstancias, solo sirve para atraerlas de nuevo con más fuerza.

2. Reconocidas y aceptadas las áreas sensibles hay que revisar el pasado para revivir las circunstancias originales (generalmente en la infancia) que las crearon y que son evocadas por las situaciones actuales que nos impactan. En el momento en que revisamos el pasado nos damos cuenta que lo que fue dramático e impactante hasta el punto de crear una herida, cuando éramos niños dependientes y vulnerables hoy por hoy con nuestro tamaño, independencia y experiencia no nos afecta. Esta percepción lleva a curar al área sensible y a partir de ahí las circunstancias dejan de afectarnos de manera que podemos permanecer en nuestro centro y sin miedo a abrir el corazón. Sugeriremos que la persona sea su propio Freud, observando, registrando y analizando todo lo que genera oscilaciones de voltaje emocional e instintivo, en vez de ignorarlo porque puede molestar. Esos serán los contenidos que facilitarán el autoconocimiento y la cura.

La esencia floral de *Chesnut Bud* le será de gran ayuda para extraer de sus experiencias las lecciones necesarias para conocerse mejor. Si aparece con La Muerte indicaremos terapia, de preferencia análisis bioenergético que integra mente, emociones y cuerpo físico.

Resultado interno. Esta persona, producto de todo el proceso que vimos hasta aquí, consiguió identificar, entender y desactivar las dificultades internas que tenía para ir hacia dentro, asumiendo sus emociones, entendiendo que el mundo no está lleno de canallas que por alguna razón misteriosa se complacen en hacerla sufrir, sino que atrae exactamente aquello que por tocar en una herida la obliga a trabajar para curarla. Curar esas heridas la lleva a centrarse, a ser menos vulnerable al mundo de manera que puede entregarse a la vida. Podemos decir que hoy el consultante se conoce a sí mismo, sabe lo que quiere y lo que no quiere, observa el mundo desde su centro sin caer en sus delirios y emana una agradable sensación de estar centrado y en paz.

Resultado externo. La persona enfrenta al mundo con la actitud que hemos visto en el Resultado Interno. La vemos madura, centrada, sabiendo preservar su luz de los embates de la inconsciencia general sin pretender ser la dueña de la verdad. Esta actitud la lleva a ser un elemento fértil en la sociedad en la que se mueve. Puede interesarse por alguna área relacionada al autoconocimiento o a la terapia analítica.

LA FORTUNA

(La Rueda de la Fortuna)

Títulos. Tradicionalmente "La Rueda de la Fortuna", en el Tarot Egipcio es "La Retribución" y también fue conocida como "La Rueda de las Reencarnaciones". Crowley abrevió y la tituló "La Fortuna". En el Osho Zen es "El Cambio". Su título esotérico es "El Señor de las Fuerzas de la Vida".

Número. Cabalistas y pitagóricos recurrieron al número Diez, atribuido a este Arcano, cuando pretendieron dar una explicación de la Realidad.

Fig. VII.11. El Diez

Los pitagóricos definieron la Tetrakys, formada por diez puntos dispuestos en una pirámide plana de cuatro pisos, de donde todo sale y a donde todo vuelve, como la mejor imagen de la totalidad en movimiento. Pitágoras compara la Tetrakys al oráculo de Delfos: expresa la perfección y proporciona conocimientos del individuo y del mundo tanto en el plano material como en el espiritual. La Tetrakys era invocada como la divinidad de la armonía.

Fig. VII.12. La Tetrakys (Interpretación moderna)

Los cabalistas definieron diez sefiroth o esferas de la manifestación con las cuales diagramaron el Árbol de la Vida, que representa el Cosmos y sus manifestaciones: Desde lo no-manifestado, Ain Soph Aur, la Luz Vacía e Ilimitada, atravesó como un rayo el espacio cósmico dando lugar a diez emanaciones de sí misma llamadas sephiroth. El camino recorrido por el rayo a través de dichas esferas representa el propio proceso de la manifestación que se inicia a partir de Kether, un punto de condensación que permite a la luz de Ain Soph Aur enraizarse. A partir de Kether emanan las otras nueve esferas en un movimiento de oscilación del rayo, de derecha a izquierda y viceversa, revelando como el proceso de creación está marcado por la polaridad. El Árbol de la Vida también es un instrumento de investigación de la realidad y un método práctico para la evolución de la consciencia.

La primera referencia escrita del Árbol está en el "Libro de la Claridad", que apareció en el sur de Francia entre los años 1150 y 1200. Aryeh Kaplan, que recientemente lo tradujo al inglés, insiste en datarlo como del siglo 1º a.C. Existen diferentes representaciones del Árbol de la Vida, pero la más usada por los cabalistas actuales es la de Kircher en su obra "Oedipus Aegypticus" de 1652.

Continuando con la evolución del Árbol, los cabalistas de este siglo llegaron al Árbol tridimensional que integra en sus columnas el Principio del Cinco: cuatro elementos equilibrados inspirados por el espíritu.

172

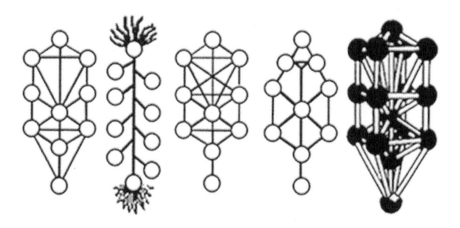

Fig. VII.13. 11 Evolución del Árbol de la Vida. A) Estructura de Kircher, 1652. B) Adaptación de Robert Fludd, 1526. C) Figura de Porta Lucis, Ausburgo, 1516. D) Figura de "Pa'amon ve Rimmon", 1708. E) Árbol Tridimensional

En la tradición china el ser humano tiene diez almas: tres superiores llamadas *houen* y siete inferiores, *pö*. El 10 implica una terminación, contamos con la escala del uno al diez por tener diez dedos. Un final que incorpora simultáneamente un comienzo: 10 = 1. Contiene la semilla creadora de la etapa que ha de empezar. El Diez representa un ciclo completo y el retorno a la unidad, la creación y el movimiento.

CORRESPONDENCIAS

Letra hebrea. כ o ך si está al final de la palabra. Qaph significa la palma de la mano, donde tradicionalmente los gitanos leen la fortuna y también mano medio cerrada o puño, que simbólicamente representa el acto de agarrar alguna cosa. Se trata de una letra doble (la única letra doble que tiene dos maneras de escribirse y dos valores numéricos), masculina y azul, cuyo valor numérico es 20 o 500 si se encuentra al final de la palabra. Su sonido duro es Q y el suave es J.

Camino cabalístico. El camino de Qaph, 21º, une y equilibra Netzach, la Victoria, que representa la naturaleza del deseo, con Jesed (la Misericordia), entre cuyos atributos está la memoria. Conecta el Mundo de la Formación (Yetzirah), de la personalidad con el de la Creación (Briah), la Individualidad. Las emociones más espiritualizadas de Netzach conducen al caminante hacia las imágenes abstractas de Jesed.

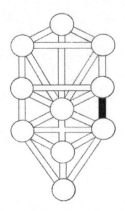

Fig. VII.14. El Sendero 21.

Atribución astrológica. ⊠ Λ. Júpiter es el planeta de la expansión y el crecimiento. El Júpiter celta tiene como principal atributo una rueda. Representa la expansión del conocimiento y la búsqueda espiritual. Encarna el factor desconocido, incalculable, inherente a cualquier fenómeno, frente al determinismo saturnino. Siendo masculino podemos ver en él al padre que estimula el crecimiento, en cuanto que el Sol es el padre que da la vida y Saturno el que limita y disciplina. La energía que hace mejorar nuestras vidas cuantitativa y cualitativamente es de naturaleza jupiterina. Es el factor esencial del optimismo y del entusiasmo que nos induce a llevar la vida con más generosidad, amplitud y profundidad. Un Júpiter mal aspectado puede dar lugar a todo tipo de excesos. A nivel físico produce tendencia a engordar, artritis, tensión alta y problemas derivados de una sangre de baja calidad: erupciones, furúnculos y problemas hepáticos. Júpiter gobierna Sagitario y con Neptuno rige Piscis.

Símbolos. El centro de la carta está ocupado por una **rueda**, símbolo de movimiento e irradiación, de vida y de mutación incesante, así como de la revelación de lo desconocido. La rueda participa de la idea de perfección sugerida por el círculo. La ley también está simbolizada por la rueda: la *Dharmachakra* o Rueda de la Ley. Tenemos también la rueda del karma, la del *samsara* o de la inconsciencia, la rueda de las rencarnaciones, la rueda de Ezequiel, etc. Esta tiene diez radios que representan la totalidad del espacio y el retorno a la unidad esencial.

Fig. VII.15. La Fortuna (La Rueda de la Fortuna)

Como en los tratados de alquimia medievales, tres figuras aparecen en ella. En este momento **la esfinge** se encuentra en lo alto, el mono **Hermanubis** (dios compuesto del griego Hermes y el egipcio Anubis en el que predominan elementos simiescos está subiendo y el monstruo **Tifón** desciende. Las tres figuras representan las tres formas de energía que gobiernan la sucesión de los fenómenos que en Occidente se conocen como el Azufre, el Mercurio y la Sal alquímicos y en Oriente son las gunas que *"encierran en un único concepto ideas de fase, potencial, cualidad, elemento, formas de energía, etc. Están continuamente girando, de manera que nada puede permanecer en un estado en que predomine una de ellas"*, afirma Crowley en "El libro de Thoth".

Las *gunas* son tres. ***Tamas*** representa la oscuridad, la ignorancia, la inercia y la muerte. En la carta está representada por Tifón, hijo de Hera y de la serpiente Pitón, cuando la fiel Hera se encolerizó porque Zeus creó a Atenea de su propia cabeza, sin su colaboración. Tifón debía matar a Atenea, mas Zeus con su rayo la venció enterrándola bajo el Etna, a partir de entonces se torna un volcán. Tifón representa la instintividad que impedide de expresarse amorosa y creativamente y así trascender se embrutece, compulsiva y destructivamente. *Tamas* y Tifón están relacionados con la Sal alquímica. Cuando *tamas* gobierna el mundo tenemos guerras, pestes, desastres naturales, involución, esclavitud, fanatismo, dolor y muerte por todas partes.

Rajas es la energía en movimiento, la agitación, el brillo y la inquietud intelectual, el impulso dinámico encarnado por Hermanubis, que

175

era el guía que conducía las almas hasta Osiris y también la personificación de la muerte. Siendo Hermanubis una forma simiesca de Mercurio, Crowley acaba relacionando *rajas* con el Mercurio alquímico mientras otros autores escogen el Azufre. Cuando *rajas* predomina se dan los grandes saltos científicos y tecnológicos: la rueda, la máquina de vapor, el motor de explosión, la aviación, las computadoras y la internet.

Y **Sattva** es la Supraconciencia, sus atributos son la calma, la serenidad, el conocimiento, la lucidez y el equilibrio. Es representada por la esfinge, símbolo de estabilidad en medio de los cambios. Ésta es la síntesis de las fuerzas elementales, representadas por los cuatro querubines. Otras tradiciones enfatizan el papel de guardiana del umbral de los misterios. Crowley la vincula al Azufre alquímico. Cuando *sattva* gobierna son las eras doradas de la humanidad donde el amor, la conciencia, la prosperidad y la solidaridad prevalecen.

El movimiento de la rueda indica que nada puede permanecer inmutable, como expresa el *I Ching:* "*Lo inmutable es la mutación*". Lo que permanece es aquello que cambia, que se ajusta al correr del tiempo. "*Por más densa e inerte que sea una situación, llegará el momento en que comenzará a agitarse y a mudar*", dice Crowley.

El movimiento de la rueda crea **diez espirales**, mostrando su poder de regeneración. Encima vemos estrellas azules y amarillas dispuestas ordenadamente, detrás de las cuales se adivina el anillo de Nuit. **Nueve rayos,** símbolos de la centella divina que da vida y fertiliza toda la existencia, se precipitan. El rayo, arma fulminante de Zeus (Júpiter en Roma) es comparado con la emisión del esperma divino. Para los mayas, el rayo es la palabra escrita de Dios, mientras que el trueno es su voz.

En el centro de la rueda está El Sol (arcano XIX=19=1+9=10=Fortuna), símbolo de la individualidad y de la conciencia.

Significados generales. Esta carta ilustra el **Principio Universal del Movimiento y la Expansión.** Muestra el Universo cambiando permanentemente. Estos cambios, a pesar de estar gobernados por leyes no están predeterminados ni existen inteligencias gobernándolos. Así como la Vida tiene el propósito de mantenerse viva y multiplicarse podemos decir con Osho que "*la Existencia no tiene ningún propósito*". La Fortuna hace referencia también a los factores desconocidos e imprevisibles que influyen en la dinámica global.

En un nivel más humano esta carta muestra la abertura de oportunidades, de posibilidades, de encuentros y de propuestas. Es en el desafío de aceptarlas o no que la persona crece, rescata y pule su ser y va al mismo tiempo transmutándose en función de las nuevas experiencias.

EN LA LECTURA TERAPÉUTICA

Momento actual. La persona está en contacto con un impulso interno de expandir sus horizontes, tal vez su mundo se le quedó pequeño, tal vez se sienta sofocada por sus límites actuales, especialmente si sale con la Torre, de manera que se siente fuertemente atraída por lo desconocido. Siente la necesidad de encontrar nuevas personas, actividades, culturas, ideas, lugares geográficos, cursos interesantes, descubiertas internas y vislumbres espirituales. La segunda carta puede indicar en qué aspecto de la vida viene con más fuerza este deseo de expansión. No aceptarlo colocándose una máscara del tipo avestruz sería perder una linda oportunidad de crecer y hacerlo sin dolor.

Ancla. Tenemos aquí dos posibilidades: Por exceso la persona busca compulsivamente lo nuevo y eso la saca del presente, pues lo nuevo está en el futuro, dejándola desarraigada y dificultándole llegar a resultados concretos en lo que tiene entre manos. Así no concluye nada, y le falta base para realmente ir hacia delante de manera que permanece insatisfecha. La falta de centro y arraigo la llevan a derrochar su energía en movimientos inefectivos y no aprovecha las oportunidades que pueden aparecer. En un nivel más interno esta compulsión en relación a lo nuevo se manifiesta como una dificultad muy grande para interiorizar (La Fortuna y El Ermitaño son opuestos complementarios) de manera que no extrae lecciones de sus momentos difíciles. Así acaba arrastrada por los acontecimientos. Detrás de todo aparente cambio esta persona se encuentra siempre repitiendo la misma historia. Si sucede algo agradable se pone eufórica, si es desagradable se desespera, pasando de la euforia a la desesperación sin un instante de serenidad y sosiego. Puede intentar compensarlo con comida, bebida, sexo, distracciones, etc., especialmente si aparece con el 7 de Copas, e intentar continuar engañando a los demás y a sí mismo con una fachada de que todo está maravilloso. Si muestra un falso bienestar le sugeriremos el uso de *Agrimony* para ayudarla a aceptar con honestidad sus verdaderos sentimientos, mientras que la esencia de ***Chesnut Bud*** ayuda a estar más atenta y observarse mejor.

Por falta la persona se muere de miedo de todo lo que sea nuevo, así que se enclaustra en lo conocido negándose a ver lo que está más allá de sus cuatro paredes. Esta interpretación estaría sugerida si La Fortuna aparece con La Luna o un cuatro, en cuyo caso sugeriremos la flor de ***Aspen,*** que fortalece el coraje y la fuerza interior.

Infancia. Puede indicar que el niño/a era naturalmente aventurero y esa actitud fue reprimida, criticada y condenada por la familia. También puede mostrar que el niño/a, como el hijo de un diplomático que cambia de país, escuela, casa y amigos a cada pocos años, vivió demasiados cambios y situaciones inesperadas e intensas que lo dejaron inseguro. Se sintió a merced de los acontecimientos, sin estabilidad, referenciales sólidos ni figuras paternas que le diesen una sensación de estabilidad y protección y que le colocaran límites amorosamente. Cabe pensar que el chiquillo/a se sintió abandonado y desprotegido. Así pues, su relación con los cambios y lo desconocido se tornó problemática.

Relaciones. a) Indica que la relación ayuda a la persona a expandir sus horizontes, abriéndose para nuevas personas, trabajos, ideas, interesándose por otras culturas o lugares geográficos. Claro que esto se puede dar de maneras muy diferentes. La menos agradable sería si la pareja transforma la relación en algo insoportable que obliga a la persona a cazar nuevos rumbos. b) Esta persona es incapaz de establecerse emocionalmente. Su atracción por las novedades y su miedo a comprometerse es tan grande que no profundiza en ninguna relación y acaba dispersándose y/o viviendo varias relaciones superficiales al mismo tiempo.

Voz de la Esencia y Método. Probablemente esta persona redujo durante mucho tiempo sus horizontes, tal vez vivió enclaustrada y/o dedicándose a alguien o a algún asunto específico. Por más que se aferre a su zona de confort, generalmente cada vez más inconfortable, la esencia está pidiendo novedades. Lo conocido se tornó obsoleto, en ese espacio ya no hay espacio para el crecimiento. La persona necesita identificar, trabajar y desactivar, miedos, creencias, patrones de conducta y otros bloqueos internos que le dificultan atreverse a explorar lo desconocido, expandiendo sus horizontes, haciendo contacto con nuevas personas, ideas, actividades, culturas, lugares geográficos, etc. Ampliando su radio de acción emocional, profesional y mental y por lo tanto de experiencia. También si se amarra a lo conocido, si se atrinchera detrás de la Gran Muralla va a dificultar la llegada de lo nuevo. Es importante crear una grieta por donde pueda colarse la sorpresa. También sugeriremos que la persona busque nuevas oportunidades, que mande su currículo a nuevas empresas, busque socios, abra filiales de su negocio en otras ciudades, etc. Si en el Ancla encontramos cartas que indican apatía y tendencia al enclaustramiento y a la introversión enfermiza (El Ermitaño, La Sacerdotisa o el Ocho de Copas - La Indolencia) la esencia de *California Wild Rose** la ayudará a renovar el entusiasmo por la vida.

Camino de crecimiento. Usando las llaves que aparecieron en las posiciones anteriores la persona está perdiendo el miedo a lo desconocido y comienza a expandir sus horizontes y a aprovechar nuevas oportunidades que tal vez siempre estuvieron ahí pero no las veía. Estas nuevas experiencias le ayudarán a desarrollar una mayor firmeza y autoconfianza.

Resultado interno. Producto de todo el proceso que vimos hasta aquí, consiguió identificar, entender y desactivar las dificultades internas que tenía para salir de su área de seguridad y lanzarse a lo desconocido. Dejó la periferia de la rueda y desde el centro, contempla los fenómenos, aprende con las situaciones y escoge para vivenciar las que más la gratifican. Sin expectativas, interactúa con el mundo, sin fricciones destructivas. Lo que ha de ser hecho será hecho.

Resultado externo. Esta persona está encarando en mundo con una actitud expansiva y aventurera, con su atención dirigida a todo un conjunto de nuevas situaciones: trabajos, negocios, relaciones de todo tipo y conocimientos sin perder su centro.

EL ENTUSIASMO (La Fuerza)

Títulos. En la mayoría de las barajas se titula La Fuerza, refiriéndose a lo que en el pasado se consideraba la fuerza moral, el autocontrol necesario para dominar las llamadas "bajas pasiones". Así, muestran una mujer impecablemente vestida, que cierra la boca de un león. Tendríamos aquí los aspectos más sutiles del ser (intelectual y espiritual) sometiendo el lado animal (emociones e instintos). El alma, la casa de Dios, controla el cuerpo, la casa del diablo; de este modo los instintos son podados pero el alma será recompensada con el paraíso. Se nos pasa bajo cuerda todo el odio y el miedo que las religiones le tienen al cuerpo, al placer y especialmente al sexo. Los nuevos tiempos mostraron que mortificar el cuerpo para purificar el alma es una aberración y desde W. Reich la terapia incluye el aspecto corporal, como decían los romanos: *"Mens sana in corpore sano"*. Asimismo, maestros como Osho, don Juan y Rolando Toro nos advierten que sin el rescate del cuerpo poco o nada se puede avanzar en el camino espiritual.

"Una persona que no está en contacto con su cuerpo nunca podrá estar en contacto con su espíritu, porque ésta es una región más profunda. Usted no tiene conciencia de lo espiritual porque tiene mucha tensión en el cuerpo y mucha tensión en la mente. La tensión corporal fue creada por aquellos que en nombre de la religión predicaron actitudes anti-corporales". Osho

No se trata de que una de nuestras partes controle a las demás, sino que integrándolas obtendremos los mejores resultados: "la unión hace la fuerza". En el Tarot Egipcio se le da una connotación más mental a este control, titulándola "La Persuasión". Así pues, se hizo necesaria una limpieza; estos prejuicios no podían pasar el umbral de la Nueva Era sin ser desenmascarados.

Crowley, rompiendo con el viejo paradigma, la llama *"Lust"*, cuya traducción literal sería la Lujuria, un título adecuado para la Naturaleza (¿Existe algo más lujurioso que la naturaleza en primavera?) pero que se queda corto para el ser humano, pues le da una connotación limitada a la sexualidad. Podemos considerar la Lujuria en un sentido más amplio, no restringido al puro deseo sexual sino generalizado a todos los aspectos de la vida. Son las lujuriosas ganas de vivir que sentimos como entusiasmo y fuerza arrebatadora, que dirigimos hacia determinadas actividades o que surgen en determinadas circunstancias y que nos llevan a florecer en energía, diversidad, creatividad y belleza, liberando placer y gratificación. Por eso prefiero llamarla El Entusiasmo. En el Osho Zen Tarot se la llama "El Avance". Los cabalistas la conocen como "La Hija de la Espada Flamígera" y "El Señor del León".

Número. Con la excepción del Tarot de Waite, que intercambió los números de La Justicia y de La Fuerza y de todos los Tarots que en él se inspiraron, esta carta se corresponde con el número Once.

Fig. VII. 16. El Once

Si con el Diez concluíamos un ciclo que nos llevaba a un retorno a la unidad: 10 = 1 + 0 = 1 = Unidad = Todo lo que existe, con el Once partimos hacia una nueva polarización: 11=1+1 = 2, recibimos un impulso hacia lo desconocido. El Once y el Dos, siendo ambos números primos, por

180

reducción son iguales y en las cartas a ellos asociados (La Sacerdotisa y El Entusiasmo) la figura central es una mujer.

El patriarcado en general y el cristianismo en particular que veían el Uno como representante de su dios masculino, no tenían mucha simpatía por el Dos, que representando lo femenino sería un número de oposición y lucha casi diabólico. El Once acabaría representando la trasgresión de la ley y de los límites determinados por el Diez. San Agustín, se refería a este número llamándolo "el blasón del pecado". En la mitología egipcia el Once es el número de Nuit. En África el Once está relacionado con los misterios de la maternidad pues son once las aberturas que tiene el cuerpo de una madre. Los masones representan este número con el Hexagrama Pentáfico, el pentagrama inscrito en el hexagrama, como vemos en la Fig. VII.16.

Para la tradición china el Once es el número por el cual se constituye en su totalidad el camino del Cielo y de la Tierra: *tch'eng*. Algunos lo consideran el número del Tao.

CORRESPONDENCIAS

Letra hebrea. ט. Teth, la letra atribuida al Entusiasmo, es simple, femenina, de color amarillo-verdoso y su valor numérico es nueve. Significa serpiente y representa el arquetipo de la Energía Femenina Primordial, según el ocultista C. Suares. Teth es el asilo del hombre, su escudo y protección. Su sonido es T.

Camino cabalístico. El camino de Teth, el 19º, une y equilibra Jesed –la Misericordia– con Gueburah –la Severidad–.

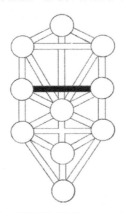

Fig. VII.17. El Sendero 19.

Es el puente que integra la polaridad de la construcción y la destrucción. Sabemos muy bien que el ser humano se fortalece cuando desea construir alguna cosa y encuentra obstáculos y resistencias, los enfrenta y sigue adelante. Dice Madonna Compton en "Los arquetipos del Árbol de la

181

Vida": *"Gueburah y Jesed son la luz y la sombra del drama del mundo"*. Es el segundo camino horizontal, equilibrado al borde del Abismo.

Atribución astrológica. . Leo es un signo de Fuego, fijo y regido por el Sol. Como el rey de la selva, el Leo se siente el centro del mundo. Este signo gobierna en el cuerpo físico el corazón, la espalda, la médula espinal, la aorta, las coronarias y los ojos. Los Leo son voluntariosos, activos y les encanta el lujo y las cosas finas y elevadas. Tienen tendencia a querer dominar a los demás. Las mezquindades y las groserías les repugnan y suelen ser nobles y generosos, pero pueden llegar a ofenderse si los demás se olvidan de los favores prestados, pues imaginan que tales personas les deben todo en la vida. Su nobleza puede transformarse en altivez, soberbia, arrogancia, prepotencia y hasta desprecio por los que le rodean. Les gusta tomar decisiones, son perfeccionistas, intuitivos, honrados, exhibicionistas y mundanos y necesitan brillar y sentirse importantes tanto delante de los demás cuanto ante sí mismos. Es apasionado y normalmente se entrega con facilidad a sus impulsos amorosos e instintivos. Suele ser espontáneo, extrovertido, buen actor y con tendencia a sufrir de megalomanía, fiebres, deshidratación y problemas cardíacos cuando reprime su extraordinaria carga emocional. Son sus verbos: "Yo quiero" y "Yo creo" y su frase integradora es: "El poder creador del universo está fluyendo a través de mí, ahora bajo la luz del amor y de la humildad".

Fig. VII.18. Leo. Jofra

Símbolos. La figura central de la carta es una **mujer desnuda** montada voluptuosamente sobre un enorme **león de siete cabezas**. Es Babilón o Babilonia, la mujer que cabalga sobre la Bestia, que tanto horror causó a Juan el Evangelista como revelan los capítulos 13, 17 y 18 del

182

Apocalipsis. En todas las narrativas del Antiguo y Nuevo Testamento debemos siempre estar alertas a las proyecciones de sus autores, a los misterios cabalísticos colocados cuidadosamente por los iniciados y a los símbolos manipulados convenientemente por los levitas para acumular poder y sacramentar sus intereses.

La virgen inmaculada de las barajas antiguas, que con su pureza conseguía frenar y dominar a la bestia instintiva e irracional, aparece en términos de igualdad en el Tarot de la Golden Dawn, transformándose en el de Crowley en la mujer sensual que cabalga al león. En esta relación entre la Bella y la Bestia nadie domina a nadie: la mujer se entrega a sus impulsos, no está controlando su cabalgadura. Las bridas rojas son un símbolo de la pasión que une a ambos: nuestros aspectos humanos más sutiles, con nuestra naturaleza animal. Tanto el león como la mujer aparecen en **amarillo dorado**, el color más ardiente. Intenso, violento, agudo hasta la estridencia, cegador como el metal fundido, es el color del Sol, considerado de origen divino y símbolo de la eternidad. En China sólo la familia imperial podía usarlo. Es también el color de las espigas maduras del verano. Crowley nos dice que son siete las formas o expresiones de la pasión representadas por las **cabezas del león**: *"la del ángel, del poeta, de una mujer adúltera, de un hombre valiente, de un sátiro, de un santo y de una serpiente con cabeza de león"*, la Kundalini, la serpiente, Teth, el aspecto más espiritualizado del Fuego.

Fig. VII.19. La Fuerza de Marsella y Waite. El Entusiasmo de Crowley.

Esta mudanza de actitud respecto al cuerpo y al sexo es uno de los signos de los nuevos tiempos. Junto con la liberación de la mujer (motor de la Era de Acuario) es una de las transformaciones más claras que confirman

183

la entrada en una nueva era. Los tiempos de la división están dando lugar a un tiempo de integración. La aceptación de nuestros aspectos es el primer paso rumbo a la felicidad. La mujer y el león son la viva representación del nuevo paradigma, donde cada ser forma parte del Todo, en un Universo continuo. Tenemos también el nuevo modelo de lo femenino, la mujer en éxtasis, dueña de su cuerpo y de su sexualidad rompiendo con el papel cruelmente degradado que las religiones patriarcales le impusieron, con el viejo modelo de la Virgen María, esposa sumisa, madre sacrificada, que no tuvo placer ni cuando fue fecundada por la palomita. Los machos que congelaron su corazón cuando se entregaron a la caza del poder, siempre quisieron mantener a las mujeres presas e incultas, pues se morían de miedo de la mujer que vive en contacto con las fuentes de su placer interior. Ver en http://rohaut.blogspot.com.br/2013/07/la-mutilacion-genital-femenina.html el mapa de la mutilación genital femenina.

La mujer y el león resplandecen, irradian sensualidad, vitalidad, placer, alegría y fuerza de profundas raíces animales. En su mano derecha Babilonia sostiene el **Grial**, la matriz de su plenitud, de la cual surgen **diez cuernos-serpientes**, símbolo de la más exaltada creatividad, que se expanden en todas las direcciones. De la punta de la matriz colorada e incandescente surgen **diez rayos de luz blanca** que energizan las diez estrellas de Assiah, indicando que la energía de la matriz se concreta también en los planos materiales. Estos diez rayos luminosos dispuestos en semicírculo representan, según Crowley, el nuevo orden de la Era de Acuario.

Fig. VII.20. Nuit

Veamos cómo se presenta el Principio Femenino (Nuit) en el *Libro de la Ley*: "*Soy el brillo desnudo del voluptuoso cielo nocturno... Yo que doy*

184

todo el placer y púrpura embriaguez en el sentido más íntimo, te deseo. Colócate las alas y despierta el esplendor enroscado dentro de ti: Ven a mí... Apareced niños bajo las estrellas y tomad mi amor hasta hartaros... Yo estoy arriba y dentro de vosotros. Mi éxtasis es vuestro éxtasis. Mi alegría es ver vuestra alegría... No amarréis nada... Que no haya diferencia entre vosotros y cualquier cosa y cualquier otra, pues de ahí viene el dolor. Hartaros de amor como bien queráis cuando, donde y con quien queráis... El Amor es la Ley, el Amor bajo la voluntad... No tienes otro derecho que no sea hacer tu voluntad. Pues voluntad pura, libre de ansia de resultados es el camino perfecto... Yo os amo".

Atrás de la mujer aparecen diez círculos rayados y sombríos que representan el viejo orden, los arcaicos sistemas de clasificación del universo. Entre las patas del león vemos las imágenes de los que se entregaron a Babilonia, alcanzaron el Grial y se fundieron con el Todo.

Significados generales. Tenemos aquí la vitalidad, la belleza y el brillo de los seres vivos. Es la vibrante y lujuriosa vitalidad de la naturaleza. En el mundo humano esta carta ilustra la integración del lado animal (instintos, emociones, impulsos vitales y necesidades biológicas y corporales) con el lado racional con sus correspondientes efectos colaterales: entusiasmo, vitalidad, alegría de vivir, autoestima y autoconfianza, haciendo también que la persona se sienta más sensual y sexy.

La creatividad biológica primordial que originalmente está dirigida para dar continuidad a la especie llenando el planeta de chamacos es elaborada por la mente y expresada en una amplia variedad de posibilidades como muestran los cuernos-serpientes. Aquí la energía animal brota natural y salvaje, integrándose amorosamente con el resto del ser, dando lugar a una sobredosis de energía que se canaliza en la creación, en la autorrealización y en la trascendencia, como nos enseña el Tantra.

Aquí ya no existe una identificación con una determinada imagen: "yo soy esto o aquello", sino que soy yo y me expreso tal como soy. Entonces se abre un enorme abanico de posibilidades latentes dentro de cada uno que antes no eran factibles. En este sentido en los tarots de Marsella y Waite tenemos el símbolo del infinito sobre la cabeza de la mujer que, como vimos en El Mago, representa la conexión con las infinitas posibilidades de la existencia.

EN LA LECTURA TERAPÉUTICA

Momento actual. La persona está entrando en contacto con un impulso interno de aceptar y acoger su lado animal (emociones, instintos, impulsos vitales y necesidades biológicas y corporales) dándoles una expresión adecuada a través de la razón. Se da cuenta que pasó parte de su vida reprimiendo o hasta condenando ese lado y percibe que como consecuencia la vida perdió la gracia, y la vitalidad y la creatividad se fueron apagando, pudiendo generar somatizaciones corporales.

Ancla. Indica una escisión energética entre el corazón y el sexo que podemos ver como una línea horizontal en el cuerpo de la mujer un poco por encima del ombligo. Un conjunto de seducciones y rechazos por parte del progenitor del sexo opuesto, generó dicha escisión. Cuando el niño/a se entregaba "edipianamente" de cuerpo y alma a la atracción que sentía por dicho genitor, era rechazado. Construyó una estructura de defensa de carácter rígida caracterizada por el miedo a soltarse y entregarse pues teme ser manipulada y rechazada. Tiene dificultad de sentir placer sin culpa. Se esconde detrás de una máscara de perfeccionista, orgulloso, ordenado y ambicioso y desarrolla un cuerpo como postura erguida y orgullosa con la cabeza y la columna muy erectas. Aunque su cuerpo suele ser proporcionado y armonioso, con una mirada brillante y vivaz, evita entregarse y amar.

Esto pude ser vivido de dos maneras:

Por exceso, con más de 60% de Fuego, muestra una persona que tiene un fuerte lado instintivo y una sensualidad intensa. Sin embargo, no confía en su creatividad ni en su capacidad de conseguir sus objetivos por sus propios medios, por lo que usa su sensualidad y poder de seducción como moneda. Tiene miedo de que le falte esa atención e interés que consigue cuando seduce y de los cuales se alimenta su ego. Vive su sexualidad intensamente pero no se envuelve emocionalmente. La esencia de *Hibiscus** la ayudará a recuperar la afectuosidad pudiendo vivir así integrar sexo y emociones.

Por falta indica que esta persona no solo reprime crónicamente su sexualidad, desconectándose de las fuentes internas de su energía, sino que da la espalda a los impulsos de su naturaleza animal en función de un conjunto de creencias de consenso social, que no inventó, para juzgar sus impulsos que son absolutamente suyos. Acaba creyendo que lo correcto es ese delirio colectivo que llamamos conducta normal y lo incorrecto son sus deseos, sus impulsos, sus ganas de….

"El hecho de que una opinión la comparta mucha gente no es prueba concluyente de que no sea completamente absurda. De hecho, viendo a la mayoría de la humanidad, es más probable que una opinión difundida sea idiota que sensata".

Bertrand Russell (1872-1970)

Sin duda entre los patrones más poderosos están los familiares, donde la identidad, la sensualidad, los impulsos instintivos son sacrificados en nombre de papeles: el de esposa, marido, madre, hija, etc.

"La sensualidad es una de las mayores bendiciones de la humanidad. La sensualidad es su conciencia filtrándose a través del cuerpo. El orgasmo no es algo necesario para la reproducción, sino que abre una ventana para la evolución superior de la conciencia".

Osho

Una educación puritana, indicada por El Hierofante o el Cuatro de Espadas – La Tregua en la Infancia, puede generar repugnancia o vergüenza ante su propio cuerpo y sus funciones fisiológicas. La necesaria aceptación del cuerpo se facilita usando la esencia de **Crab Apple**.

Infancia. Tenemos varias posibilidades: a) Una fuerte y continua represión o invalidación de la creatividad del niño/a así como de sus expresiones corporales, emocionales e instintivas, de su sensualidad e impulsos vitales, que podría venir reforzada por el Ocho de Espadas - la Interferencia. b) Los niños de 3 a 4 años pasan por una fuerte descarga hormonal que los lleva a vivir una fase de expresión precoz de su sexualidad y se enamoran del genitor del sexo opuesto, buscando con él una intimidad corporal y sexual, conocida como "Complejo de Edipo o de Electra". El niño con esta edad vive la sexualidad en todo su cuerpo y no específicamente en los genitales como es el caso del adulto. Busca el contacto sexual pero no la penetración. La represión o el castigo de dichas expresiones, así como el abuso sexual dejan al niño/a traumatizado y mal resuelto en la relación a su cuerpo. c) La seducción y el rechazo fueron la tónica de la infancia. El genitor seduce y cuando el niño/a se excita, entregándose y esperando el contacto amoroso, enchufa la tele y lo manda a su cuarto. Este acaba creando un vínculo entre excitarse, entregarse y sufrir.

Relaciones. a) La relación ayuda a la persona a identificar, respetar y acoger sus emociones e instintos, sus impulsos y necesidades biológicas y

187

darles una expresión elaborada integrando así los lados animal y racional. b) Tiene dificultad para entregarse y así, consciente o inconscientemente, usa sus atributos para seducir y manipular a su pareja, mientras congela sus emociones. Se siente nutrida con la atención y el interés que obtiene cuando seduce. Así trata de mantener permanente seducida a su pareja para garantizar la continuidad de su relación. Sin embargo, si tiene miedo de perder su libertad no se compromete pudiendo llegar a ser promiscua, pero sin envolvimiento emocional. Le pone toda la leña al fuego, mostrándose muy sensual, sexual, atractiva y creativa hasta que seduce y consigue el amor del otro. Después pierde los bríos ya que lo que realmente la excita es conquistar. No establece relaciones profundas y duraderas, pues su compulsión seductora le exige estar siempre disponible. Puede ser que esté esperando la pareja ideal que algún día llegará y para la cual tiene que estar disponible o puede que tenga miedo de ser rechazada si se entrega.

Voz de la Esencia y Método. Integrar este arquetipo empieza por escuchar, acoger y respetar los impulsos procedentes del lado animal (instintos, emociones, impulsos vitales y necesidades corporales y biológicas) y darles una expresión adecuada usando la razón. Finalmente, de la integración del consciente y del inconsciente depende el equilibrio del ser humano. Así recupera su energía y dará un gran salto hacia delante en su vida. En el momento en que la persona acepta sus impulsos ya no necesita imponerse nada, nada tiene que probar y a nadie tiene que convencer.

La esencia de *California Pitcher Plant** la ayudará a aumentar la vitalidad desenvolviendo los aspectos más instintivos del ser. Es básico incrementar las actividades que generan entusiasmo y placer y activan la creatividad. La danza del vientre, la samba o los trabajos corporales que sueltan la pelvis (como la pulsación tántrica o ciertos ejercicios del Análisis Bioenergético) son muy aconsejables en este caso. El uso de la esencia *Indian Paintbrush** revitalizará su expresión creativa enraizándola con las fuerzas telúricas. Sugerimos el uso de la esencia de *Sunflower** para desarrollar el autocentramiento y la autoconfianza.

Camino de crecimiento. Usando las llaves que aparecieron en las posiciones anteriores la persona está permitiéndose integrar su lado animal, tal vez por primera vez en la vida. Eso conlleva a gustarse cada vez más y a relacionarse y emprender actividades creativas con entusiasmo, energía y gratificación. No se trata de un entusiasmo compulsivo, producto de la exaltación mental o de la euforia (actitudes características del Caballero de Espadas) sino de un incremento de la vitalidad que puja para concretarse creativamente. Por otro lado, su sexualidad se expresa cada vez con mayor fuerza.

Resultado interno. Esta persona, producto de todo el proceso que vimos hasta aquí, identificó, entendió y desactivó las dificultades internas que tenía integrar sus lados animal y racional. Se siente más firme, alegre, sensual, leve y enamorada de la vida y de sí misma, más espontánea, receptiva, más instintiva y espiritual, más Zorba y más Buda. Con mayor autoconfianza se atreve a expresar su creatividad.

Resultado externo. El consultante irradia brillo y entusiasmo. Su vida sexual es plena y creativa. Sus ocupaciones le dan placer y una profunda gratificación. Su inventiva y su entusiasmo en la acción le dan un brillo especial a todo lo que hace. Opta por actividades donde puede expresar plenamente su creatividad. Cuidado que el ego no se apodere de todo esto, transforme el amor en arrogancia y descarrile el tren.

EL COLGADO

Títulos. Según Crowley se llamaría "El Ahogado" antes de recibir su título actual que es "El Colgado". Sería así más obvia su relación con el elemento Agua. A veces aparece como "El Ahorcado", cosa extraña pues está claro que no está colgado por el cuello. En el Egipcio es "El Apostolado". En el *Osho Zen* "La Nueva Visión". Los cabalistas lo llaman "El Espíritu de las Aguas Poderosas".

Número. El Doce es la manifestación de la trinidad –Espíritu– en las cuatro esquinas del horizonte y en los cuatro mundos cabalísticos, pasándonos la idea de realización final, de conclusión concreta.
Vivimos en un mundo estructurado espacio-temporalmente en torno a este número. El Zodiaco está formado por doce signos obtenidos no sólo la multiplicación de los cuatro elementos por las tres cualidades (cardinal, fijo y mutable) sino por la observación del firmamento. El año está formado por doce meses y el día tiene 2x12=24 horas. Los chinos dividen el tiempo en grupos de doce años y asignan un animal a cada uno. En el pensamiento africano la vibración sonora al formar el huevo cósmico definió los cuatro puntos cardinales y ejecutó tres giros en espiral encima de cada uno de ellos. Entonces se separaron el Cielo y la Tierra y aparecieron los Grandes Demiurgos que organizaron la creación. Para estos pueblos el Doce es el número de la acción mientras que en occidente es el número de lo completo, de lo total.

Fig. VII.21. El Doce

CORRESPONDENCIAS

Letra hebrea. מ o ם La segunda letra madre, Mem, es la letra atribuida al Colgado. Es azul, su valor numérico es 40 o 600 si está al final de la palabra y su sonido corresponde con la M de nuestro alfabeto. Significa Agua o Mares. Mem zumba o murmura y simbólicamente representa a la mujer, a la madre y a su sonido. Como AUM, es el retorno al silencio eterno.

Camino cabalístico. El camino 23 de Mem eleva la mente concreta de Hod –la Gloria, el Esplendor– hacia la poderosa fuerza de Gueburah –la Severidad–. Aquí Hod representa la concentración profunda del intelecto y Gueburah la ley de la justicia inexorable. En este camino las formas de Hod, es decir, los conceptos mentales son animados y puestos a prueba por el poder de Marte. Es el camino del Agua, mientras que El Loco es el camino del Aire, El Eón es el del Fuego y El Universo es el de la Tierra. La tarea para quien anda este camino es ser un canal para las infalibles leyes cósmicas afirman los cabalistas.

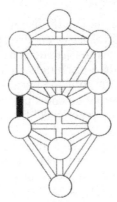

Fig. VII.22. El Sendero 23.

190

Atribución astrológica. El elemento Agua y el planeta Neptuno están asignados a este Arcano. Dice un texto chino del siglo XII: *"De entre todos los elementos el sabio tomará el Agua como su preceptor. El Agua es sumisa, pero conquista todo. Apaga el Fuego o viendo que puede ser derrotada escapa como vapor y toma nueva forma. Carga la tierra blanda y cuando es desafiada por las rocas, busca un camino a su alrededor... Satura la atmósfera de manera que el viento muere. El Agua cede el paso a los obstáculos con una humildad embustera, pues ningún poder puede impedirle seguir su camino rumbo al mar"*.

En la alquimia el Agua es considerada el Primer Principio, lo que subyace a todas las cosas. La vida apareció en el agua, confirma la ciencia, y en el agua del útero nos desarrollamos para después encontrarnos con los elementos Aire y Tierra. Así podemos decir que el Agua es el más estable y primordial de los elementos. El Agua representa las emociones en un gran abanico que va desde los miedos y las pasiones compulsivas hasta el amor libre de apegos y el amor universal o devocional. Está directamente conectado con el proceso de toma de conciencia mediante la percepción de los anhelos más profundos de la psique. Esta idea es compartida por los alquimistas, para quienes el elemento Agua es conciencia, también llamada Principio Pensante. La conciencia y el Agua comparten ciertas propiedades entre las cuales está su movimiento ondulatorio. Así, se habla de "la onda de la conciencia". Los tres signos de Agua (Cáncer, Escorpión y Piscis) son los más distanciados de la razón. Están representados por tres animales de sangre fría, seres de bajo nivel de evolución que se mueven por instinto. Son motivados por la emoción y pueden ser enormemente intuitivos, sensibles e inspirados. Siempre vemos una gran preponderancia de Agua en los mapas de sanadores, no olvidemos que el agua en la naturaleza limpia, cura y purifica.

Neptuno representa el Principio de Disolución y lleva a la experiencia de trascender el yo para fundirse con la Totalidad. El tipo neptuniano es idealista, receptivo, compasivo, inspirado, intuitivo, sensitivo, pacífico, con aguzado sentido artístico (Neptuno es considerado tradicionalmente el planeta de la música) e introspectivo, aunque puede ser disperso, irrealista, escapista de las exigencias del mundo concreto, de débil voluntad, pudiendo incluso desarrollar la máscara de víctima o mártir.

Símbolos. La figura central es un hombre colgado y amarrado por un pie y clavado a tres esferas verdes. Sus piernas forman una cruz y sus brazos un triángulo equilátero. Esta posición es exactamente la opuesta de la que veremos en la carta del Universo, cuya letra Tau se complementa con Mem, formando juntas la palabra *Tum*, que significa perfecto, firme y

191

completo. También los números de ambas cartas, 12 y 21 son opuestos. Enfatizando esta oposición vemos que el número del Colgado en algunos Tarots de Marsella está escrito del revés: IIX.

Fig. VII.23. El Colgado

En la baraja de Waite el sujeto está colgado de una cruz egipcia (que tiene forma de T) símbolo de la letra Tau. En la de Crowley es un *ank* o **cruz ansata**, símbolo de la vida y de la inmortalidad que sujeta el pie del colgado. El *ank* está invertido para referirse a Mem, que se considera la Tau invertida. En ella una **serpiente** se enrosca en el pie izquierdo del colgado. Es la que propicia todas las transformaciones, es el Principio Creador y Destructor que opera todos los cambios. Enfatizando el Tres (número del Espíritu, de la síntesis y de La Emperatriz), el colgado está clavado a **tres discos verdes**, color asignado a Venus. La forma del *ank* y el símbolo de Venus son muy parecidos. Así como los **clavos**, Vau, sujetan el Espíritu a la materia, El Colgado está unido, clavado, preso al amor (que es la naturaleza esencial del Ser) y a la vida en el sentido más elevado. La carta está dividida en dos espacios. La parte superior donde se encuentra el *ank* está bañada por una **luz blanca**, sutil y evanescente que irradia desde un punto central elevado. Se trata de la luz de Kether. Este aliento luminoso se manifiesta a través de dos círculos que dividen dicha área en tres espacios correspondientes a los tres mundos cabalísticos: Atziluh, Briah y Yetzirah. La parte inferior de la carta, más densa, se refiere al mundo material o Assiah. En esta parte vemos las Tablas Elementales que en número de 400 (10 x Mem) representan todas las energías de la naturaleza. Todo este "juego de luces" está mostrando la

192

inmersión de la luz en la materia, iluminándola y ayudándola a evolucionar. Surgiendo del chakra *Sahasrara* o centro coronario, **18 rayos de luz** (número de la Luna) iluminan el espacio más oscuro donde muere el ego, disolviéndose en el Todo. No olvidemos que la experiencia espiritual de Kether es la Fusión con la Totalidad. Es justamente en ese espacio donde la serpiente de la transformación y la nueva vida comienza a agitarse. El Colgado mantiene los ojos cerrados, indicando que su atención está dirigida básicamente al interior. Su expresión es de éxtasis, no de sufrimiento, y su cabeza está afeitada como la de los monjes budistas para indicar que rindió su ego.

Significados generales. Surgieron muchas deformaciones en la interpretación de este Arcano. La más divertida fue la de Court de Gébelin que colocándolo en pie lo vio como símbolo de la prudencia: con un pie en el suelo está decidiendo dónde coloca el otro. Ciertos autores vinculados a la doctrina cristiana ven en la carta un símbolo de redención. La redención de la materia por el espíritu, de las tinieblas por la luz, de los humanos pecadores hijos de Eva por el Cristo redentor. Para los tiempos que corren esta idea no es adecuada. Redención implica deuda, caída, pecado. ¿Qué pecado? En una era en que *"todo hombre, toda mujer es una estrella el único pecado es considerar alguna cosa como pecado"*, nos dice Crowley.

El universo es continuo, las separaciones llevan al engaño y al sufrimiento. La naturaleza última del Espíritu es la misma que la de los pensamientos, que la de las emociones, que la de la materia física. La aparente diferencia es sólo la variación en el grado de densidad. Lo más denso no pecó, no debe pagar por un crimen que no cometió, ni precisa ser redimido.

Es la carta de la inmersión del Espíritu en la materia, de la luz en la oscuridad para iluminarla, para hacerse Uno con ella. El Principio Creador impregna la manifestación, se disuelve en ella.

En el mundo humano es el consciente entregándose al inconsciente. El ser rinde su mente y sin juicios ni prejuicios se deja fluir en las emanaciones de su inconsciente, con la determinación y el desapego del agua en su camino hacia la mar, que como dijo Bécquer "es el morir", el morir del ego. En El Colgado tenemos una inversión pues siempre la conducta (lo concreto, la materia, el 4) estuvo sometido a la moralidad, a los principios (lo abstracto, lo espiritual, el 3) pero aquí el cuadrado (la cruz de sus piernas) está encima del triángulo (los brazos).

En otras palabras, El Colgado está colgado y no se puede soltar. La pregunta es: ¿A que estamos amarrados y no nos podemos soltar? A algo que paradójicamente no escogimos: A nuestra propia naturaleza. Somos lo que somos y no podemos ser otra cosa. El olmo no da peras y el peral no da sámaras. Si convencemos al olmo a que dé peras va a hacer un esfuerzo brutal, va a frustrase pues nunca va a dar peras y va a sufrir pues va a negarse a sí mismo que es dar sámaras. Así pues, El Colgado en un nivel humano concreto representa el **Principio de la Entrega a la propia naturaleza**. Y quien se entrega a su propia naturaleza se entregará con más facilidad a una causa mayor, a una causa social, científica o ambientalista, a un ideal, a un maestro iluminado, a la vida y al mundo y será una entrega real sin tener que renunciar a nada.

Nos aproximamos de lo más universal en la medida en que nos zambullimos en lo más íntimo, así en este proceso de entrega a lo que somos nos conectamos con la Totalidad, pudiendo llegar a hacer contacto con la Divinidad interna y el Gran Espíritu omnipresente. Podemos decir que el primer paso en dirección a la felicidad, harmonía o nirvana es la plena auto-aceptación independientemente de las opiniones que la sociedad, la familia o nuestra propia mente, llena de creencias importadas, puedan tener en relación a ciertos aspectos nuestros, catalogados generalmente como defectos. Si los aceptamos los podemos entender y pulir pero si no los aceptamos nos van a estar manipulando todo el tiempo desde la sombra a través de las proyecciones. Ver la 1ª Llave para el Bienestar: La plena auto-aceptación en www.tarotterapeutico.info español VIDEOS.

La renuncia y el sacrificio son ideas que siempre han acompañado a este arcano. La renuncia a la voluntad personal debe ser entendida. Quien se entrega a su naturaleza íntima, dejando de lado doctrinas, creencias y buenas razones en torno a las cuales se estructura el ego, va fundiendo inconsciente y consciente y se aproxima a su Ser Espiritual, Supraconciencia, o Esencia Divina que está perfectamente sintonizada con la Totalidad y acaba viviendo el éxtasis de ser canal de lo Divino.

"Nadie es una isla. Somos todos somos parte de una única fuerza vital, parte de una única existencia. La posibilidad del amor aparece, básicamente porque en las profundidades de nuestras raíces somos uno solo".
                                                                    Osho

Esta entrega no tiene nada que ver con renunciar y sacrificarse obedeciendo normas y prohibiciones, seguir ciegamente conductas estereotipadas, expectativas familiares o sociales para sentirse protegido dentro del rebaño esperando que sean cumplidas las promesas correspondientes. Esto sería negarse a sí mismo, defecar encima de los propios potenciales y de nuestra esencia divina y en definitiva sufrir y desperdiciar la vida.

194

"El objetivo más importante de los sabios debería ser liberar a la humanidad de la insolencia del auto sacrificio, de la calamidad de la castidad; la fe debe ser aniquilada por la certeza y la castidad por el éxtasis."   El Libro de Thoth. Crowley

EN LA LECTURA TERAPÉUTICA

Momento actual. La persona está cuestionándose hasta qué punto se acepta tal y como en realidad es. Puede ser que por el hecho de insistir durante décadas a ser lo que no es, haya perdido la noción de lo que es realmente, pero se da cuenta que no puede continuar así porque su falta de auto-aceptación tiene consecuencias nefastas en su vida:

Aumenta superlativamente la necesidad de ser aceptado por los demás.

Paga un precio absurdo para tener esa aceptación.

Es hipersensible a cualquier rechazo o crítica

Se vuelve cada vez más falso para conseguir la aceptación ajena.

Aumenta su desvalorización

Ancla. Por falta muestra una dificultad crónica para auto-aceptarse, producto de una programación infantil con fuertes rechazos y estimulaciones donde se le exigía aparentar lo que no era y esconder lo que era y de la cual todavía no se ha liberado. Continúa intentando ser lo que no es, probablemente lejos del mínimo vislumbre de lo que es realmente. Como efectos colaterales están presentes el dolor, por no ser lo que es y la frustración, por no conseguir ser lo que cree que debe ser. El floral de **ButterCup*** ayudará a mejorar la auto-aceptación y la de **Larch** la auto-confianza.

Por exceso, que puede ser sugerido por la presencia de mucha Agua o del Diez de Bastos - La Opresión, indica que esta persona crónicamente se echa al lomo tareas y obligaciones para conseguir la aceptación de los demás, tornándose la mártir que imagina que sacrificándose, renunciando a sus deseos y opiniones y dedicándose sumisamente al marido, a la esposa, a los hijos, a un trabajo de carácter social o seudo-espiritual o a cualquier causa mayor no sólo va a ser aceptada, sino reconocida y elogiada. Hace del sufrimiento un mérito y del sacrificio, una condecoración.

Aparentemente sus acciones tienen como finalidad ayudar al prójimo, pero en realidad pretende comprar aceptación y esconder sus carencias emocionales. Está cansada y deprimida, puede hasta pensar en el suicidio, pero continúa tratando de manipular y controlar emocionalmente a los demás repitiendo: "Yo que soy tan buena, que ayudo a todo el mundo y nadie me hace ni caso", "Yo que tanto me sacrifico por ti y así me lo pagas". Por detrás de esa necesidad de ser querida siempre hay una gran falta de autoaceptación.

Por debajo de su disfraz de buena gente destila odio y negatividad, especialmente con el Cinco de Espadas - La Derrota. Con el Ocho de Bastos - La Rapidez se siente siempre al borde de la explosión identificando una estructura de defensa de carácter masoquista. Pospone siempre el placer y equipara sacrificio con amor. La esencia de *Centaury* amainará su timidez y su tendencia a la sumisión y el servilismo, dándole mayor sentido de individualidad, autoestima y capacidad para decir que no. *Chicory* ayudará a trabajar la carencia emocional cubierta de una falsa apariencia de conducta amorosa que es usada como un medio de solicitar y manipular la atención de los demás en beneficio propio, con toques de auto-piedad, martirio y posesividad.

Infancia. La aceptación brilló por su ausencia, nada le fue dado gratuitamente, sólo por el hecho de existir y de ser un niño/a originalmente espontáneo y cariñoso. Cada migaja de atención y aprobación fue condicionada a la renuncia a las propias iniciativas y a su capacidad de escoger. Fue criado para obedecer y someterse; escuchó demasiadas veces "A obedecer y callar", "No sirves para nada", "Aquí no eres nadie". Acabó haciendo de la renuncia, la sumisión y la obediencia ciega, su ley de vida para intentar garantizar su integridad física y psíquica. Tal vez creció en un ambiente donde se exaltaba el sacrificio, la renuncia y las obligaciones. "Primero la obligación y después la devoción", "El paraíso, el placer, vendrá como premio al sufrimiento y al sacrificio en este valle de lágrimas".

Relaciones. a) La relación está ayudando a la persona a reconocer que a la única cosa a la que está realmente amarrado y no puede soltarse hasta que la muerte los separe es a su propia naturaleza. Esto puede ser percibido de maneras más amorosas o menos. La pareja puede apoyarla para ser ella misma, pero también puede darse ante la evidencia de que intentar ser como la pareja quiere que sea solo trae sufrimiento y frustración. b) Esta persona tiene una fuerte tendencia a vivir en función de la pareja, se anula y se adapta a ella como el agua al recipiente que la contiene. Se dedica a satisfacer sus deseos y expectativas porque cree que someterse es la única forma de ser aceptada. La esencia de *Pink Yarrow** le ayudará a establecer fronteras emocionales sanas a partir de la noción de su individualidad.

Voz de la Esencia y Método. Integrar el arquetipo del Colgado significa:

1. Reconocer que nuestra naturaleza esencial no depende de la voluntad, de las creencias, de los sentimientos o de las situaciones.

2. Dejar de tratar de adaptarse a lo que pensamos que nos tenemos que adaptar y adaptarnos a lo único que podemos adaptarnos, que es a uno mismo. De hecho, cuando dejamos de insistir en ser lo que no somos va a ser más fácil percibir lo que somos y obrar en consecuencia.

3. Aceptar, asumir y expresar lo que viene de dentro. Cuando asumimos que somos como somos, el ego se desinfla, porque ¿qué mérito tiene ser lo que somos? No podemos perder ni conquistar nuestra naturaleza esencial. Lo más que podemos hacer es rescatarla, pulirla y preservarla.

Sugeriremos que la persona trabaje para identificar, entender y desactivar las dificultades internas que tiene para entregarse plenamente a lo que ella es. Algunas preguntas pueden ayudar a entender mejor el proceso: ¿Qué es lo que hago y lo que dejo de hacer para que me acepten? ¿Qué es lo que haría o dejaría de hacer si no buscara la aceptación de los demás? ¿Qué es lo que me impide aceptarme plenamente? ¿Cuáles fueron mis primeras experiencias de no aceptación en la familia? ¿Esas experiencias de alguna manera se repiten?

Sugeriremos que deje de someterse, de anularse, que subordine todas las obligaciones con la familia, trabajo, sociedad, pareja, etc., a ser honesta consigo misma, entregándose a su naturaleza esencial. Y si a algo hay que renunciar es a lo que se le antoja al ego y no lo opuesto, que es lo que generalmente hacemos.

Después si se siente impelida a entregarse a un ideal o a una causa mayor que se permita hacerlo.

La flor de **Deerbrush*** lo ayudará a ser más sinceros en sus motivaciones, transformando la emoción en acción externa. La esencia de **California Wild Rose*** estimulará las fuerzas amorosas de su corazón, ayudándolo a entusiasmarse con la vida. Un buen trabajo para desbloquear las emociones es el Renacimiento que, lidiando con la respiración, va disolviendo las corazas torácicas que las bloquean.

Camino de crecimiento. Usando las llaves que aparecieron en las posiciones anteriores la persona, percibe que nunca se había aceptado tal y como era y cuáles fueron las consecuencias de esta actitud: autoanulación, renuncia y sacrificio para conseguir la aceptación del mundo. Así empieza a aceptarse y valorizarse, permitiéndose ser más ella misma, respetando sus impulsos y emociones.

Resultado interno. Esta persona, producto de todo el proceso que vimos hasta aquí, identificó, entendió y desactivó las dificultades internas para entregarse a su naturaleza independientemente de las opiniones que la familia y la sociedad puedan tener de determinados aspectos o talentos suyos. Como consecuencia se entrega a la vida y al mundo. El ser se entrega, se integra, se reintegra en el flujo cósmico donde todo reposa, fluye, vibra, sonríe y danza.

Resultado externo. Vemos al consultante encarando el mundo con la actitud interna que vimos en el Resultado Interno. Se entrega a sí misma, a la vida y al mundo irradiando su amor, su compasión, con conciencia del significado profundo y universal que tiene su vida. Puede sentirse atraída por actividades que buscan una mejora de la calidad de vida de los seres.

LA MUERTE

Títulos. Ésta fue durante siglos la carta más temida del Tarot, hasta el punto que en los Tarots de Marsella, aparece sin título. En el Tarot Egipcio es "La Inmortalidad", y en el Osho Zen "La Transformación". En la mayoría, incluidos Waite y Crowley, aparece como "La Muerte". Sus títulos esotéricos son "El Hijo de los Grandes Transformadores" y "El Señor de los Portales de la Muerte".

Número. La Muerte es el Arcano Trece. Este número era y es considerado popularmente como de mal agüero, señal de mala fortuna y todo tipo de desgracias. En las barajas antiguas se dejaba muchas veces en blanco el lugar donde debería constar este número. Toda esta aprensión del Trece no deja de tener sentido. Si el Doce transmite la seguridad de algo que está completo y estructurado, el Trece significa la ruptura de todo esto para, arriesgándose a enfrentar lo desconocido, continuar la evolución. Podemos decir que la destrucción es un fenómeno inherente a la evolución. Así, el Trece está relacionado con la muerte de lo viejo para dar lugar a lo nuevo. Esto les daba mucho miedo a los antiguos, que decían: "Más vale malo conocido que bueno por conocer". Para los aztecas el Trece era el número que regula los ciclos del tiempo, sus semanas tenían trece días y sus siglos 52 años, es decir 13 veces 4.

CORRESPONDENCIAS
Letra hebrea. Es Nun, נ o ן si está al final de la palabra. Su valor numérico es 50 y 700 estando al final. Según el cabalista Suares es *"el*

principio de la indeterminación en que la propia vida está en juego". Nun, que significa pez, también puede traducirse como perpetuidad, crecimiento continuo y prolífico, que son ideas asociadas a la enorme capacidad de procreación que tienen los peces. Como verbo se traduce como brotar, germinar y generar y está asociado a la fuerza procreadora. Es una letra masculina, de color azul verdoso, que se corresponde con el sonido de nuestra N. Jeroglíficamente representa lo nuevo, lo joven, lo gracioso y lo bonito.

Camino cabalístico. El camino de Nun, el 24º, une Netzach (la Victoria), la emanación de la energía vital asociada al arte, al amor, a los sentimientos en general y a la naturaleza, con Tiphareth (la Belleza), el centro, el Sol. Éste es uno de los caminos que unen la personalidad con la individualidad, trascendiendo la esfera del deseo de Netzach para integrarse en el amor de Tiphareth. El Eros se transforma en Filos. En este camino la energía de la personalidad proyectada por la individualidad es absorbida en la muerte física o reconceptualizada en una iniciación. La belleza concreta y percibida en el objeto del deseo, nos dicen los cabalistas, es el reflejo de la belleza de la individualidad y este camino las une.

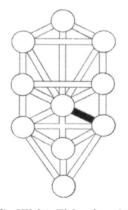

Fig.VII.24. El Sendero 24.

Atribución astrológica. . Escorpión, es el signo de la Muerte. Siendo de Agua tiende a disolver las formas, dando lugar a una recombinación de elementos que produce nuevas criaturas. Es un signo fijo y está gobernado por Plutón, el transformador, y por Marte. En el cuerpo humano rige la vejiga, el ano, los genitales y la nariz. Hay quien dice que también gobierna el útero, que otros atribuyen a Cáncer.

Fig.VII.25. Escorpión. Jofra.

Los nativos de este signo son generalmente exaltados, de intensas emociones y deseos, y de fuerte voluntad e instintos sexuales, sin embargo, su necesidad de mantener el control sobre sus situaciones de vida los lleva a esconderlos. Les gusta luchar y superar los obstáculos. Sienten una atracción por lo misterioso y lo oculto. Son muy creativos y poseen una excepcional capacidad de trabajo, por lo que casi siempre consiguen lo que quieren ya que son obstinados y se saben concentrar en lo que hacen. Cuando algo interfiere en su camino se irritan tanto que pueden explotar peligrosa, destructiva y autodestructivamente.

Tienen fama de vengativos, celosos y envidiosos, pero también son seres sensibles, vulnerables y aunque a veces quieren mostrarse autosuficientes y solitarios tienen una enorme necesidad de relacionarse y suelen despreciar la superficialidad. Su sensibilidad acentuada le permite percibir la falsedad y la hipocresía del mundo, contra las cuales se rebela, a veces de manera impulsiva y violenta. Generalmente se entrega con pasión a todo lo que hace, poniendo en ello todo su potencial y energía. Los escorpión tienen tendencia a sufrir enfermedades infecciosas y problemas en el aparato urinario y genital. Corren el riesgo de envenenarse y de tener que pasar por la mesa de operaciones. Su verbo es "Yo deseo" y su frase integradora "Yo uso mi poder interno constructivamente en la autotransformación y en la sanación".

Símbolos. La figura central de la carta es un **esqueleto**, personificación de la muerte, no como un estado final sino como un pasadizo que lleva a una nueva forma de vida. El esqueleto es también considerado símbolo del conocimiento que alcanzó aquel que atravesó la frontera de lo desconocido y que gracias a la muerte penetró en los secretos del más allá.

En otro nivel simboliza la brevedad de esta vida. Cuando se pierde todo, algo queda, es lo más importante: el esqueleto. Es lo que no se ve, pero sostiene todo lo que se ve. En este sentido puede representar lo esencial, lo que permanece cuando el cuerpo desaparece.

Fig. VII.26. Sin nombre en el de Marsella y La Muerte de Waite y Crowley

Los huesos del cuerpo humano son gobernados por Saturno, que representa la estructura básica de las cosas: la energía que da forma a los seres hasta llegar al grado máximo de densidad y solidez. Uno de sus nombres es "El Señor de las Piedras". El esqueleto con su **guadaña** saturnal (con la que Saturno, Cronos en Grecia, emasculó a su padre Urano por orden de su madre) está coronado con el **yelmo de Osiris.** Nieto de Ra, Osiris representaba originalmente el vigor de la vegetación. Según la mitología fue un rey que con su hermana y consorte Isis civilizó su pueblo de cazadores nómadas. Les enseñó la agricultura, la metalurgia, la fabricación de pan, la elaboración del vino y la cerveza de cebada. Celoso de su obra y de su poder su hermano Set, le tendió una trampa encerrándolo en un arca y lo arrojó al Nilo. Isis, sabiendo que el alma no se libera del cuerpo sin los rituales funerarios correspondientes, salió en su búsqueda y hallándolo en Biblos (Fenicia) retornó a Egipto, ocultándose en los pantanos del delta. Una noche de caza Set, que usurpó el trono, descubrió el arca, partió a Osiris en 14 pedazos que arrojó al Nilo, esperando que los cocodrilos los devoraran y así éste jamás accedería a la vida eterna. Los cocodrilos no se atrevieron a devorarlo e Isis consiguió rescatar 13 pedazos (el pene fue comido por un pez), con los cuales y con la ayuda de Anubis y Thoth reconstituyó su cuerpo.

201

Fig. VII.27. Isis, Osiris y Horus

Isis le insufló vida con sus alas y usando su magia concibió a Horus, que tendría la misión de vengarse del asesino de su padre y recuperar el trono. A partir de aquí Osiris fue identificado con el Sol nocturno que muere cada noche para resucitar al día siguiente, transformándose en el dios de los muertos, de la muerte y de la resurrección. Como deidad fúnebre Osiris fue uno de los más reverenciados y populares dioses egipcios. Representa la necesaria aniquilación previa que hace posible la aparición de una nueva vida, tal como la semilla se descompone para germinar. Este proceso de aniquilación y renacimiento está explícito también en la danza del esqueleto (y la danza es uno de los mejores caminos para desactivar el ego) que con su guadaña destruye lo existente y crea una serie de burbujas donde nuevas figuras pasan a formar parte del gran baile de la vida y la muerte. Estas burbujas representan la esencia liberada por la destrucción o putrefacción de las antiguas formas. Los alquimistas nos hablarían de la putrefacción: *"La putrefacción es la muerte de los cuerpos y la división de las materias del compuesto, que las lleva a la corrupción y las dispone para la generación"* *(Dictionaire Mytho-hermetique.* Pernety, 1787).

La **putrefacción** significa la destrucción de las formas, para que la vida renazca de otra manera. La forma se va pero la esencia permanece para tomar otras formas. En verdad es la muerte la que da continuidad a la vida que sin mudar estaría estancada. La muerte no es otra cosa sino el proceso continuo de destrucción sin el cual nada puede llegar a existir. A los pies del esqueleto aparece un escorpión, a su lado una serpiente y encima un águila. Estos tres animales expresan tres niveles diferentes del concepto alquímico de putrefacción y del signo atribuido a esta operación: Escorpio. En el **escorpión** que ilustra el nivel más bajo, el acento está colocado en la destrucción. Después de la cópula el macho es muerto por la hembra. Cuando las crías nacen su primer alimento son las entrañas de su madre,

202

mostrando cómo la vida de la especie (y por lo tanto de sus individuos) está perfectamente ensamblada y determinada por la muerte de esos mismos individuos. Rodeado de fuego o ante un grave peligro este arácnido prefiere mandarse al otro barrio dándose una estocada con su aguijón. La vida y la muerte, la creación y la destrucción son los dos lados de la misma moneda. Es interesante notar que el signo de Escorpión, en el hemisferio boreal, cae en otoño, época en que buena parte de la vegetación muere, se descompone, fermenta, a veces bajo la nieve y es en esa nueva materia prima caótica, el humus, que se prepara el renacimiento a una nueva vida. A ambos lados del escorpión vemos dos flores, a la derecha un botón de opio y a la izquierda una flor de datura reforzando la idea de destrucción. El uso de plantas psicotrópicas, puede ser de notable ayuda en momentos específicos de nuestro camino de individuación. Sin embargo, éstas dos son especialmente destructivas física y síquicamente.

El nivel intermedio es ilustrado por la serpiente. Los antiguos creían que **la serpiente**, "La Señora de la vida y de la muerte", era inmortal. En verdad apenas se transforma cambiando de piel. La encontramos como "La Señora del Principio Vital", atemporal, anterior a todos los dioses; puente entre el caos y el Cosmos. Es el depósito o potencial donde se originan todas las manifestaciones y transformaciones. Según una de las más antiguas tradiciones mediterráneas, la serpiente Atum, emergiendo de las aguas primordiales, escupió (en otra versión eyaculó) toda la creación. En la antigüedad neolítica, la serpiente era el símbolo principal de la Gran Diosa, tanto en Creta como en el Oriente Medio. En Mesopotamia, en un sitio arqueológico del siglo XXIV a.C. se descubrió una representación de la Diosa con una serpiente enroscada en el cuello.

Fig. VII.28. Minoana, diosa de la tierra, del cielo y del mar. (Creta)

203

En India vemos los nagakals, relacionados con los cultos tántricos a lo femenino. En Egipto, la diosa serpiente Ua Zit sería la creadora original del mundo. En Canaán, la diosa Astarté era representada con una serpiente. Con la llegada del patriarcado y sus dioses masculinos de guerra, venganza y muerte, los símbolos de la Diosa en general y de la serpiente en particular o fueron asimilados por los nuevos cultos para "legitimar" el poder de los nuevos gobernantes o fueron simplemente degradados. Así, al lado de Zeus, la serpiente se torna un símbolo del nuevo poder. Aparece en el escudo de Atenea. Parece que en el Arca de la Alianza, el símbolo más sagrado de la religión judía, había una serpiente de bronce hecha en el desierto por Moisés y que era adorada en el templo de Jerusalén. Este culto existió hasta que el rey Ezequías (700 a. C.) la destruye. Zeus derrota al monstruo Tifón, pero no lo mata, lo exilia bajo el Etna desde donde continúa escupiendo fuego; Apolo extermina a la serpiente Pitón; Hércules mata a Ladón; Baal, dios fenicio, somete a la serpiente Lotán; Jehovah mata a Leviatán.

En el cristianismo María mata a la serpiente pisándole la cabeza, dando continuidad al mito hebreo según el cual la serpiente y la mujer serían las causantes de todos los dolores de la raza humana: "*La serpiente que sedujo el pudor virginal de Eva, le inspiró el deseo del coito bestial y de toda la impureza y la prostitución de los hombres*" (Jacob Boehme 1575-1624). Lo femenino es mutilado y degradado, dejándolo como un sombrío y ridículo espectro de sí mismo, con "Esta noche me emborracho" de Gardel como música de fondo.

En muchas tradiciones la serpiente es un antepasado mítico que trajo diversos conocimientos ayudando en la evolución de la especie humana. Su forma más conocida es Quetzalcóatl, la Serpiente Emplumada de origen tolteca, retomada más tarde por los aztecas. La serpiente es también un símbolo de fecundidad. En la India las mujeres que desean tener un hijo adoptan una serpiente. Cuentan que los antiguos tupi-guaraníes, azotaban las caderas de las mujeres estériles con serpientes para hacerlas fecundas. En Angola ciertas tribus colocan una serpiente de madera bajo la cama nupcial para garantizar la fecundación.

Hay quien ve en la serpiente un símbolo viril en sus apariciones repentinas, rígida y erguida para lanzar su veneno. Crowley la define como "el principal símbolo de la energía masculina". Podemos considerarla sexualmente ambivalente: su cuerpo es fálico y sus anillos son vaginales. Podemos considerar la serpiente como el Principio Vital Primordial, atemporal, anterior a lo masculino y lo femenino o, como dice Jung*" (1933):* "*La serpiente es un vertebrado que encarna la psique inferior, la psicología oscura, lo que es extraño, incomprensible y misterioso*". *L'homme à découverte de son âme: Structure et fonctionement de l'inconscient.*

El **águila** ilustra el nivel más elevado, que representa la exaltación por encima de la materia sólida. Es símbolo de Zeus, la Señora del trueno y el rayo tanto en la fría Siberia como en las praderas norteamericanas, en Japón, China, África, México, etc. Brujos, sacerdotes, reyes, héroes y ejércitos la usan como emblema con la intención de participar de sus poderes. Varias plumas de águila amarradas en un palito es el instrumento de cura usado por la mayoría de los brujos piel-roja. Capaz de encarar la luz del sol frontalmente, el águila es un símbolo de clarividencia en muchas culturas. Los griegos, romanos, persas y los beduinos del desierto interpretan el vuelo de las águilas como premonición o expresión de la voluntad divina. Esta ave de rapiña representa aquello que está por encima de la materia, libre de la atadura a las leyes del mundo material, y simboliza elevación espiritual y pureza. Representa la esencia del ser humano: libre, eterna y divina. Alcanzar el águila, entregarse a la esencia, es el resultado final de la transformación. Es la nueva vida que surge después de la putrefacción, es el estado del águila del que nos habla don Juan: "*Yo ya me entregué al poder que rige mi destino y no me prendo a nada, para no tener nada que defender. No tengo pensamientos para así poder Ver. De nada tengo miedo para así acordarme de mí mismo. Desprendido y natural, yo pasaré por el Águila para volverme libre*" (*El don del águila*, Carlos Castañeda).

Al lado de la serpiente aparece el **pez**, tradicionalmente símbolo de la vida, de la fecundidad y la prosperidad, debido a su prodigiosa capacidad de reproducirse poniendo millones de huevas. ¡Debe de ser el pez que se comió los genitales de Osiris! En la antigua Asia Menor el pez era considerado el padre y la madre de la especie, mientras que en Siria era atributo de las diosas del amor, pasando en Grecia a ser, con la forma del delfín, un atributo de Afrodita y asociado también al culto de Apolo, dando nombre a su templo de Delfos. En China es símbolo de buena suerte. Para los indígenas de América Central representa el dios del maíz y los cristianos primitivos usaban el pez para representar a Cristo y a sus comunidades.

Significados generales. Esta carta simboliza el **Principio Universal de la Transformación**, que exige la muerte de lo viejo, de lo que perdió su capacidad de pulsar en el ritmo cósmico y que sólo mediante la destrucción puede volver a ser energéticamente vivo. Un astrofísico podría muy bien ver en el movimiento ondulante de la guadaña, el papel de los cometas que arrastran en su cola los cuerpos celestes que perdieron energía y están viejos y desvitalizados. Allí acontece toda una serie de procesos de reestructuración físico-química. Cuando los nuevos cuerpos alcanzan un potencial cinético suficiente para volverse seres independientes, se sueltan del cometa al liberarse una parte de su cola. En la antigüedad los cometas eran considerados un mal presagio, anunciadores de catástrofes, hambres, guerras, epidemias; hoy son vistos como premonitores de grandes transformaciones no necesariamente espantosas.

En el mundo humano la muerte representa una profunda transformación, producto de la identificación, comprensión y desactivación de toda una serie de patrones de conducta, que si bien fueron necesarios en la infancia para tener un mínimo de aprobación, cristalizaron tornándose los ejes de la falsa personalidad (ego) y décadas después la persona continúa haciendo sus opciones de vida y tomando sus iniciativas automáticamente a partir de dichos patrones y no a partir de la esencia. Éste es el momento en que comienza la destrucción de las corazas donde se cristalizaron todo tipo de bloqueos, miedos y traumas. Las tensiones musculares son aliviadas y los patrones de comportamiento desenmascarados. La armadura represora que veíamos en El Carro comienza a resquebrajarse y por las hendiduras aparecen las burbujas esenciales del ser más auténtico. Incluso cuando esta transformación es deseada puede ser una crisis, cuya intensidad dependerá del grado de apego que el sujeto tiene con sus neuróticos patrones de conducta y mecanismos de defensa.

La danza que lleva al trance es un medio de librarse de los condicionamientos, llevando al sujeto a tomar contacto con su verdadera naturaleza. Así era en los rituales dionisiacos, en el antiguo Egipto, con los derviches danzantes, con las danzas chamánicas, el candomblé y con las meditaciones activas de Osho, especialmente la Kundalini y la Nataraj. En la India, Shiva, el transformador, es representado en como Shiva Nataraj, aquél que bailando mata su ego.

Fig. VII.29. Shiva Nataraj

En este sentido el rock ayudó a salvar a la humanidad de un desastre nuclear. Fue en momentos álgidos de la guerra fría, cuando los emperadores de turno y sus hierofantes estaban dispuestos a llevar a los jóvenes a nuevas guerras, que los roqueros, pusieron a la juventud a bailar, alquimizando y disolviendo la rabia y frustración que serían usadas por las agencias de "inteligencia" para destruir todavía más el planeta.

EN LA LECTURA TERAPÉUTICA

Momento actual: La persona está pasando por una crisis, procesando en su interior una profunda transformación. Percibe que surgen de dentro actitudes e impulsos diferentes a los usuales y siente ganas de encarar las situaciones de una nueva manera, aunque esto también genere miedo. Se da cuenta de que cuanto más se identifica con los viejos patrones de conducta, necesarios para sobrevivir en la infancia, la crisis es más aguda. La carta contigua puede mostrar en qué aspectos se dará con mayor intensidad o qué bloqueos la dificultan.

Ancla. Por falta es una persona que siempre dice "¿Cambiar? ¡Antes la muerte!" quedándose anclada en el pasado y en sus patrones de conducta con los que se identifica. Nunca consiguió acompañar las transformaciones de los tiempos e evita confrontar sus conflictos internos huyendo o anestesiándolos. Le sugerimos el uso de la esencia floral de *Sagebrush**, que facilita la ruptura con los viejos hábitos y falsas identificaciones y ayuda a reencontrar la esencia y la verdad interna. La de *Walnut* proporcionará valentía para liberarse del pasado y de las ideas ajenas, especialmente si está muy apegada emocionalmente a la familia, como indicaría un Diez de Copas - la Saciedad en el Ancla.

Esta actitud genera tensión que dificulta aún más la posibilidad de transformación. Una segunda carta en el Ancla puede indicarnos cómo se manifestaría esa tensión:

Con cartas coercitivas como el Cuatro y el Ocho de Espadas (la Tregua y la Interferencia) puede no haber transformación pidiendo el uso de *Cayenne**, que, como una centella catalizadora, facilita una respuesta energética intensa capaz de superar los bloqueos.

Con la Princesa de Espadas da una actitud defensiva, crítica, desconfiada y agresiva ante todo lo nuevo. La flor de *Oregon Grape** ayuda a disolver este patrón de desconfianza. La flor de *Cherry Plum* lo ayudará a entregarse más a la vida y a manejar mejor sus desafíos. Con la Reina de Espadas la tensión se proyecta en el mundo externo. En vez de transformar su vida quiere cambiar el mundo. Es una inconformista empedernida que avienta al mundo su propia insatisfacción. En su rebeldía se destruye y destruye su ambiente. Podemos recomendarle *Saguaro**, que alivia su rebeldía extrema y resistencia a la autoridad.

Por exceso puede mostrar una persona que vive metida en talleres de autoconocimiento, en el consultorio del psicoanalista, en rituales con plantas psicotrópicas, etc. Acaba con la cabeza llena de informaciones que

207

no lleva a la práctica y con ellas engorda su ego. La transformación procede de la consciencia y la conciencia viene de la profundidad con que vivimos la experiencia. Una pequeña experiencia vivida con profundidad puede traer mucha más conciencia que innúmeras experiencias superficiales. La esencia de *Blackberry** puede ayudar a llevar a concretizaciones prácticas todas esas informaciones.

Infancia. Esta es la única posición en que este Arcano puede significar la muerte física. En 1º lugar del niño/a: un encuentro con la muerte en el útero, en el parto o en los primeros años de vida, confirmado por la presencia de Plutón próximo al ascendente natal. También la muerte o la pérdida de alguno de sus padres que desapareció de su vida. Esta muerte puede ser simbólica, el padre hace una barrabasada, por ejemplo, viola a la hija, que se queda tan impactada, herida y enojada que dice: "Este canalla no es más mi padre". También puede hablar de la pérdida de hermanos o de alguien muy próximo, incluso una mascota que marcó intensamente al niño/a.

Relaciones. a) La relación actual está ayudando a la persona a transformarse. De nuevo esto puede darse de maneras muy diferentes. Puede sentirse amorosamente apoyada para conseguir libertarse de caducos patrones de conducta cuanto entrar en crisis al percibir que si quiere dar continuidad a la relación tiene que largar esos patrones y reglas de conducta para vivir desde su verdad interior. b) También puede mostrar la persona que se autoproclama como el catalizador de las transformaciones de su pareja, que "sabe" lo que ésta tiene que entender o hacer para mejorar la relación y la vida, protegiéndose así detrás del diván.

Voz de la Esencia y Método. Llegó la hora de agarrar el toro por los cuernos y encarar la crisis: identificando, entendiendo y desactivando los miedos y otras dificultades internas para abandonar conductas, hábitos y rutinas y dar más atención a la verdad interior. Sugeriremos terapia, especialmente desprogramación infantil, pues en ella están enraizados los viejos patrones de conducta y las creencias y miedos que los sustentan. El ser está sofocado bajo corazas defensivas y modelos de conducta que bloquean y desconectan a la persona de su naturaleza y que tienen que ser abandonados. Integrar el Arcano de La Muerte significa también aceptar las situaciones que atraemos, aunque sean las que más miedo nos dan. Son esas situaciones y no las que esperamos (cuando me jubile…, cuando aparezca mi alma gemela…), las que nos ayudarán a transformarnos.

La esencia floral de *Morning Glory** puede ayudar a desprenderse de los hábitos más destructivos. Un buen punto de partida es desautomatizar cada acto, cada gesto, cada pensamiento, colocando atención plena en cada cosa, respirando conscientemente, intentando hacer de cada instante algo irrepetible. Un error muy común cuando hablamos de transformaciones es darle el sentido de mejorar. La definición de mejor o peor está sujeta a doctrinas, creencias y modas. No se trata de mejorar sino de ser integralmente lo que somos.

Camino de crecimiento. Usando las llaves que aparecieron en las posiciones anteriores la persona comienza a transformarse. También producto de percibir las consecuencias de haber vivido durante décadas obedeciendo patrones de conducta invasores de los que ahora empieza a independizarse. Se trata de cambios internos que se reflejarán en el mundo externo. Así va tomando actitudes más auténticas, firmes y profundas. Acompañada por El Ermitaño indica que esta transformación es el resultado o corre paralelamente a un proceso de autoanálisis. Con la Princesa de Copas muestra un despertar de la creatividad y de la capacidad de expresar los sentimientos. Con el Tres de Espadas indica que el consultante enfrenta el desafío de ser rechazado, culpado o abandonado por personas que no aprueban sus cambios.

Resultado interno. Esta persona, producto de todo el proceso que vimos hasta aquí, consiguió identificar, entender y desactivar las dificultades internas que tenía para eliminar los caducos patrones de conducta inoculados en la infancia y expresarse a partir de su esencia. Muestra la muerte de la marioneta programada y desconectada del verdadero ser.

Resultado externo. Esta persona encara el mundo con la actitud que vimos en el Resultado Interno y como fruto de sus cambios internos no solo deja de atraer lo que atraía, sino que también puede estar colocando su energía en la transformación de su ambiente, firmemente apoyada en su verdad interior.

EL ARTE (La Templanza)

Títulos. En el de Marsella y en la mayoría de los tarots se llama la "La Templanza". Junto con "La Justicia", "La Fuerza o Fortaleza y La Estrella, que para muchos autores continúa significando esperanza, tenemos una alusión a las virtudes del catolicismo. De estas cuatro cartas las tres primeras fueron rebautizadas por Crowley, llamándolas "El Arte", "El Ajuste" y "*Lust*". En el Tarot Osho Zen es "La Integración". Sus títulos esotéricos son "La Hija de los Reconciliadores" y "El Impulsor de la Vida".

Número. El Arte es el Arcano **Catorce**. Dos veces Siete es la unión de dos entidades puras, que completando en sí mismas un ciclo, alcanzan juntas un nuevo estado de perfección.

CORRESPONDENCIAS

Letra hebrea. ס, **Sameck**, letra simple y azul, que vale 60 está atribuida al Arte. Suena como nuestra S. Significa **soporte**, apoyo, columna, sustentar o establecer. Jeroglíficamente representa una serpiente mordiéndose su propia cola: es aquella que se alimenta de su propia sustancia. Es el **uróboro**, la matriz o útero cósmico que, abrazando el Cosmos en un inmenso círculo continuo, evita que se desintegre. Es uno de los símbolos más antiguos, representa la manifestación y la reabsorción cíclica, la unión sexual y la autofecundación permanente. Es la perpetua transformación de la muerte en vida y de la vida en muerte, la muerte que sale de la vida y la vida que sale de la muerte. También mostraría la unión del mundo animal (la serpiente) con el mundo espiritual (el círculo). Existiría aquí una especie de unión de opuestos que se ve más clara en algunas representaciones en que la serpiente es, longitudinalmente, la mitad blanca y la mitad negra, como vimos en la ilustración VI.14.

Camino cabalístico. El camino de Sameck (25º) va desde Yesod, el Fundamento, los cimientos, la esfera de la Luna, con Tiphareth - la Belleza, la visión de la armonía, la esfera del Sol. Es un camino vertical, equilibrado en la columna central del Árbol y considerado uno de los senderos más importantes y difíciles de la cábala práctica. Se trata, en términos alquímicos, de la destilación del *negro*. Yendo desde la Luna hacia el Sol, conecta la personalidad o psiquismo astral de Yesod con la individualidad de Tiphareth. Aquí el caminante somete y verifica sus creencias en los desafíos de la vida cotidiana estableciendo - Sameck - su propia verdad en un proceso continuo de intentos y equivocaciones.

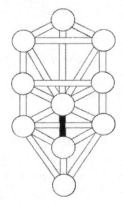

Fig. VII.30. El Sendero 25.

Atribución astrológica.  **Sagitario** es un signo de Fuego, mutable, regido por Júpiter. Gobierna en el cuerpo humano las caderas, la espalda y las nalgas. Sus nativos poseen excelente y transbordante vitalidad, que supone una gran necesidad de actividad y movimiento.

Fig. VII.31. Sagitario. Jofhra

De temperamento entusiasta, ardiente e impulsivo, son enormemente extrovertidos. Sagitario, que significa 'arquero', es representado por un centauro armado, como Diana diosa de la caza y de la Luna, de arco y flechas. Diana gobierna las corrientes astrales de Yesod así como las mareas y los ciclos femeninos. El sagitario aborda la vida como una aventura, un viaje, una búsqueda. Su pasatiempo es hacer de este viaje una jornada interesante, variada, expansiva, llena de novedades, encuentros y conocimientos. Siente una verdadera fascinación por lo desconocido, por el riesgo y el juego. Le encanta viajar y todo lo que es exótico y distante. Tiene carácter alegre, joven y optimista de manera que se relaciona con facilidad, aunque sea también inconstante y superficial. El mundo de la seguridad, de las rutinas domésticas y de la tranquilidad no le convence. Necesita fijarse objetivos para conquistar, superar sus límites y vivir en continuos cambios. Es un excelente actor, no obstante, sincero y franco. Su sentido elevado de la justicia lo puede llevar a cuestionar el sistema social. Su misión es transmutar e impulsar. Tiene tendencia a sufrir de ataques de ciática, gota, reumatismo, problemas en las articulaciones y también de tumores y enfermedades hepáticas. Como buen jupiteriano no sabe colocarse sus propios límites y suele caer en exageraciones a veces destructivas. Su verbo es '**Yo veo**' (visión = 60 = *Sameck)* y su frase integradora es "Yo manifiesto la sabiduría interior y veo lo supremo en las cosas más simples".

Símbolos. La figura central de la carta es **Diana cazadora**, la de los muchos pechos, tal como fue adorada en Éfeso (Turquía) representando lo femenino de una manera más global: la Gran Diosa, que a todos da la vida y también la muerte.

Fig. VII.32. Diana de Efeso

Los guerreros arios que invadieron la cuenca mediterránea, hasta entonces (1500 a. C.) fundamentalmente matriarcal, casaron sus dioses de guerra y muerte con las diosas nativas, pero no permitieron el culto a la Gran Diosa. Como no pudieron eliminarlo lo desmembraron. Diana, representa la estructura natural, el soporte - *Sameck* - del flujo y reflujo de la Existencia.

Aquí integra al rey negro y a la reina rubia que se casaban en Los Amantes, asignado a Géminis, signo opuesto y complementario de Sagitario. Una parte de su rostro es negra y otra blanca. El lado blanco tiene el pelo y el brazo negros y la corona dorada del rey con un ribete de plata. El lado negro tiene el pelo rubio ceñido por la corona plateada de la reina con una marca de oro y el brazo blanco. En la mano izquierda -femenina - blanca sostiene la **copa de plata** de la reina y en la derecha -masculina- sujeta **la lanza** del rey bajo la forma de un tizón encendido. Su ropa es de **color verde** para indicar que ella, como la Emperatriz, favorece el crecimiento vegetal y la creatividad. También vemos las abejas y las serpientes de las ropas de la pareja imperial. **El León y el Águila** aumentaron de tamaño y aquel intercambió su sangre con el gluten blanco de ésta. Los símbolos polares de los Amantes están aquí perfectamente complementados, contrabalanceados, y equilibrados. No se trata apenas de una suma de polaridades, sino una fusión y complementación profunda de los Principios Masculino y Femenino. Cada uno de estos principios no son completos en sí mismos, pero tampoco son totalmente incompletos ya que cada uno de ellos, para poder existir, necesita llevar una referencia de su opuesto en su propia naturaleza.

El símbolo que mejor expresa esta idea es el Yin-Yang taoísta donde cada aspecto lleva en su centro una gota de su opuesto complementario.

Fig. VII.33. Yin Yang

En la carta podríamos percibir esta misma idea en el hecho de que las dos partes del rostro de Diana son mayores que la mitad exacta: cada uno participa del otro lado.

Ella está mezclando en el **caldero dorado** los dos principios: Fuego y Agua, que aparecen en el suelo perfectamente armonizados, mostrando gráficamente, como nos dice Crowley: "*la satisfacción del deseo de cada elemento, parcialmente incompleto, de tornarse completo a través de la asimilación de su opuesto. El Agua se derramó sobre el Fuego y éste se amalgamó con ella*".

Toda operación alquímica sucede también dentro del alquimista cuyo vehículo físico está representado por el caldero dorado (símbolo de felicidad y de prosperidad en el I Ching) indicando que en virtud de la operación se espiritualizó.

La aplicación de Yod - el Fuego, la energía sexual de la kundalini- sobre He -el Agua, la conciencia- produce *Vau* -el Aire, la conciencia espiritualizada- dentro del cuerpo físico que es la He final. El resultado es mayor que la simple suma de sus partes. En el caldero están presentes los cuatro elementos tal como sugiere la cruz de brazos iguales grabada en su borde.

Fig. VII.34. La Templanza de Marsella y Waite. El Arte de Crowley

Saliendo del caldero y como resultado de la operación que en él se realiza, un rayo de luz emerge y asciende transformándose en **dos arco iris** que forman el reborde del manto de **armiño** que cubre los hombros de Diana. El arco iris es en primer lugar la expresión en la Naturaleza de la perfecta unión del Agua -la lluvia de día o la humedad de noche- con el Fuego – la luz del Sol o de la Luna-. Un resultado que también va más allá en belleza y colorido que la simple unión de las cualidades de sus componentes. En segundo lugar, el arco iris representa el puente que une la Tierra y el Cielo, pasando ideas de elevación y espiritualización.

Para os bororos de Mato Grosso -Brasil-, los pieles rojas de Nevada -EUA- y otras tribus africanas y asiáticas el arco iris es una serpiente -*Samek*- generalmente maléfica que roba niños y anuncia catástrofes. Astrológicamente el arco iris está atribuido a Sagitario. **La flecha** del arquero es un símbolo de penetración, unificación, decisión, y de intuición fulgurante. Cuando alcanza su objetivo representa la realización final y ascendiendo junto con el rayo que forma el arco iris, sugiere la aspiración a unirse con la Divinidad. Como esta operación de juntar el Fuego con el Agua envuelve la manipulación de la energía sexual, podemos considerar la liberación de la flecha como un orgasmo espiritual. Es la ola de bienaventuranza del éxtasis tántrico o *Mahamudra*, el clímax de los místicos. Santa Teresa de Ávila describía sus experiencias espirituales como un ángel clavando una flecha de fuego en su corazón. La flecha ascendiente simboliza la liberación de los condicionamientos materiales.

Dos lunas de tres días, veneradas en la India como la Luna de Shiva, la más femenina y receptiva de sus formas, la Luna de la *Yoni*, se cruzan frente a la cabeza de Diana. Y se complementan con un **disco solar** que ocupa el fondo de la carta en el cual está grabado en latín la máxima alquímica: "*Visita Interiora Terra Rectificando Invenies Ocultum Lapidem*" que literalmente significa "Visita el interior de la Tierra, rectificando encontrarás la Piedra Oculta" y que podemos interpretar como "Rectificando tu dirección, yendo hacia dentro de ti mismo, encontrarás la Piedra Filosofal", el catalizador de la transformación de los metales en oro y del alquimista en sabio, así como el elixir de la eterna juventud. Estas ocho palabras se corresponden con las ocho operaciones alquímicas.

Fig. VII.35. Las ocho operaciones alquímicas

Observen que el cuervo, que en Grecia era consagrado a Apolo, encima del cráneo que se corresponde con la 1ª operación: la Calcinación, aparece en la carta en el centro del caldero, posado en una calavera es símbolo de la continuidad de la vida a través de la muerte y del renacimiento. Las letras iniciales del mandato alquímico forman la palabra '*vitriol*', el disolvente universal formado por la combinación equilibrada de los tres principios alquímicos: el Azufre, la Sal y el Mercurio.

Las dos Lunas parecen dos arcos listos para disparar sus flechas. Las tres letras iniciales de los tres caminos inferiores del Árbol: *Quoph* 29° camino - La Luna - *Shin* 31° camino - El Eón - y *Tau* 32° camino -El Universo forman la palabra '*Qesheth*' que significa 'arco' y 'arco iris' que lanza la flecha en dirección a lo alto.

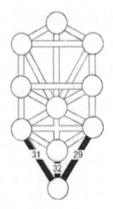

Fig. VII.36. El Arco.

El camino de *Sameck*, la serpiente que sustenta, es una flecha que atraviesa el arco iris, entre los pechos de Diana ordenados como los seis planetas, o metales, alrededor del Sol o del Oro, que podemos considerar como los siete niveles de conciencia. Este camino es una etapa del Camino de la Flecha que asciende por el pilar central del Árbol. Es el camino que lleva al aspirante sin desvíos desde Malkuth hasta Kether, atravesando Yesod (la Luna, el pasado, la madre, el psiquismo astral) pasando por Tipharet (el Sol, el eterno presente, la individualidad), y finalmente superando el Abismo, de la mano de la Sacerdotisa para caer en plena luz. La máxima alquímica del disco solar nos indica como recorrer este camino con éxito. La flecha es también un símbolo de Mercurio ya que representa la voluntad dirigida.

Significados generales. Esta carta ilustra el **Principio de la Integración de los Opuestos** que aquí están perfectamente unidos y complementados. En ella se da la consumación de la Boda Real que veíamos en los Amantes y que con el Arte forman la polaridad alquímica '*Solve et Coagula',* 'Separa y Junta'; estando aquí enfatizado el aspecto 'Junta'. Junto con el proceso de integración se da el de espiritualización. Si en el Arcano XIII la muerte del robot daba lugar a la liberación de la Esencia del Ser, en el Arte la esencia se manifiesta en la práctica. El Loco alcanzó su segunda iniciación (2x7), la *praxis* es posible. La esencia comienza a expresarse sin tensiones ni angustias, imprimiendo su belleza y fragancia a todo lo que la persona hace. Así entra en el fluir, que sería un buen título para esta carta, y el caminar se torna una danza, la palabra poesía y el silencio meditación. Desde la calma interna, desde la no-acción, El Loco actúa y el resultado es El Arte. Ahora podemos entender porqué Crowley dio este título a esta carta, mucho más amplio y profundo que "la Templanza", que en el mejor de los casos indica moderación y, en el peor, dominio sobre las pasiones.

216

En el Taoismo tenemos el **Wu Wei**, la acción sin acción, que no es el resultado de la actividad mental o del ego sino del silencio interior que posibilita la conexión con la esencia y el ejercicio de la voluntad verdadera. Es el hacer sin hacer, la acción externa desde la calma interna. Como dicen los taoístas: *"Ser como un bambú hueco"* Tú no haces la canción, la canción la hace el viento. Tú eres apenas un canal. Pero ¿Quién es el viento? Es lo que viene de dentro, lo que emerge del inconsciente con su propia energía, alegría y aliento.

De una historia taoísta: "- ¿Qué hace el Maestro? preguntó un monje a las puertas del monasterio.

- El Maestro descansa - le contestaron. No queriendo interrumpir el descanso del Maestro el monje se retiró. El día siguiente volvió a preguntar y obtuvo la misma respuesta. El tercer día y el cuarto se repitió la historia. El quinto día ya irritado preguntó: - ¿Cómo descansa este Maestro?

- El Maestro descansa trabajando - le respondieron.

En la acción desde el centro, desde el silencio interior, no hay desgaste, no hay tensión, no hay ansiedad por resultados, no hay esfuerzo, sino placer, la acción es total, el equilibrio de las cosas no es violado, el Maestro descansa trabajando. Esta actitud *Wu Wei* es la verdadera Piedra Filosofal.

Otra integración de lo que siempre nos vendieron como opuestos es el divertirse trabajando. Siempre que expresamos un talento este viene con placer y energía de manera que si optamos por actividades que nos proporcionan ese placer que viene de dentro, cuando hacemos de nuestra diversión nuestro trabajo, estamos garantizando que nuestro trabajo va a tener calidad pues en él están manifestándose talentos específicos. Así dejamos de estar divididos de lunes a viernes haciendo algo que no nos da placer para obtener dinero y sábado y domingo gastamos ese dinero para comprar placer que no viene de dentro sino de fuera.

Y si necesitamos incorporar conocimientos para hacer mejor ese trabajo que nos divierte, vamos a absorberlos con facilidad de manera que la calidad de nuestro trabajo aumenta todavía más y ganaremos dinero, pues la sociedad que hipócritamente dice que valoriza el esfuerzo lo que en realidad paga es la calidad. Además, si hacemos de nuestra diversión nuestro trabajo cuando acaba la jornada laboral vamos a encarar las relaciones, sean familiares, amorosas o amistosas como donadores y no como vampiros con lo que será más fácil fluir en ellas. También cuando hacemos lo que nos gusta no vemos el tiempo pasar de manera que envejecemos más despacio. Con el cuerpo, el corazón y el bolsillo sanos será más fácil abrir la puerta de la transcendencia espiritual. Ver en www.tarotterapeutico.info español videos la 4ª llave para el bienestar.

EN LA LECTURA TERAPÉUTICA

Momento actual. Vemos a la persona en contacto con un impulso interno de hacer opciones profesionales que le den placer. Se pregunta: ¿Será posible hacer de lo que me divierte mi trabajo? Probablemente siempre estuvo metido en actividades sin gracia, solo por dinero, por dar satisfacción a la familia o por status. Tal vez ciertas creencias que le impedían hacer lo que realmente le gustaba están perdiendo fuerza al tiempo que está cada vez más insatisfecho, sino harto, de sus ocupaciones profesionales habituales.

Puede percibir que esforzarse no funciona. Observa que los mejores resultados llegan cuando hace lo que le da más placer, lo que naturalmente le sale de dentro, y eso no exige esfuerzo. ¿Qué esfuerzo hace el manzano para dar manzanas? También percibe que cuanto menos piensa en resultados e se absorbe en la acción, cuando la acción es un fin en si mesma, e no un medio para alcanzar un fin en el futuro, mejores son los resultados.

La voluntad del ego, proyectada en el futuro, en los resultados de la acción, establece objetivos que lo inflan la voluntad verdadera el deseo procede del inconsciente, toma todo el cuerpo y se manifiesta en la acción sin ansia de resultados.

Ancla. Por exceso tenemos una persona que se identifica con su papel profesional de manera que su autoestima y humor están en función del trabajo y del reconocimiento. Es obvio que este patrón de conducta será más difícil de mantener si no le gusta su trabajo. Podemos tener el caso de la persona que hizo de su diversión su trabajo pero que se absorbió de tal modo en él que dejó de vivir otras cosas. Con esta máscara perfeccionista y algunas veces alegre y popular huye de sí misma y esconde sus emociones y deseos profundos, especialmente si tenemos en la infancia cartas que enfatizan la racionalización y la represión como el Cuatro, el Seis o el Ocho de Espadas -la Tregua, La Ciencia y La Interferencia respectivamente-. Con el Siete de Copas -la Corrupción- puede indicar la dependencia de estimulantes como café, alcohol o cocaína para mantener su fachada de trabajador entusiasta. El floral de *Agrinomy* podría ayudarle a ser honesto emocionalmente, reconocer sus penas y expresar sus sentimientos.

Por falta muestra una persona rehén de la maldición de Jehovah: "Ganarás el pan con el sudor de tu frente" convencida de que una cosa es trabajar y otra muy diferente es divertirse de manera que ni se le ocurre que puede ganar dinero con algo que le dé placer, pues según él el trabajo no puede dar placer, pues no sería trabajo. Su placer viene de gastarse el dinero que gana sin placer. Con el Siete de Bastos – La Valentía indica que esta persona se exige demasiado, violando así los ritmos naturales de su cuerpo y pudiendo acumular tensiones musculares. La flor de *Dandelion** le enseñará a escuchar los mensajes corporales permitiendo que la energía dinámica trabaje con menor esfuerzo.

Infancia. Por lo menos uno de sus padres era una persona compulsivamente perfeccionista, probablemente un profesional competente, realizado y productivo o le hubiera gustado serlo. Este adulto exigió que el niño adquiriese estas características y además le exigió que se absorbiese en el desempeño de tareas, tal vez, impropias para su edad. El niño no solo se

218

sintió muchas veces incapaz y desvalorado por el adulto, sino que se creyó que solo sería aceptado por la familia, y como extensión de ésta, por la sociedad, si consiguiese mostrar eficiencia, capacidad de trabajo y autocontrol o en el peor de los casos perfección a toda prueba.

Relaciones. a) La relación ayuda a la persona a hacer esta integración de polaridades, especialmente en el aspecto profesional. Así la pareja, de maneras diferentes, impulsa a la persona a optar por actividades profesionales que le dan placer, a transformar esos impulsos internos, que en realidad son sus talentos que quieren expresarse, en una fuente de renta. También puede mostrar que la relación promueve que la persona identifique e integre sus polaridades masculina y femenina. b) Vende en el mercado de las relaciones una imagen de excelente profesional, inteligente, ocupado y probablemente realizado o a punto de estarlo. Por detrás de esa fachada esconde sus sentimientos y necesidades emocionales. Le aconsejaremos el uso del floral de *Evening Primrose** para facilitarle una expresión emocional más calurosa y comprometida.

Voz de la Esencia y Método. La carta del Arte en esta posición indica que la persona está envuelta en actividades que no le gustan o si le gustan está obcecada con sus objetivos. Pierde el momento, es decir, la vida, en un esfuerzo que imagina que solo acabará cuando las metas sean alcanzadas. Si tenemos dificultad para alcanzar nuestros objetivos es porque: a) no son nuestros objetivos verdaderos, enraizados en el inconsciente como para que a su través se expresen nuestros talentos liberando energía y placer o b) tenemos que aprender todavía alguna cosa antes de alcanzarlos. En la segunda opción hay placer en la primera no.
Integrar este arquetipo significa aprender a fluir como resultado de complementar las polaridades. Profesionalmente sugiere que la persona haga de su diversión su trabajo. Actividades que realmente tienen que ver con ella misma, es decir, con sus potenciales. Serán actividades que surgiendo naturalmente de dentro con placer y energía van a garantizar no solo disfrutar del momento sino la calidad de los resultados y por lo tanto el retorno económico y el reconocimiento. Sugeriremos que la persona se responda a algunas preguntas: ¿De todas mis actividades cuales son las que hago solo por dinero? ¿Qué haría si no necesitase trabajar para vivir? ¿Qué miedos y amenazas aparecen cuando siento necesidad de largar un trabajo sin gracia y hacer lo que me gusta? ¿De dónde vienen esas amenazas?
La esencia de *Wild Oat* le ayudará a escoger su trabajo como algo que responde a una verdadera llamada interior. Con la Princesa de Copas subrayará la importancia de participar de actividades creativas. La flor de *Iris** le ayudará a desarrollar e integrar la creatividad artística en el trabajo cotidiano.

Tratándose de una mujer con el Diez de Copas - La Saciedad o La Emperatriz en el Ancla, podemos imaginar que se encuentra dividida entre su hogar, sus hijos y su realización profesional. En este caso el uso de la esencia floral de **Pomegranate*** puede facilitar una elección más consciente.

En el plano de las relaciones es importante que la persona entienda que en la medida que esconde o niega una de sus polaridades (masculina o femenina) se va a sentir manipulada por ella y por las personas sobre las cuales proyecta dicha polaridad. En la medida que las desarrolla e integra, rumbo a lo que los esotéricos llaman 'el Androginato Interno', esto deja de suceder no se siente más ciega y compulsivamente atraída o repelida por nadie y podrá fluir en las relaciones amorosas. Si en los amantes la persona está en el masculino cuando tiene que estar en el masculino y está en el femenino cuando tiene que estar en el femenino, aquí en el Arte está en los dos al mismo tiempo. Como dijo el Che: "Hay que endurecerse sin perder la ternura".

Camino de crecimiento. Usando las llaves que aparecieron en las posiciones anteriores la persona se da cuenta que no puede dedicar la mayor parte de su día, es decir, de su vida a actividades sin significado que hace apenas para ganar dinero. Ya sabe lo que le da placer y está invirtiendo en ello.

Resultado interno. Esta persona, producto de todo el proceso que vimos hasta aquí, consiguió identificar, entender y desactivar las dificultades internas que tenía para hacer de su diversión su trabajo. Se liberó de la maldición de Jehovah y dejó de estar dividida entre semana y fin de semana, trabajo y vacaciones, disfrutando todo el tiempo con lo cual encara las relaciones irradiando placer. Su trabajo/diversión le recarga energéticamente de manera que puede hasta rejuvenecer. Sus polaridades femenina y masculina se desarrollan, perfeccionan e integran abriendo la puerta para la trascendencia espiritual.

Resultado externo. La persona encara el mundo con la actitud que vimos en el Resultado Interno Trabaja en lo que le gusta y como le gusta. Es naturalmente eficiente y dedicado, fluido y suelto. Los frutos de su trabajo y su trabajar están impregnados de la fragancia y la belleza de su esencia. Es importante que no se olvide que en la vida existen más cosas que el trabajar, pues cuando hacemos de nuestra diversión nuestro trabajo es más fácil caer en la tentación de pasarnos el día trabajando.

CAPÍTULO VII - EL TERCER SEPTENARIO

EL DEMONIO

Títulos. En casi todos los tarots se titula "El Diablo" o "El Demonio". Diablo procede del griego "διάβολος", *diábolos*, en el siglo V a.C. significaba el "calumniador" o "acusador" como Satanás en hebreo. Demonio viene del griego *daimónios*: "que proviene de la divinidad", "enviado por un dios" "que tiene carácter divino, maravilloso, extraordinario". Son criaturas de carácter desenfadado y festivo amantes del sexo y la danza intermediarias entre los dioses y los hombres relacionadas con las fuerzas de la fertilidad como los sátiros y las ninfas. Yo prefiero llamarlo el Demonio.

En el Tarot Egipcio es llamado "La Pasión" y en el Osho Zen Tarot, "Los Condicionamientos". Sus títulos esotéricos son "El Señor de los Portales de la Materia" y "El Hijo de las Fuerzas del Tiempo", por su atribución a Capricornio gobernado por Saturno (Cronos en Grecia), el Señor del Tiempo. Waite lo llama "El Habitante del Umbral". También es conocido como "El Príncipe de los Poderes del Aire" porque su energía está mediando el flujo de las corrientes astrales.

Número. El **Quince** es el número atribuido a esta carta. Reduciéndolo (1+5) obtenemos Seis, número de la perfección producto de la unión de los opuestos y número del sexo. El Quince es un Seis en un nuevo estado, con la experiencia del camino. Siendo tres veces cinco está más ligado al plano humano que el Seis.

CORRESPONDENCIAS

Letra hebrea. ע. **Ayin**, es una letra simple, de color índigo, de valor numérico 70. Significa **ojo** y esotéricamente sería el ojo que todo lo ve. Es una letra muda que jeroglíficamente representa el lado más material de las cosas. El sentido de la vista es el que nos permite conocer este lado material de las cosas que en Oriente es conocido como *maya* o mundo de la ilusión. Los físicos actuales también concuerdan: lo que parece real a nivel material es una ilusión. Como dice el refrán: "nada es verdad ni es mentira, todo es del color del cristal con que se mira".

Camino cabalístico. El camino de Ayin (26º) une y equilibra Hod –el Esplendor– con Tipharet –la Belleza–; la esfera de la mente racional de

Mercurio con la esfera de la individualidad, gobernada por el Sol. Éste es un proceso de transferencia de la percepción consciente de la mente concreta a la mente abstracta. En este camino reorganizamos nuestra perspectiva y obtenemos una visión renovada del mundo.

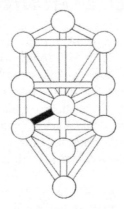

Fig. VIII.01. El Sendero 26.

Atribución astrológica. ⊠. **Capricornio**. Es de los tres signos de Tierra es el más pétreo y resistente. Está gobernado por Saturno, el señor de las piedras. Es considerado un pesado y oscuro signo que simboliza lo más elevado y lo más bajo al mismo tiempo. Representa los condicionamientos y la consecuente liberación.

Fig. VIII.02. Capricornio

En el cuerpo físico gobierna las rodillas, los huesos, las articulaciones, los dientes, la piel, los cartílagos y la glándula pituitaria que a su vez se corresponde con el *chakra* Ajna o tercer ojo. Los nativos de este signo crecen sondeando los misterios de la Naturaleza y favoreciendo los beneficios derivados del uso de la previsión y la prudencia. Los capricornio suelen ser astutos, prudentes y ambiciosos. Se sienten tan atraídos por el éxito social que son capaces de cualquier sacrificio para alcanzarlo. A pesar de ser muy materialistas, responsables, serios y desconfiados.

" Tienen un lado de cazador de misterios, como un mago que esconde sus secretos, con miedo de que puedan ser usados contra él. "Conocimiento de astrología". Ana María Ribeiro.

Esta doble naturaleza está contenida en su propio símbolo, mitad cabra, mitad pez: cuando el mar cubrió las montañas la cabra se sumergió en el Océano, adquiriendo la sabiduría interior. Cuando el mar se retiró, ella tuvo que dejar su mitad pez y aceptar los condicionamientos de la materia sólida, cuenta la leyenda. De manera lenta y segura estos nativos consiguen generalmente todos sus objetivos. Cuando aparecen obstáculos se irritan sobremanera, viendo enemigos por todas partes. Son rencorosos y carecen de sentido poético. Son muy utilitarios, realistas y se preocupan mucho con el qué dirán. No suelen ser muy inclinados a establecer relaciones afectivas. Son escépticos en relación al amor, pero al final del viaje suelen envolverse profunda y duraderamente. Detrás de su aspecto serio y precavido, tenemos seres intensamente orgullosos. Les encanta el poder y tienen una fuerte tendencia a la depresión y el aislamiento. Tienen predisposición al reumatismo y problemas óseos en general. Su verbo es **"Yo uso"** y su frase es "Yo alcanzo mis metas relajadamente, deleitándome a cada paso del camino".

Símbolos. En los Tarots de Marsella vemos un animal extraño, antinatural, grotesco y asustador, con cuernos de venado, alas de murciélago y pechos de mujer, tal como el catolicismo medieval representó la idea de demonio inspirándose en el cornudo Cernunnos (dios celta de la vegetación, señor de los animales, símbolo del principio masculino fecundante, consorte de Cerridwen, la Gran Madre, diosa de la fertilidad, considerado el padre de la raza galesa y de sus dioses: Tutatis, Esus y Taranis) en Pan, Lúcifer y en el Mendes egipcio, mezcla de fauno y de sátiro, que representaría la antítesis de la Divinidad.

Fig. VIII.03. Cernunnos y Cerridwen

Algunas barajas contemporáneas como la de Waite y la de la Golden Dawn continúan mostrando seres antinaturales y amenazantes que esclavizan a los seres humanos con aspecto de sumos sacerdotes de alguna terrible magia negra. Este apego al folclore católico y a ideas ultrapasadas es anacrónico, especialmente desde que Eliphas Leví en el siglo XIX reformuló esta carta (Fig.III.06) titulándola "Baphomet" y eliminando elementos grotescos, antinaturales y malignos. Con alas de ángel, una antorcha encendida en su cabeza, el caduceo en la barriga, sentado encima de una esfera con el pentagrama evolutivo en su frente apunta, como El Mago, con una mano al cielo y con otra al suelo.

Fig. VIII. 04. El Demonio

224

Crowley, quitándole cualquier rasgo de negatividad, colocó un ser de la Naturaleza: el **Markhor** *(Capra Falconeris)* la mayor cabra salvaje conocida que aparecía por partida doble detrás del Emperador. Markhor significa comedor de serpientes en persa, punjabi y urdu, pues según la creencia popular estas cabras persiguen a las serpientes y las devoran. Animal emblemático de Paquistán, mora en el Hindukush (Himalayas afganos y paquistanos). Con sus dulces **uvas** en la cabeza nos recuerda a Pan Pangenetor, el generador de todo.

"Todas las cosas lo exaltan igualmente. Él no se regocija menos con lo escabroso y estéril que con lo plácido y fértil. Representa la capacidad de extasiarse con cualquier fenómeno, por más repugnante que parezca; él trasciende todas las limitaciones; él es Pan, él es el Todo." El Libro de Thoth. Crowley

Sus **cuernos** de forma helicoidal, simbolizan la fuerza de la generación. Zoroastro definía Dios como aquel que tiene forma de espiral. Hoy la ciencia comprobó que el universo y el ADN tienen una estructura helicoidal. Los cuernos son un símbolo de poder. La palabra hebrea *"queren"* significa al mismo tiempo cuerno, poder y fuerza. Los cuernos del toro tienen un simbolismo lunar y son atribuidos a la Gran Diosa de la fertilidad, mientras que los del carnero son solares y representan la potencia viril. En el argot italiano el pene es llamado *corno*.

Detrás del Markhor vemos una representación fálica del **Árbol de la Vida**, cuyo tronco –pene– surge del marrón oscuro de la Tierra (Malkuth), asciende y volviéndose dorado y luminoso penetra en el anillo –vagina– de Nuit-Binah-Saturno. **Las raíces** del Árbol son dos testículos, transparentes, para poder ver las figuras que representan la vida en diferentes estados de evolución. Las del izquierdo son femeninas mientras que las del derecho son masculinas, siendo una de ellas semicaprina, sugiriendo que el hombre es más animalesco que la mujer. En cada testículo se está dando la **mitosis**, o proceso de división celular, con los dos nuevos núcleos y los cromosomas emparejados en el centro. Frente al macho cabrío tenemos el **báculo del Adepto Jefe**, una forma del caduceo en que las serpientes no se cruzan sino miran en direcciones opuestas. Así como el tronco del árbol atraviesa los cielos, el báculo desciende hasta el centro de la Tierra. El **fondo** de la carta está formado, como dice Crowley, *"por las formas deliciosamente tenues, complejas y fantásticas de la locura, de la divina locura de la primavera ya prevista en la locura meditabunda del invierno"*. Estas formas se asemejan a los llamados canales de Marte, planeta que gobierna el instinto.

Significados generales: Esta carta siempre estuvo vinculada a la sexualidad y a los instintos en general, de manera que recibió todas las connotaciones negativas que la moral de la época daba a lo instintivo. Así era considerado la representación de todo lo negativo. Incluso autores modernos continúan insistiendo en estos significados:

"Expresa el deseo de satisfacer sus pasiones a cualquier precio; la inquietud, la excitación exagerada, el uso de medios ilícitos, la franqueza que da lugar a influencias deplorables". El tarot de los imagineros de la Edad Media. 1926. Oswald Wirth (1860-1943).

"El Diablo es el portador de la muerte, de la desgracia y de la miseria. Personifica a aquel que practica el mal sin considerar las consecuencias que acarreará sobre los demás". El Tarot clásico. 1972. Stuart R. Kaplan.

Desde otro punto de vista, pero también dándole un carácter negativo en el Tarot Osho Zen El Demonio significa el conjunto de creencias y condicionamientos que hacen que no expresemos lo que verdaderamente somos. Para Crowley El Demonio representa la **Energía Creativa en su aspecto más material**. A nivel humano ilustra los **instintos**, que son las fuerzas naturales que nos mantienen vivos como individuos y como especie. Básicamente cuatro:
1. El instinto de defensa.
2. El instinto sexual, o de procreación.
3. El instinto de preservación de la vida.
4. El instinto gregario.

El instinto de defensa hace que nos defendamos cuando nos atacan. Cuando nos encontramos en una situación en que corremos riesgo de vida frente a un ataque se dispara el instinto de defensa con una fuerza increíble que jamás hubiéramos imaginado que teníamos. El instinto sexual nos lleva al deseo impostergable de unirnos íntimamente. En el instinto de preservación tenemos los miedos que nos llevan a evitar peligros reales, los cuidados corporales y el respeto a los ritmos del cuerpo. El instinto gregario nos lleva a agruparnos para enfrentar en grupo los desafíos de la supervivencia, el trabajo y también la celebración y la fiesta tal como sucede en las comunidades indígenas.

El placer y la alegría son los compañeros inseparables del ejercicio consciente de nuestros instintos. Podemos decir que el placer es la punta del iceberg mientras el resto es necesidad biológica. El ejemplo más llamativo de cómo la Madre Naturaleza se esmeró dando al ser humano, en este caso a la mujer, la capacidad de sentir placer, es el clítoris, que absolutamente prescindible para las tareas de reproducción, tiene una enervación de asombrosa complejidad y tamaño.

Cuando los instintos son reprimidos, sublimados o manipulados nos alienamos. Acabamos siendo inconscientemente esclavos de patrones de conducta masificados, creadores de hábitos (en especial entre los niños y los adolescentes) y confundimos lo superfluo con lo necesario, la apariencia con la realidad, encima de la cual proyectamos nuestros deseos y nuestras carencias emocionales. Ese instinto reprimido se vuelve el asiento del odio, del pavor, de la sexualidad vendida y de la venganza, e imprime de tal manera la conducta que podemos decir con Broden que se crea un ser psíquico, llamado Id o "el Peleyo", incorporado por Freud al psicoanálisis, que nos manipula desde nuestro interior. Por eso El Demonio del Tarot de Crowley está sonriendo, él sabe que en sus manos está nuestra energía vital. Medio irónicamente, medio compasivamente Markhor sonríe, como diciendo: "Escoge: si me proporcionas un canal para expresarme, te doy energía, placer y alegría, si me reprimes te volverás triste, enfermo y loco". Si decidimos asumir nuestros instintos, vivirlos plena y atentamente, integrándolos a nuestra vida diaria, veremos cómo poco a poco éstos se van expresando de un modo más fluido, sin ansiedades ni compulsiones, cada vez con mayor sensibilidad, mayor conciencia, mayor creatividad. Un pueblo no condicionado sexualmente posee tal vitalidad que será difícilmente manipulado, catequizado y/o alienado. Por eso todas las estructuras de poder jerárquicas, sean políticas, eclesiásticas y hasta algunas esotéricas reprimen la sexualidad.

EN LA LECTURA TERAPÉUTICA

Momento actual. La persona está sintiendo el impulso de vivir sus instintos, probablemente reprimidos hace tiempo. Ciertas creencias y miedos que dificultaban su expresión instintiva están perdiendo su fuerza especialmente si esta carta aparece con El Entusiasmo (La Fuerza), el Seis de Copas –El Placer– o El Arte, indicando un rescate de la sexualidad y de los instintos en general y un enfoque más consciente del cuerpo y sus necesidades, repercutiendo en un aumento de placer, alegría, energía y autoafirmación. Percibe también las consecuencias de contener los instintos: caída de la autoestima y la vitalidad, manipulación por parte de lo reprimido cuando no transformación de lo reprimido en rabia, agresividad, obsesiones y/o perversiones.

Ancla. Por falta muestra que esta persona jamás se permitió vivir sus instintos. En función de creencias, principios, doctrinas, prejuicios y miedos introyectados pasó la vida negando lo que le es más propio y más íntimo. Puede ser cualquiera de los cuatro:

Instinto de defensa: Si no se defiende cuando la atacan, no solo atraerá más agresiones, sino que será manipulada por la rabia que acumula, destilándola en su ambiente o expresándola de una manera autodestructiva o explosiva.

Instinto sexual: Si no asume y vive sus impulsos sexuales colocando una lista de prerrequisitos para "horizontalearse" con alguien, va a atraer personas que no van a aceptar esas condiciones y la sexualidad reprimida puede manifestarse de una manera enfermiza, sin amor, con rabia o con frialdad emocional o a las perversiones.

Instinto de preservación: Si cuando el cuerpo le pide un sofá le da un expreso doble y otras tres horas en la computadora no solo acaba con su energía vital, sino que va a atraer somatizaciones, gritos de alerta del cuerpo para hacerle caso y cuidarlo.

Instinto gregario: La persona se aísla, tiene miedo de hacer contacto y puede acabar imaginando intenciones hostiles en los demás y transformándose en una paranoica que en un momento dado puede querer vengarse del mundo cruel.

Con el Siete de Copas - La Corrupción indica expresiones sexuales inmaduras, como obsesión por la pornografía, compulsión masturbadora, voyerismo o perversiones con tendencia al estupro, el sadomasoquismo, etc. A veces puede alternar con un fuerte sentimiento de culpa. Recomendaremos la esencia floral de **Basil*** para integrar la sexualidad física con la espiritualidad en una unidad consciente y placentera. Un caso no tan drástico es el de aquel cuyo conflicto en relación al sexo, producto de una educación moralmente severa, lo balancea del puritanismo a la promiscuidad compulsiva. En este caso aconsejaremos el uso de la esencia de *Easter Lily**. Con el Cinco de Espadas – La Derrota indica que la energía reprimida de la libido se sube a la cabeza y se manifiesta como hostilidad mental y verbal. El **Snapdragon*** será recomendado para redirigir la energía sexual por sus canales naturales.

La llamada espiritualidad, en muchos casos, las beatas, por ejemplo, es la compensación de un instinto mal vivido. El amor y la espiritualidad son las manifestaciones más trascendentes del deseo. Quien niega el deseo de su naturaleza, mata de cuajo el amor y la espiritualidad.

Este caso se da en muchas mujeres que no integran la conciencia de lo femenino en los planos físicos, rechazando su cuerpo y sus manifestaciones instintivas, resultando en estrés y en problemas de los órganos reproductores. El uso de la flor de **Alpine Lily*** ayudará a integrar los instintos con el Yo femenino espiritual. Con el Cuatro de Discos –el Poder– muestra el encauzamiento de la energía sexual hacia el poder y la

228

riqueza material para compensar el miedo a la intimidad que una relación sexual supone. Sugeriremos el uso de *Poison Oak**.

Aquí no tenemos la opción por exceso pues siendo un proceso biológico se autorregula, así como dejamos de comer cuando matamos el hambre. No continuaríamos comiendo por hambre sino para compensar alguna carencia. Una actitud permanentemente defensiva o una obsesión por sexo serian también una compensación y no una expresión genuinamente instintiva.

Infancia. Las expresiones instintivas en particular y las funciones fisiológicas en general fueron reprimidas. El contacto con su propio cuerpo, los juegos con el agua, la tierra y al aire libre fueron muy limitados. Hubo exageración con la limpieza y comer, cagar y orinar, fueron desnaturalizados en función de maneras correctas y horarios apropiados. Ni que decir tiene que las expresiones sexuales producto del llamado complejo de Edipo o de Electra que el niño/a vive entre los tres y los seis años fueron masacradas con amenazas y castigos. Los aspectos sexuales de la vida le fueron escondidos y/o cargados de negatividad.

Relaciones. a) La relación ayuda a la persona a asumir y a vivir sus instintos que probablemente estaban presos hace tiempo de manera que puede existir una fuerte carga sexual acumulada que puede vivirse de una manera fluida y amorosa pero que también puede dar lugar a tumultos, peleas, celos, proyecciones y fantasías negativas especialmente si aparece junto con el Ocho de Bastos - La Rapidez. En este caso la esencia de *Black Cohosh** ayudará a desenvolver el coraje para confrontar y transformar activamente estas circunstancias destructivas en vez de encogerse ante ellas. b) Tenemos aquí una persona que se relaciona llevada apenas por el instinto. Es incapaz de ver en el otro algo que no sea sexo ni de expresar cariño en la cama. Busca relaciones sexuales en los que no envuelve sus emociones y cuando el deseo pasa se retira sin más; puede ser un buen cliente del burdel local. El uso de *Sticky Monkeyflower** lo ayudará a perder el miedo de exponerse en el contacto íntimo y le facilitará la expresión de sus sentimientos.

Voz de la Esencia y Método. Integrar El Demonio significa dar libertad a la expresión instintiva, dejando de inventar disculpas intelectuales, morales o de cualquier tipo, para reprimirla y así mantener un falso control sobre las situaciones. Hoy es prioritario vivir las necesidades instintivas y especialmente la sexualidad sin condicionarla a nada que no sea el propio deseo sexual. El sexo es una necesidad corporal como comer, dormir, hacer pipí, etc. y aunque podemos reprimirlo con mayor facilidad, debe ser vivido sin moralismos ni condiciones. Todo condicionamiento del sexo a algo que no sea el propio deseo sexual es una forma de prostitución.

¿Por qué no crear una vida en que el sexo se vuelva simplemente diversión, nada más de que cualquier otro juego, simplemente un juego biológico?   Osho

Una filosofía religiosa exageradamente disociadora, detectada por El Hierofante en Infancia o en Ancla puede haber alimentado un sentimiento de desvaloración del cuerpo físico, ignorando y/o rechazando instintos básicos de supervivencia. En este caso sugeriremos el uso de la flor de **Manzanita***, que ayuda a rescatar el cuerpo y a integrarlo con el lado espiritual. La esencia floral de **California Pitcher Plant***, planta insectívora, ayuda a integrar los deseos y las expresiones más instintivas de nuestra naturaleza animal.

Sugeriremos que la persona identifique cuáles son las creencias y miedos que le impiden vivir fluidamente sus instintos. Después necesita revisar su pasado para revivir las situaciones específicas donde esas creencias y miedos fueron colocados, recordando también bajo qué amenazas y chantajes fueron establecidos. Entonces se va a dar cuenta que lo que fue impactante en la infancia para un niño/a dependiente y vulnerable no tiene fuerza para el adulto independiente actual.

"Cuando nos exaltamos contra algo, estamos vinculados a ese algo. Los que condenan airadamente la homosexualidad u otras conductas que se salen del recinto de "las buenas costumbres" en el fondo están deseando vivirlas, pero no se lo permiten".   Enrique Esquenazi (1949 – 2012)

Siendo que la rabia es una emoción particularmente conectada con la represión de los instintos sugeriremos la Meditación Dinámica de Osho. Es importante que consiga decir que no y coloque limites como una forma de defenderse. Sugeriremos identificar actitudes autodestructivas y observar, detrás de la rabia acumulada, qué necesidades naturales están siendo negadas. Los ejercicios del análisis bioenergético que ayudan a soltar las tensiones pélvicas pueden facilitar la expresión instintiva más natural.

Camino de crecimiento. Usando las llaves que aparecieron en las posiciones anteriores la persona está comenzando a diluir las creencias, miedos y otros bloqueos que reprimían la expresión de sus instintos que ahora empiezan a aflorar. Como efecto colateral viene un *crescendo* de la vitalidad, de la afirmación personal, del placer más básico y claro de la vida sexual.

Resultado interno. Fruto del proceso de autoconocimiento y transformación, que vemos en las cartas, la persona consiguió identificar, entender y desactivar las creencias, miedos y otras dificultades internas que tenía para vivir plenamente los instintos cuya energía creadora pasa a manifestarse en todos los aspectos de su vida sintiéndose más vital, dispuesta, alegre y amorosa, bonita y con la puerta abierta para lo trascendente.

Resultado externo. Firmemente enraizada en su naturaleza instintiva, viviendo plenamente su sexualidad, expresando su garra y su creatividad, la persona lleva la vida con placer, pudiéndose interesar en actividades donde puede expresar su energía instintiva –deportes, turismo de aventura, actividades en medio de la naturaleza, danza, etc.

LA TORRE

Títulos. En los Tarots de Marsella se llama "*La Maison Dieu*" es decir, "La Casa Dios". Algunos estudiosos afirman que éste era el nombre de ciertos hospitales-monasterios que, en la Edad Media, acogían peregrinos, pobres y enfermos. Otros autores dicen que los hospitales eran llamados "*Hôtel Dieu*" y no "*La Maison Dieu*" que se refería a la propia iglesia. Hotel y Hospital proceden de la palabra latina "*hospes*": que da hospitalidad. Un nombre un tanto raro para lo que parece ser una estructura que se está derrumbando. Otros estudiosos afirman que "*La Maison Dieu*" vendría de "*La maison du Feu*" (*La casa del Fuego*).

Más tarde pasó a llamarse "la Torre fulminada por el rayo" o simplemente "La Torre". Otros títulos son "El Hospital", "El Fuego del Cielo" y en el Tarot Egipcio "La Fragilidad". Su título esotérico es "El Señor de las Huestes de los Poderosos".

Número. El **número 16**, siendo el cuadrado de Cuatro, lleva hasta el extremo las cualidades que este número representa. Cuando desarrollamos un aspecto de una determinada polaridad hasta el límite, estamos fortaleciendo su opuesto. Si el Cuatro representa la estabilidad, el orden, la ley, la estructura material de las cosas, lo sólido, su cuadrado será el número de la **destrucción de las formas**, de las leyes, del orden establecido. Transmite la idea de vuelta a lo informe, a la Nada.

CORRESPONDENCIAS

Letra hebrea. Phe, ף o פ si está al final de la palabra, es doble, femenina y su valor numérico es 80 y al final de la palabra 800. Su pronunciación dura es P y la suave es F. Significa **boca** y se relaciona con los procesos de ingestión de alimentos y con el habla. Sabemos que para que un alimento pueda ser asimilado por el organismo su estructura tiene que ser destruida. Un aspecto de dicha destrucción sucede en la boca. Jeroglíficamente Phe representa el poder de la palabra creadora.

Camino cabalístico. El camino 27 conecta el centro de los procesos de la razón, Hod –el Esplendor– con la esfera de los deseos naturales, Netzach –la Victoria–, el intelecto puro con el sentimiento puro. Esto entraña la destrucción de las viejas formas. Es un camino horizontal y equilibrado en el mundo de la personalidad.

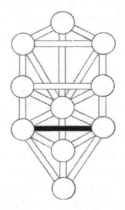

Fig. VIII. 05. El Sendero 27.

Atribución astrológica. ⊡ʼ. Phe, letra doble, se corresponde con **Marte** que representa el principio del dinamismo y de la fuerza. Es pura acción e impulsividad. En el mundo humano es la energía de la supervivencia y de la autopreservación. Es la instintividad que da coraje e impulso en la lucha por la vida. Marte es la autoafirmación del yo para enfrentar las presiones externas. Por eso es también la agresión, la competitividad, la guerra y la lucha. Si Venus lleva al ser humano a la dulzura, la afectividad y lo hace buscar una vida tranquila y agradable, Marte lo empuja a usar la fuerza, a luchar y conquistar. Venus es el amor pasivo y magnético, el placer y la unión, Marte es el lado animal del sexo, que para procrear necesita conquistar y poseer. Al marciano no le gusta la vida relajada y tranquila, sino que precisa vivir intensamente como hechizado por el peligro y el riesgo. Su impulsividad natural lo hace ser muy impaciente. Quiere realizar sus deseos ya, importándole un comino el pasado y las consecuencias futuras de sus actos. Así él toma decisiones continuamente y busca las soluciones más radicales. Marte gobierna Aries y con Plutón rige Escorpión.

Símbolos. La imagen de Crowley muestra una torre siendo destruida por llamas y rayos.

Fig. VIII. 06. La Torre

Las primeras **torres** conocidas son los zigurats mesopotámicos, que tenían cien metros de altura. Cada piso era pintado según el color de cada uno de los siete planetas. Eran observatorios astronómicos que representaban escaleras por donde algún día los dioses bajarían a la tierra y los humanos subirían al cielo. Estaban coronadas por un templo y encarnaban el esfuerzo humano para aproximarse a la Divinidad que para ellos estaba fuera, allí arriba, lejos en el cielo. Cuando buscamos la Divinidad fuera de nosotros mismos, siempre aparece alguien que se presenta como intermediario, que estipula comportamientos, mandamientos, dogmas y tributos para conseguir mejor la misericordia y las recompensas de tal ente proyectado. Acabamos pareciendo aquellos perros que corren atrás de su propio rabo, imaginando que es algo ajeno a ellos mismos. Estos comportamientos masificados que dan una falsa seguridad y al tiempo nos esclavizan forman parte de la Torre que se está destruyendo. De lo alto **caen cuatro figuras humano-geométricas.** Son los soldados de la guarnición que identificados con el papel de guardianes de la torre adquirieron rigidez geométrica que se va a hacer añicos al llegar al suelo. Arriba **el ojo de Shiva,** el Principio destructor y transformador de la *trimurti* hindú, aparece abierto.

Según esta tradición cuando esto sucede los opuestos se reintegran y el Universo se aniquila.

En otras barajas un rayo cae del cielo y destruye la torre. En los primeros Tarots de Marsella el rayo salía de la torre. Es a partir de Nicolás Conver, que el rayo cae del cielo. En el Visconti-Sforza, esta carta se perdió.

Fig. VIII. 07. Jean Noblet +/- 1650 y Nicolás Conver 1761

En la esquina inferior derecha, **las mandíbulas abiertas de Dis**, el dios romano de la muerte, escupen fuego en los cimientos de la torre, indicando que la destrucción también se realiza desde la base.

Bañados en el brillo del ojo están la paloma y la serpiente que ya vimos en El Hierofante. **La paloma y la serpiente** muestran dos caminos. La voluntad de vivir y la de morir. El camino de la serpiente es el tantrismo hindú, el trabajo con la Kundalini usando la energía primordial en prácticas sexuales, la entrega a las energías naturales, los rituales dionisíacos y los misterios de Eleusis. El camino de la paloma es el camino de la devoción pura, donde el instinto es sublimado. Aquí la serpiente tiene la cabeza de león, tal como aparece en el Entusiasmo (La Fuerza), haciendo alusión a la Kundalini y a Abraxas, la entidad que asimila en sí misma lo positivo y lo negativo, lo luminoso y lo oscuro.

Significados generales. La Torre es la expresión gráfica del **Principio de la Destrucción**. Vemos en ella la destrucción por el fuego del orden material existente. Cuando un sistema físico alcanza su punto de máxima tensión interna, para alcanzar un nuevo equilibrio se destruye su estructura. Un ejemplo sería el deshielo, cuando la temperatura sube. En la tradición shivaísta del sur de la India, la Suprema Perfección es alcanzada mediante la muerte, mediante la destrucción de lo existente, de las formas de lo manifestado.

Suele ser interpretada como desastres que destrozan la estructura del consultante. Para Crowley es la destrucción de las prisiones, de las rutinas mecánicas que alienan al ser humano. Es la ruptura de las cadenas que nos aprisionan en las nuevas torres o edificios de apartamentos u oficinas, donde repetimos gestos sin sentido, profundamente desconectados de nosotros mismos, de la Naturaleza y de los demás. Conectados a la televisión, internet y saldo bancario, vivimos contaminando, consumiendo, compensándonos autodestructivamente de nuestras frustraciones, escondiéndonos, manipulados por el hierofante de guardia, inconscientes de que somos seres divinos.

Esos personajes que caen son los guardianes de la torre, que estaban identificados con su papel de defensores de un orden establecido por terceros, sofocante y sin salida, tornándose sus propios carceleros. Cuando la torre se derrumba, caen y el impacto destruye su falsa personalidad y pueden volver a hacer contacto consigo mismos y con la realidad externa.

Esas estructuras o prisiones que sofocan y limitan pueden ser de dos tipos.

Externas: vínculos profesionales, compromisos familiares, exigencias financieras, relaciones amorosas que de amorosas ya no tienen nada, etc.

Internas: "Yo soy así, tengo que ser así, construí esta fachada para que me acepten y para no pasar de nuevo por situaciones en las que sufrí, de manera que todo lo que no se sintonice con esa fachada no lo dejo pasar". Esa camisa de fuerza es el Ego con sus falsas identificaciones, sus fantasías, ambiciones e ilusiones irreales. Es la destrucción del velo de *maya* rasgado por el relámpago de la conciencia. Estas ideas son familiares desde la carta de La Muerte, donde el acento se ponía en una transformación interna, generalmente lenta, producto de la desactivación de caducos patrones de conducta cristalizada con la consecuente liberación de la esencia del ser. En La Torre la destrucción se da en ambos planos interno y externo y es más rápida y explosiva. A veces puede ser la reacción espontánea a un estado prolongado de quietud, inercia y presión interna.

Aquí se destruye todo un estilo de vida, se liquidan relaciones, vínculos, empleos... y todas las estructuras que sofocan y limitan al Ser. Dependiendo del apego con lo que desaparece, el paso por esta etapa puede ser una agradable sensación de liberación y alivio o una experiencia de pérdida dolorosa.

EN LA LECTURA TERAPÉUTICA

Momento actual. La persona se siente sofocada y no aguanta más. Está en contacto con el impulso interno de dinamitar sus prisiones, sean externas (vínculos profesionales o afectivos, compromisos familiares o financieros, etc.) o internas (cualquier tipo de identificación que nada tiene que ver con la verdadera naturaleza del ser y que solemos colocar después del yo soy... en definitiva el ego). Percibe también las consecuencias de haber permanecido en dichas prisiones. De hecho, el origen de la prisión externa es interno. La segunda carta puede mostrar en qué área de la vida se está dando este cuestionamiento o en función de qué creencias o disculpas esta persona no destruye lo que la oprime.

Ancla. Por falta, especialmente con algún Cuatro en el Ancla, muestra una persona que tiene tanto miedo de lo desconocido, de los cambios, de "que le va a faltar", de mostrar su vulnerabilidad, que se pasó la vida construyendo prisiones, identificándose con grupos o actividades, organizando sus rutinas para que nada le pueda pillar desprevenido y así sentirse segura. Emana enojo y negatividad dirigida a asuntos que no están vinculados directamente con las verdaderas causas de su rabia y frustración que no quiere confrontar. Se autodestruye con compensaciones y emite una vibración pesada de rencores escondidos y frustraciones asfixiantes, todo en nombre de su seguridad. Usa la energía que le sobra para apuntalar su prisión. La esencia floral de **Star Thistle*** aumentará su seguridad interna e independencia de la materia desplegando la generosidad y la conciencia de la abundancia interna y externa.

Por exceso tenemos al destructor, que destroza todo lo que toca y especialmente a sí mismo. Opta por actividades que no le dan placer y que son una carga pesada que se auto-impone, tal vez por presión de la familia, llevándola a vivir en tensión permanente que se va acumulando hasta que explota o hacia fuera destruyendo la estructura material que daba soporte a la actividad, por ejemplo, llevando a la ruina su empresa, o hacia dentro destruyendo su cuerpo físico. Cuando algo o alguien se interpone en "su camino", tiene ataques de furia. Su problema está en su falta de referentes internos firmes para escoger la vida que realmente refleje su naturaleza interna. Sus negocios se van a pique, sus relaciones afectivas acaban en peleas y disgustos, es expulsado de sus empleos como un revoltoso al que todo le sale mal. Puede estar saboteándose para no crecer, para no estructurarse y así no responsabilizarse de nada. En este caso indicado por la presencia del Loco sería viable usar la esencia floral de **Fairy Lantern*** para ayudarlo a responsabilizarse. Este comportamiento destructivo, en algunos casos delincuente, que puede ser producto de una fuerte rebelión contra el autoritarismo familiar, indicado por El Emperador o un Cuatro en la Infancia, podría ser aliviado con el uso de la esencia de **Saguaro***.

La esencia de **Wild Oat** la ayudará a descubrir e invertir en su vocación y la de **Cerato** aumentará su autoconfianza y la ayudará a ser independiente de las presiones y opiniones ajenas. La de **Scarlet Monkeyflower*** proporcionará una mayor honestidad emocional para reconocer y trabajar lo que la deja a punto de explotar (en especial con un Ocho de Bastos - La Rapidez) sin permitir que se acumulen y tomen un carácter desproporcionadamente cegador de la conciencia.

Infancia. Hubo acontecimientos violentos que quebraron su seguridad interna y su confianza en el mundo. Puede haber sido la destrucción del hogar familiar, peleas familiares, incendios, guerras, bancarrota, etc. Con el Siete de Copas - La Corrupción puede indicar abuso sexual.

Relaciones. a) La relación ayuda a la persona a identificar y eliminar sus prisiones. Esto puede suceder de diferentes maneras. La pareja puede estimularla amorosamente y darle apoyo para que salga, por ejemplo, de un empleo asfixiante, pero también puede ser la relación la que la asfixia y oprime hasta tal punto que no la aguanta más y está sintiendo la necesidad de deshacerse de ella. b) Esta persona es incapaz de crear vínculos. El menor compromiso es una prisión insoportable. No quiere amarrarse a nada y acaba sus relaciones explosivamente cuando termina la euforia inicial.

Voz de la Esencia y Método. El ser verdadero se siente encerrado en una prisión de la cual el ego se tornó el carcelero. La tensión interna es cada vez mayor con peligro de somatizaciones corporales. Es urgente reconsiderar el estilo de vida, las prioridades que determinan el cotidiano, para liberarse de toda esa estructura limitante de la cual solo podrá liberarse a través de la destrucción: no existe más flexibilidad ni posibilidad de contornar la situación. Sugiere que la persona identifique lo que la está sofocando, oprimiendo y limitando, sean prisiones externas como vínculos profesionales, agenda saturada, compromisos familiares, relaciones, exigencias financieras, rutinas latosas y cargantes o internas: falsas identificaciones, fantasías y otros elementos constituyentes del ego. ¿Cómo podemos reconocerlos? Cuando perdemos el centro, nos exaltamos, el corazón se dispara, la sangre se sube a la cabeza o se traba la respiración y nos sentimos impelidos a actuar compulsivamente, hay una identificación. Es necesario percibir los miedos, bloqueos y otras dificultades internas que impiden dinamitar las prisiones, entenderlos y trabajarlos.
Para dar este salto hacia la libertad, sabiendo mejor de qué debe despojarse y con una conciencia más viva del Ser interno, sugeriremos la esencia de **Sagebrush***.

Cuando La Torre aparece en la Voz de la Esencia pide identificar y destruir las prisiones. El Método dirá cómo hacerlo y eso puede demorar un tempo. Por ejemplo, paulatinamente, con el Dos de Discos - El Cambio o rápidamente, con el Ocho de Bastos - La Rapidez. Sin embargo, si aparece en el Método hay que hacerlo lo antes posible antes de que el cuerpo pague el pato.

Camino de crecimiento. Usando las llaves que aparecieron en las posiciones anteriores la persona percibió las consecuencias de mantenerse en sus prisiones (externas y/o internas), entendió porque se mantuvo en ellas y si todavía no las destruyó ya fue a comprar la dinamita.

Resultado interno. Esta persona, producto de todo el proceso que vimos hasta aquí, consiguió identificar, entender y desactivar las dificultades internas que tenía para desmantelar las estructuras limitantes que lo aprisionaban. Así pues, tenemos aquí la destrucción de las prisiones externas y del ego que, igual que La Torre, suele estar construido con ladrillos de dos caras. La externa suele ser de orgullo y prepotencia y la interna de miedo y auto-anulación. Dime de qué presumes y te diré de lo que careces, dice el refrán.

Resultado externo. El consultante, que pasó parte de su vida prisionero en un laberinto de actividades y vínculos que lo sofocaban, manteniendo en alto un ego que oprimía a su yo verdadero, a través de todo el proceso que vimos hasta aquí se fortaleció de tal manera que ahora cuando aparece una situación que lo agobiaría más aún, en vez de seguir aguantando más y más tensiones desmantela el laberinto. Rompe sus prisiones, larga su modo de vida alienado, acaba con el ego o por lo menos con sus aspectos más groseros y limitadores.

LA ESTRELLA

Títulos. Este arcano se corresponde con el arcano VI de Eteillá, titulado "El Aire", mientras que en la mayoría de tarots se titula "La Estrella". En algunos tarots aparece como "Las Estrellas". En el Tarot Egipcio, aludiendo a uno de sus significados tradicionales se llama "La Esperanza". En el Osho Zen Tarot es "El Silencio". Sus títulos esotéricos son "La Hija del Firmamento" y "El Habitante entre las Aguas".

Número. El Diecisiete transmite la idea de pureza y espiritualidad, especialmente en la tradición musulmana donde son diecisiete los gestos litúrgicos y las palabras que componen la llamada a la oración. El alquimista sufí Gabir ibn Hayyan, considera el diecisiete como el canon del equilibrio de todas las cosas. También podemos llegar a esta idea sin leer el *Libro de la balanza* de Gabir, ya que 17=1+7= 8, que simboliza el equilibrio cósmico siendo el número del Ajuste (La Justicia) representado por una balanza.

CORRESPONDENCIAS

Letra hebrea. ה. Hasta la revelación del *Libro de la Ley,* la letra que se atribuía era Tzaddi, tal como estaba en los manuscritos de Londres. Pero cuando Nuit, dejó saber que "*Todas esas viejas letras de mi libro están correctas, pero Tzaddi no es La Estrella*", Crowley se vio impelido a cambiarlas. Observando que etimológicamente Tzaddi significa zar, káiser, senado, señor, etc., se la atribuyó al Emperador, cuya letra era He. También vio que **He** podría ser asignada a La Estrella, ya que en el Tetragramatón representa el Principio Femenino tal como aparece en dicha carta bajo forma humana. Veíamos en el capítulo V cómo a través de las correspondencias de los Arcanos Mayores con las letras hebreas se deducían las atribuciones astrológicas. Veamos ahora cómo este cambio de letras perfecciona la simetría de la secuencia de los signos. Colocando en la primera columna la secuencia tradicional de los Arcanos Mayores, en la columna de sus correspondencias astrológicas Leo y Libra están permutados alrededor de Virgo, cosa que podemos representarla conforme la figura VIII.07.

0	El Loco	Aire - Urano
I	El Mago	Mercurio
II	La Sacerdotisa	La Luna
III	La Emperatriz	Venus
IV	El Emperador	**Aries**
V	El Hierofante	**Tauro**
VI	Los Amantes	**Géminis**
VII	El Carro	**Cáncer**
VIII	El Ajuste	**Libra**
IX	El Ermitaño	**Virgo**
X	La Fortuna	Júpiter
XI	El Entusiasmo	**Leo**
XII	El Colgado	Agua - Neptuno
XIII	La Muerte	**Escorpión**
XIV	El Arte	**Sagitario**
XV	El Demonio	**Capricornio**
XVI	La Torre	Marte
XVII	La Estrella	**Acuario**
XVIII	La Luna	**Piscis**
XIX	El Sol	El Sol
XX	El Eón	Fuego-Plutón
XXI	El Universo	Saturno - Tierra

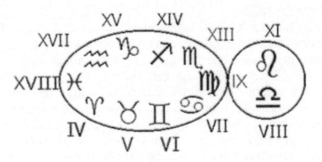

Fig. VIII.08. Antes del Cambio

Cambiando Tzaddi por He, El Emperador por La Estrella, aparece una nueva inversión: Aries y Acuario se cruzan alrededor de Piscis, obteniendo así el llamado por Crowley "Doble Anillo del Zodiaco".

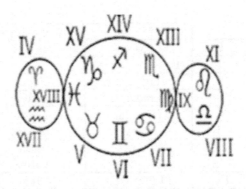

Fig. VIII.09. El Doble Anillo del Zodiaco

Waite privilegió la secuencia de los signos y modificó la de los arcanos, cambiando de lugar La Justicia-Libra con La Fuerza-Leo.

He es una letra simple, femenina y roja que suena como una h inglesa aspirada en la palabra *home* y cuyo valor numérico es cinco. Significa **ventana** y jeroglíficamente representa la vida universal, el soplo vital, el aliento del ser humano, todo lo que anima y vivifica.

Camino cabalístico. El camino de He une Tiphareth – la Belleza con Jokmah –la Sabiduría Aquí la individualidad se confronta con la dinámica de la pura energía divina. En el sendero 15 la individualidad toma conciencia de sus orígenes y de su propósito, dicen los cabalistas.

240

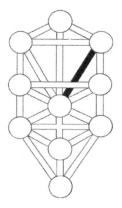

Fig.VIII.10. El Sendero 15.

Atribución astrológica. ⊠ A im . **Acuario** es un signo de Aire, fijo, gobernado por Urano y Saturno. En el cuerpo físico gobierna los tobillos, los talones, el sistema circulatorio y la médula espinal. Urano le comunica un fuerte deseo de libertad para innovar, atravesar los velos de los misterios y destruir las estructuras caducas y prejuiciosas.

Saturno, por su lado, el principio de la cohesión, de la estructuración y del orden, hace que los acuario se inclinen por principios éticos sólidos para gobernar sus vidas. Crecen buscando la verdad e intentan hacer de este mundo un paraíso, tanto mediante la aplicación práctica de sus ideales como del uso de sus conocimientos científicos.

Los nativos más puros llegan a ser impersonales, objetivos y con poquísimas consideraciones emocionales. Son ciudadanos del mundo, libres, sin apegos ni raíces. Aparentemente tienen más interés en conocer y perfeccionar a la sociedad que en conocerse y perfeccionarse ellos. Parece que aman más a la humanidad que a sus vecinos de carne y hueso. Dicen que la amistad es más importante que el amor y se entregan de cuerpo y alma a una causa, pero tienen serias dificultades para expresar sus emociones íntimas y relacionarse en profundidad.

Como dice Ana María Ribeiro: *"Es importante que el nativo de Acuario se acuerde de que entre la cabeza y los pies existe un cuerpo"*.

Tienen una mentalidad progresista, atrevida y revolucionaria, aman la libertad, la justicia y la fraternidad, son humanitarios, aunque no aceptan las falsas conciliaciones, sin embargo, les falta capacidad de adaptación e indulgencia, aunque siendo muy sociables acaban por adquirirlas. Generalmente tienen muchos amigos. Les encanta cambiar y conocer. Su intuición es aguda. Podemos decir que son seres que se anticiparon a su tiempo. Los acuarios están entre el genio y la locura, entre la gloria y la prisión. Su verbo es **"Yo sé"** y su frase "Yo siembro un mundo mejor viviendo la conciencia cósmica aquí y ahora". Sus tendencias patológicas son la anemia, la debilidad cardiaca –Acuario es el signo opuesto de Leo, regente del corazón–, los espasmos y palpitaciones, las intoxicaciones, los problemas circulatorios y las enfermedades mentales.

Fig. VIII.11. Acuario. Jofhra

Símbolos. La figura central es una **mujer desnuda**. Su desnudez es símbolo de pureza e inocencia. Es la más pura manifestación de la Gran Diosa, anterior a cualquier envolvimiento con la materia. Por eso aparece aquí desnuda, mientras que en La Sacerdotisa lo hace velada y en La Emperatriz coronada.

En El Eón, arcano XX, se muestra como la bóveda celestial. Es Nuit, la Señora de las Estrellas, con forma humana. En su mano derecha, la que corresponde a *Joakin*, el pilar del amor, tiene una **copa dorada** de la que escancia un néctar "*que es también leche, aceite y sangre sobre su cabeza, sugiriendo la renovación eterna de las categorías, de las inagotables posibilidades de la Existencia*", dice Crowley.

Fig. VIII.12. La Estrella

Con la mano izquierda, correspondiente a *Boaz*, el pilar del rigor, derrama el fluido de una **copa plateada** en el punto donde se junta el Agua del mar de Binah, otra manifestación de Nuit, con la Tierra de *Malkuth*. Es interesante observar que las **líneas de fuerza de los dos fluidos** son diferentes. Las que se precipitan en el Abismo son líneas rectas. La geometría euclidiana –o de las rectas– fue dejada de lado por los modernos matemáticos y físicos cuando percibieron que el Universo es curvo y que la línea recta no se ajusta a la realidad. En la Naturaleza no existen las rectas. Einstein enunció que el Cosmos tiene forma espiral, así como las líneas del fluido de la copa dorada que acaban envolviéndose con Nuit y ondulándole el cabello que delicadamente se sumerge en el Abismo.

Las copas, que según varias tradiciones son equivalentes a los pechos de donde fluye y rebosa la leche que alimenta a la humanidad, son, una de oro, solar, relativa al aspecto consciente del ser, y otra de plata, lunar, relativa al inconsciente. Parece pues que el inconsciente está limpiándose de categorías ultrapasadas. Producto del trabajo de la mujer con los fluidos, surgen del Abismo los **cristales**, símbolo del inicio del desarrollo de la vida y del conocimiento universal, y la tierra es fertilizada como lo muestran las **rosas** que aparecen en la esquina inferior derecha. **Las mariposas** que también simbolizan la liberación de viejos capullos, vuelan sobre las rosas. El crecimiento se da en los tres reinos: mineral, vegetal y animal. Detrás de la mujer tenemos la **bóveda celestial**, otra forma de Nuit, destacando Venus, la estrella de siete puntas, recalcando que los principales atributos de Nuit son el amor, la belleza, el placer, la unión y la creatividad. Un amor generador y creador, tal como es sugerido por sus espirales.

243

En la esquina superior izquierda está la **estrella de *Babalón***, también de siete puntas, como letras tiene esta palabra. Sus rayos, también en espiral, bañan el fondo de la carta con una luz sutil y tenue. Babalón o Babilonia es otra forma de Nuit: la Mujer Escarlata, la voluptuosa mujer que cabalga el león de siete cabezas en el arcano XI.

Fig. VIII.13. La Estrella de Babalón

Significados generales. Crowley rompe con el significado tradicional de esperanza, una trampa con la cual las élites controlan a los pueblos. *"Sabemos que están sufriendo, pero no se desesperen, no se subleven, no pierdan la esperanza, que las cosas van a mejorar".* La idea de esperanza, que no debe de ser confundida con autoconfianza, siempre estuvo relacionada con la salvación externa, es decir, de que alguien va a llegar y nos va a salvar, así nos desvalorizamos y permanecemos infantilizados como se puede ver en www.tarotterapeutico.info español VIDEOS "La Introducción a las Cinco llaves del bienestar".

Para Crowley la Estrella ilustra el **Principio Universal de la renovación de las categorías**. Lo viejo se integra a la Existencia a través de volver a lo no manifestado y las nuevas experiencias son realizadas. Esta carta encarna las fuerzas cósmicas que llevan a la evolución de las galaxias, de las especies, de la sociedad, de las ideas, del ser humano, en fin, de todo lo que existe. Algo diferenciado tiene que disolverse en lo indiferenciado para permitir el movimiento, la evolución, la continuidad, el eterno retorno. Sin embargo, esas líneas de fuerza de la copa superior no son realmente espirales, sino líneas rectas que acompañan un trayecto espiral. Siendo que la línea recta, inexistente en la naturaleza, es un concepto mental: la distancia menor entre dos puntos, todas las creencias, principios y valores acaban siendo apenas abstracciones mentales fuera de la realidad.

En un plano humano, representa una **Reformulación de Creencias** que lleva al rescate de la mente perceptiva. Cuantas más creencias, principios y valores tenemos en la cabeza más se distorsiona nuestra visión de la realidad. "Nada es verdad ni es mentira, todo es del color del cristal con que se mira", dice el refranero castellano. Pues las creencias son el cristal. El budismo zen afirma: *"No busques la verdad apenas abandona tus opiniones"*. En la medida en que vamos eliminando las creencias, ideas y prejuicios con los que nos embotaron rescatamos la mente perceptiva que tenía el niño no programado. La Estrella muestra este proceso.

La mayor parte de estas creencias están relacionadas con la necesidad que la persona tiene de ser aceptada. Aunque las cosas están cambiando mucho la mujer dice: *"Si quiero ser acepta tengo que ser buenecita, bien educada, agradar, no decir que no, estar atenta a lo que los demás esperan de mí, esperar en silencio a ser reconocida, tener siempre presentes mis defectos, mostrarme desamparada, incapaz y dependiente, esperar ayuda ajena o del destino, no exigir lo que me corresponde, no ser competitiva con mis colegas ni autoritaria con mis subordinados, no forzar a los demás a hacer lo que yo quiero, renunciar a tomar iniciativas, dar opiniones solo si me las piden y con poco énfasis, estar dispuesta a cambiar de opinión, esconder la rabia, ser servicial y tolerante, sacrificarme, fingir, ser bonita, amable, seductora sin llegar a ser provocativa, simpática, orientarme por los deseos y las necesidades de los demás, colocar como principal prioridad agarrar un marido (por razones de status, seguridad económica y auto-afirmación de mi femineidad) y una vez lazado cuidar de mis hijos y de mi marido, ser comprensiva con las dificultades y errores de los demás, inclusive si mi marido me desvaloriza o maltrata, sobrecargarme de trabajo, nunca parecer superior siendo original o creativa, obedecer las reglas del juego, conseguir lo que quiero a escondidas y no abiertamente, dejar que los demás descubran lo que quiero en vez de exponerlo claramente, saber esperar, estar dispuesta a ejecutar ordenes, desvalorizar mis conocimientos o mi capacidad intelectual, no asumir mis responsabilidades conmigo misma ni analizar mis experiencias, culparme por mis fracasos, aceptar lo que "Dios o el destino me manda", vestirme a la moda, sentarme con las piernas juntas, no gesticular mucho, inclinar la cabeza, no sostener la mirada, no interrumpir, saber escuchar, sonreír sin dar carcajadas, disminuirme corporalmente en vez de mantenerme erguida, mostrarme tímida, modesta y humilde, dar la otra mejilla, evitar los conflictos, no discordar, trabajar por el "bien común", dejar o pedir que los demás decidan por mí, sabotear mi autonomía, perdonar, "ser feliz si tú eres feliz", no tener intereses ni criterios propios, compadecerme de los débiles, cuidar-los y ayudarlos, renunciar a mis sueños y a mi libertad , renunciar a mis ideas, convicciones e ideales, renunciar a ser feliz, renunciar a mis propios méritos y a la expresión de mis talentos, renunciar a mi tempo y en definitiva renunciar a ser yo misma".*

Y el hombre: *Para ser aceptado tengo que ser el hombre de la casa, el proveedor de las necesidades materiales, no puedo llorar ni mostrar miedo, tengo que dar prioridad al trabajo aunque la salud y las relaciones estén hechas un trapo, mostrarme seguro y capaz siempre, ser competitivo, vencer, imponerme, ser el mejor, nunca darme por vencido, satisfacer materialmente a la familia y sexualmente a la esposa (y a alguna otra mujer más si fuese posible), mantener mis emociones bajo control, tomar iniciativas, hacer propuestas, mostrar que sé del asunto, dar opiniones, mandar en casa, mostrarme superior a la mujer y a los hijos, caminar como si supiese adónde voy, mantenerme erguido, ser insensible, práctico, enfrentar cualquier peligro y estrés*[221].

Aquí rescatamos nuestra percepción que se torna más objetiva, realista, y global, capaz de identificar las fuerzas que están transformando el Universo. Cuando el ser alcanza este estado de conciencia, deja de sentirse solo, aislado o perdido en un mundo amenazador, desconocido y extraño y percibe que es una parte integrante e interactiva del planeta junto con el cual pulsa.

EN LA LECTURA TERAPEÚTICA

Momento actual. La persona, dándose cuenta que una buena parte de sus ideas, creencias y opiniones no funciona, pues sustenta iniciativas y decisiones que la llevan continuamente al sufrimiento, está cuestionándolas. La segunda carta del Momento Actual puede mostrar factores internos que dificultan esta limpieza o las primeras consecuencias de este proceso. Así su mente se torna permeable a nuevas comprensiones, producto tanto de su propia experiencia como de una visión más realista y global de la vida.

Ancla. Por falta esta persona tiene una gran dificultad para cambiar su manera de pensar. Está tan aferrada a sus creencias, principios y valores que por más que se muestren disfuncionales, caducos o falsos continúa defendiéndolos y haciendo de ellos la guía para sus actos. Identificada con sus creencias, no ve ni quiere ver sino aquello que parece concordar con ellas de manera que su percepción tanto de la realidad interna como externa es mínima. La esencia de **Rock Water** lo ayudará a flexibilizarse mentalmente.

Por exceso todo lo quiere cambiar o "mejorar". Es un contestatario compulsivo que cuestiona todo lo que, según él, son trabas para la evolución de la humanidad. Vende una imagen de persona vanguardista y entusiasta, punta de lanza del pensamiento posmoderno. Siempre tiene la razón y la idea más brillante y actual. Llegando a la tertulia dice: Están todos equivocados.

246

¿De qué están hablando? Intelectualmente parece que huye de lo superficial y mezquino, pero en definitiva es ella quien acaba siéndolo, pues es tan mental que no se permite la menor expresión de sus sentimientos e instintos y se queda repitiendo dichos grandilocuentes. Pretende cambiar el mundo, pero no se conoce a sí misma. No consigue relajar ni extraer de sus vivencias sus propias experiencias y criterios. Le sugeriremos el uso de **Vervain** para ayudarla a enraizar en sí misma sus ideales. Este exceso de espíritu crítico y condenatorio puede ser la tapadera de su sentimiento de inferioridad y fruto de una infancia de crítica y desvalorización si aparece el Cinco de Espadas - La Derrota en la Infancia. El uso de la flor de **Beech** favorecerá su tolerancia, su aceptación de las diferencias y capacidad de ver el lado positivo de cada persona o situación.

Infancia. Existió aquí un conflicto de valores. Los principios que se enseñaban o eran impuestos en casa eran muy diferentes sino contradictorios de los de la escuela o de la calle. En el peor de los casos, denunciado por los Amantes en esta posición, el padre defendía ideas que eran atacadas por la madre y viceversa y el niño estaba en medio del fuego cruzado pues a la aceptación de dichos valores, ideas o creencias era condicionada la aceptación y el trato que el niño recibía. Puede que fuese criado en un hogar "progresista" y/o fanático. Tuvo que adaptarse a patrones de pensamiento que, aunque pudiesen negar las caducas formas autoritarias y religiosas del pasado, no dejaban de ser ideas colocadas sin cariño. Todo esto dejó al niño dividido e inseguro.

Relaciones. a) La relación está llevando a la persona, de diferentes maneras a cuestionar sus creencias principios y valores, ayudándola así a recuperar una percepción más realista y funcional. Si la relación estaba apoyada justamente en esas creencias y fantasías es muy posible que pase por una crisis. b) Esta persona vende en el mercado de las relaciones amorosas una imagen de progresista, original, innovador e contestatario de todo lo caduco, estrictamente mental que no muestra emociones ni deseos instintivos, como vimos en el Ancla por exceso.

Voz de la Esencia y Método. Integrar este arquetipo es percibir que lo importante no es que las creencias sean correctas o incorrectas, sino que hay creencias que impiden a la persona que sea ella misma y sustentan decisiones que llevan al sufrimiento y creencias que no lo hacen. Una vez comprendido esto podemos reformular nuestras creencias, dejar de lado la falsa personalidad que las antiguas creencias sustentan y relacionarnos sin prejuicios. El consultante está preso a fuertes condicionamientos mentales que necesitan ser cuestionados dentro de una reformulación general de principios, valores y creencias.

Para ello sugeriremos el siguiente trabajo: Traza seis columnas en un papel, en la primera coloca retrospectivamente dos o tres palabras identificando hechos que te hicieron sufrir a partir de una decisión que tomaste (o de permanecer indecisa) y de la cual te responsabilizas plenamente.

Ahora coloca en la segunda el argumento que te llevó a tomar dicha decisión o a permanecer indecisa. Si encontraste diez hechos probablemente vas a encontrar diez argumentos. Cuando acabes la segunda columna vete colocando en la tercera la creencia que sustentó el argumento. Vas a ver que no hay diez, sino tres o cuatro que se repiten. Bien ya sabes a qué creencias no les puedes hacer caso.

En la cuarta vas a identificar la emoción que da fuerza a la creencia, pues la fuerza de una creencia, se la da la intensidad de la emoción que sentimos cuando esa creencia fue incorporada. Por eso hay creencias que tienen mucha fuerza y otras ninguna.

En la quinta transforma esa creencia en un criterio lo más objetivo, funcional y realista posible que, aunque no deja de ser una cortina es un velo casi transparente, y que dé base para acciones concretas, pues si queremos reprogramar el cerebro hay que partir para la acción, la mente por si sola es incapaz.

Así en la última columna colocaremos para cada criterio varias acciones que podemos tomar a partir de dicho criterio.

La esencia de *Sage** favorece la capacidad de extraer sabias conclusiones de la autoobservación y percibir la propia vida en un contexto mayor. La flor de *Shasta Daisy** ayuda a la mente a tener una visión de lo cotidiano integrado en una perspectiva más global, mientras que la de *Filaree** proporciona una comprensión de las cosas y de la vida con un sentido cósmico.

Camino de crecimiento. Usando las llaves que aparecieron en las posiciones anteriores la persona no solo se da cuenta de las consecuencias nefastas de mantener creencias que ella no inventó pero que necesitó incorporar para ser aceptada por la familia y la sociedad y comienza a cuestionarlas y eliminarlas mejorando su percepción.

Resultado interno. Esta persona, producto de todo el proceso que vimos hasta aquí, identificó, entendió y desactivó las dificultades internas que tenía para eliminar principios, valores, prejuicios y otras creencias que le impedían ser ella misma y la conducían a la frustración y al sufrimiento. Cambió pues su manera de pensar. Su mente se volvió más perceptiva, flexible y tolerante y no le impide ser espontánea. Aumentó su sensibilidad, de manera que ahora se sintoniza mejor con su ambiente e interpreta los mensajes que traen las circunstancias que atrae y es capaz también de entregarse a las experiencias que antes estaban prohibidas por las creencias.

Resultado externo. La persona encara el mundo con la actitud interna que vimos en el Resultado Interno y como consecuencia cambia su vida. Puede ser que se interese por actividades que buscan la evolución de la humanidad, en cualquier aspecto: ecología, terapias naturales, conciencia corporal, psicoterapia, agricultura orgánica o en medios de comunicación, ayudando a los demás a librarse de creencias, doctrinas y dogmas de fe.

LA LUNA

Títulos. Desde el Tarot de Marsella aparece en la mayoría de los tarots con el título de "La Luna". En el Osho Zen Tarot se llama "Las Vidas Pasadas". Sus títulos esotéricos son "El Regulador del Flujo y el Reflujo" y "La Niña de los Hijos del Poder".

Número. La Luna lleva tradicionalmente el número 18. Dos veces 9, n.º de lo elevado y por reducción también 9, el 18 es el número de lo oscuro, profundo e inaccesible.

CORRESPONDENCIAS

Letra hebrea. ק. Kuf o Koph es simple, masculina, carmesí y su valor numérico es 100. Significa "la parte posterior de la cabeza" y está relacionada con el cerebelo, órgano que gobierna los procesos involuntarios como las pulsaciones cardiacas y la respiración. Es el eslabón entre los centros cerebrales superiores y la médula espinal. La función corporal atribuida a esta letra es dormir y suena como la K. Su sonido es más fuerte que la Qaph dura.

Camino cabalístico. El camino de Koph (29º) conduce de Malkuth (el Reino) a Netzach (la Victoria) uniendo las naturalezas física y emocional. Aquí es perfeccionado el cuerpo biológico para entrar mejor en contacto con los planos sutiles. En este camino el iniciado toma conciencia de su cuerpo físico como un instrumento fundamental para su evolución encontrándose con los fantasmas del mundo material de Malkuth que se instalaron en su mente. Son los fantasmas de la oscuridad del inconsciente colectivo, consideran algunos estudiosos.

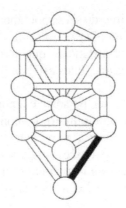

Fig. VIII.14. El Sendero 29

Atribución astrológica.  **Piscis** es el signo correspondiente a esta carta. Es un signo de Agua, mutable, femenino, gobernado por Neptuno y Júpiter. Rige los pies, las mucosas, el sistema linfático y el aura. Siendo el último signo del Zodiaco representa la posibilidad de trascender.

Fig. VIII.15. Piscis. Jofhra

Estos nativos crecen a través de servir y sanar a los demás. Son muy sensibles e impresionables, y se desequilibran con facilidad. Su estado anímico se refleja como en ningún otro signo en su salud física. Podemos considerar dos tipos de piscis: el primero es más intuitivo, espiritual, libre de las ataduras más pesadas de la vida material. Es el buscador de la verdad profunda, altruista, humanitario, creativo e inspirado. Su deseo de que todos los seres se vean libres del sufrimiento y su tolerancia lo llevan a entregarse amorosamente al mundo. El segundo tipo es escapista, disperso, indolente, muchas veces dependiente de drogas, con una mínima autoafirmación y autoestima. A este tipo le encanta representar el papel de víctima. El segundo no se encuentra y anda confundido y confundiendo a los demás. Estos dos tipos suelen convivir dentro del mismo piscis de carne y hueso.

Anna María Ribeiro dice: *"Este rey de la ilusión tiene mecanismos propios para comunicarse, totalmente no racionales, tales como la telepatía, la empatía, la clarividencia y otras percepciones paranormales"*. El nativo de Piscis tiende a engordar, a sufrir de los pulmones y de las glándulas. Se le hinchan los pies con facilidad y es muy vulnerable a intoxicaciones e infecciones. Sus crisis emocionales lo dejan frecuentemente colgado. Su verbo es "Yo creo" y su frase es "Yo soy uno en mi integración con la vida".

Símbolos. Por abajo aparece un escarabajo llevando entre sus patas el disco solar. Es Kephra o Kephri, **el escarabajo sagrado egipcio**, que como el Sol vuelve de las tinieblas de la noche renaciendo de sí mismo, por eso se le llama también el Sol Naciente. En el arte egipcio se le representa empujando una bola de fuego donde depositó su semen. Esta idea está inspirada en un hecho real: este coleóptero coloca sus huevos en una bola de estiércol, que va empujando continuamente bajo los rayos del sol. El estiércol calentado por los rayos solares fermenta y empolla los huevos. La bola representa el Sol pues contiene los elementos necesarios para el crecimiento y la alimentación. Según esta tradición Kephra es el padre de los dioses, el Gran Señor de la creación y la resurrección. Simboliza el ciclo solar del día y de la noche, transporta al Sol, en silencio, a través de la oscuridad de la noche y de los rigores del invierno. En esta carta Kephra surge de las aguas de Nuit, donde reposa el caos primordial y con la luz de su conciencia, el Sol, entre las patas, descubre ante sí un paisaje un tanto siniestro. Crowley escribe: *"Kephra es la más alta fuerza creadora, comenzando a materializarse en la más primitiva forma orgánica"*. Representa también la evolución orgánica de la raza humana y el desarrollo celular del vehículo físico humano desde las raíces más profundas de la Naturaleza.

Fig. VIII.16. Kefhra, Anubis, Ibis y la Cruz Ansata

251

En los Tarots de Marsella, Waite y Golden Dawn saliendo de las aguas primordiales aparece un cangrejo o una langosta símbolo de las primeras señales de percepción consciente, representando a la humanidad que sale de la inconsciencia. El cangrejo a veces anda para atrás mostrando el peligro que tenemos de perder nuestra conciencia e involucionar.

Enfrente vemos un camino o un río teñido con sangre, que surge entre dos altas y estériles montañas. Sobre él **nueve gotas de sangre lunar** (menstrual) caen con forma de Yod desde la Luna. La raíz *mens* significa Luna y Artemis, la diosa griega de la Luna, significa "la fuente superior de agua". A ambos lados del camino **dos chacales** acechan, aullando incesantemente, asustando a los caminantes inseguros. El chacal es considerado un animal de mal augurio, porque es nocturno, ronda los cementerios y se alimenta de cadáveres. Es símbolo de avidez, crueldad y deseo insaciable, o sea de las emociones y sensaciones exacerbadas. La conciencia corre un serio peligro de ser aniquilada por estos chacales, que aquí no sólo representan la instintividad ciega y compulsiva sino también el odio, miedos, culpas y todos los sentimientos destructivos.

Los chacales están a los pies de su amo, el dios **Anubis**, hijo de Osiris y Neftis, la protectora de los muertos y esposa de Set, también por partida doble. Éste preside los ritos funerarios, se ocupa de los difuntos, los embalsama y pesa su corazón. Si éste se muestra más leve que la pluma de Ma´at que se encuentra en el otro platillo, indica que está libre de culpa.

Este psicopompo, que según la leyenda se encarnaba en un perro salvaje, simboliza la muerte y el camino del difunto hasta llegar al valle de la inmortalidad. En una mano lleva el báculo Fenix, atributo de Thoth, el de la cabeza de Ibis, que por la forma de su pico es un ave lunar, símbolo de previsión, sabiduría y resurrección.

En la otra mano sostiene la **cruz ansata** o Ankn, la llave que abre la puerta del túmulo para los campos de Ialu, mundo de la eternidad, especialmente cuando era sujetada por la parte superior, como sucede en la carta. Esta cruz se considera símbolo de integración de los Principios activo y pasivo, por lo tanto, símbolo de vida.

Detrás de los Anubis se alzan **dos torres oscuras**, de siniestra apariencia. En ellas están todos los prejuicios, supersticiones, tradiciones muertas y miedos ancestrales que bloquean al ser humano en su evolución. Están también las amenazas y pavores colocados por padres y curas en la infancia. En verdad las torres están vacías, somos nosotros quienes proyectamos en ellas todo lo que tememos.

En el Tarot de Salvador Dalí (1984), estas torres son los rascacielos de Nueva York.

Fig. VIII.17. La Luna

Detrás de las torres vemos dos montañas azules. Si sus cimas fueran las rodillas de una mujer sentada en posición ginecológica estaría dando a luz, pariendo al Sol que vemos entre las patas del escarabajo, indicando que la verdadera luz solo surge en la medida que atraviesa, ilumina e integra la sombra. La luz que niega la sombra es una farsa, o como dijo Jung: "*Nadie se ilumina fantaseando figuras de luz, sino tornando consciente su propia oscuridad.*"

El diseño de esta carta está inspirada en el movimiento del mar, cuyo flujo y reflujo está gobernado por la Luna, pero no se trata de la Luna de La Sacerdotisa, el Principio receptivo que gobierna el inconsciente y el hogar, lo esotérico y la intuición, que une la individualidad (Tiphareth) y la esencia divina (Kether). No es la luna llena de las hogueras de Beltane, donde el pueblo se emparejaba para fecundar los campos y traer prosperidad al clan. Ésta es la **Luna negra**, que con sus cuernos hacia abajo es la Luna de la hechicería, de la magia negra, de las drogas que enloquecen. Aquí no existe más luz, sin embargo, esta oscuridad es también la condición necesaria para el renacimiento de la luz. Esta Luna es la diosa de los muertos, el lado oscuro de Hécate, que representada con tres cuerpos y tres cabezas es la nigromante, la diosa de la hechicería, de los terrores nocturnos, de los fantasmas y monstruos que infunden pánico. Con antorchas en la mano preside los sortilegios, acompañada de asnos, perros y lobas. En el hinduismo, está Kali, el aspecto destructivo de lo femenino, rodeada de chacales y otros animales que frecuentan los crematorios, aparentemente borracha, empuñando armas mortales e ensangrentadas. Es representada en pie sobre el cadáver de Shiva, su polaridad masculina.

253

La pregunta es ¿qué es lo que nos hechiza? Lo que nos hechiza manipulándonos sin que nos demos cuenta es todo aquello que escondimos en la sombra: Talentos y aspectos nuestros que cuando manifestados en la infancia fuimos censurados, reprimidos, amenazados, rechazados o castigados generando sufrimiento y miedo. Entonces los escondimos primero de la familia, después del mundo y finalmente de nosotros mismos. Esos aspectos y talentos nos manipulan a través de las proyecciones. Proyectamos en los demás aquello que está escondido en nuestra sombra. Así como las flechas de Cupido eran de oro y de plata nuestras proyecciones son de oro cuando vemos en otra persona aspectos o talentos que tuvimos que reprimir pero que no condenamos y nos identificamos y enganchamos con la persona en cuestión, enamorándonos locamente de ella. Cuando vemos o colocamos en otra persona aspectos o talentos nuestros que fueron tan severamente reprimidos que acabamos condenándolos, odiamos locamente a la persona que los expresa. Cuando sentimos fuertes oscilaciones de voltaje emocional al respecto de alguien o de una situación podemos estar seguros que estamos proyectando. Claro que cuando pasamos por una situación con dichas características tenemos la gran oportunidad de reconocer y rescatar el aspecto o talento que está en la sombra[23]. Esta carta es lo que los místicos llamaron la noche oscura del alma.

Significados generales. Representa **el lado oscuro del Universo**. Es el opuesto complementario del Sol. La luz y la sombra son opuestos complementarios, no existe sombra sin luz ni luz sin sombra; necesariamente la luz y la sombra coexisten. En el plano humano, representa los aspectos más oscuros del inconsciente, **la sombra**, que atrae y espanta al consciente, como la Luna lo hace con Kephra. Esta atracción es el producto de la necesidad que el ser tiene de tornarse completo integrando sus aspectos ocultos y le espanta porque teme volver a sufrir como sufrió cuando expresó dichos aspectos y talentos en la infancia. Este umbral es tal vez el mayor desafío conocido. Si en El Loco veíamos el inconsciente del ser no programado que se manifiesta expresando a través de la acción sus talentos y otras particularidades, en La Luna tenemos el inconsciente sombrío formado por todo aquello que rebotó en el muro de las prohibiciones y estimulaciones de la programación y tuvo que ser escondido. Para rescatar e iluminar la sombra, para llegar a ser seres completos habrá que enfrentar precisamente lo que más se teme. Aquí lo desconocido es fuente de peligros, miedos y alucinaciones. Cuando el ser humano intenta seguir su verdadero camino, aparecen las amenazas, los miedos, los dolores, rabias y culpas; una carga negativa que, inoculada en los primeros años de la infancia, para que el niño no sea lo que es, sino lo que sus padres quieren que sea, acabó con una buena parte de sus referentes internos. En este sentido La Luna se refiere al **pasado** en el que estamos enganchados, especialmente la infancia. Esta área psíquica que llamamos sombra no aparece de forma clara y posible de identificar, comprender, analizar y resolver, mas llega como una nube oscura, un gas lacrimógeno que confunde, irrita y produce toda una serie de sensaciones internas sumamente desagradables, que inhiben notablemente la posibilidad de avanzar.

EN LA LECTURA TERAPÉUTICA

Momento actual. La persona se está dando cuenta que no puede continuar sentadita encima del baúl de la sombra fingiendo que no pasa nada. Ya se dio cuenta que todo lo que esconde la manipula y está debatiéndose entre el impulso interno de abrir el baúl y aceptar, iluminar e integrar lo que hay dentro y el miedo de hacerlo. Esto puede ser el producto de su propio proceso de autoconocimiento o de atraer situaciones que toquetean y exaltan todo lo que está escondido, de manera que es imposible continuar negando la sombra. Puede ser un momento difícil, confuso, conflictivo y angustiante donde el miedo se manifiesta de un modo agudo y paralizante, pero con un enorme potencial de crecimiento. La flor de ***Rock Rose*** reforzará el coraje y la paz interior necesarios para enfrentar este tremendo desafío.

Ancla. Indica que esta persona tuvo que esconder tantos aspectos y talentos que fueron a la sombra, como la parte inmersa de un iceberg, que apenas muestra una parte limitadísima de lo que es en realidad y esa poderosísima sombra la manipula continuamente manteniéndola en un estado de grave alienación de sí misma. Vive con una fuerte tensión para mantener el control y con un miedo permanente de que todo lo que está escondiendo aparezca, es decir, de expresar emociones y deseos no compatibles con la imagen que pretende pasar al público. Esto estaría confirmado por El Ajuste (La Justicia) en la Infancia o en el Ancla. La esencia de ***Scarlet Monkeyflower***** la ayudará a alimentar la honestidad emocional, favoreciendo la integración del lado sombrío, así como la de ***Black-Eyed Susan***** que favorece la valentía para ir al encuentro de las partes sombrías o desconocidas de la psique
Ese miedo puede desdoblarse y manifestarse de diferentes maneras:
• EL MIEDO INDEFINIDO, especialmente de lo desconocido, con presentimientos negativos, pesadillas, supersticiones y una continua ansiedad e inseguridad. La flor de ***Aspen*** confiere confianza en el desafío a lo desconocido.
• EL MIEDO AL RECHAZO, LA CRÍTICA Y CUALQUIER TIPO DE HOSTILIDAD vividos en la infancia (Tres de Espadas – La Aflicción) hacen que la persona proyecte este estado paranoico y reaccione ante el mundo de

manera desconfiada y hostil. Indicado por la Princesa de Espadas en el Ancla, sugeriremos el uso de **Oregon Grape*** que rompe el patrón de desconfianza.

• EL MIEDO AL FRACASO, puede ser producto de fuertes expectativas de sus padres cuando niño. Así castró su creatividad y espontaneidad, confirmado por el Ocho de Espadas - la Interferencia o de Discos - El Fracaso en Ancla. La esencia de **Larch**, que alimenta la expresión creativa, la espontaneidad y la confianza en su capacidad, será la más indicada en este caso.

• EL MIEDO DE LOS DESAFÍOS COMUNES DE LO COTIDIANO, acompañado de timidez e introversión puede ser producto de sobreprotección/castración afirmada por La Emperatriz, o excesivas prohibiciones sugeridas por el Ocho de Espadas –La Interferencia. Estos pequeños miedos pueden abrir la conciencia a un miedo más básico y real, usando la esencia de **Mimulus,** que ayuda a recuperar el valor para vivir con mayor curiosidad, alegría y espontaneidad.

• EL MIEDO DE EXPONERSE, puede ser producto de un compulsivo "no me gusto" detectados por el Cinco de Copas - La Frustración en el Ancla o en la Infancia. Si este miedo se manifiesta evitando el contacto íntimo amoroso y sexual o haciendo del sexo una gimnasia impersonal, sugeriremos el uso de **Sticky Monkeyflower*** y **Pink Monkey Flower*** que aumentando la auto-aceptación, la ayudará a abrirse emocionalmente.

• EL MIEDO A PERDER EL CONTROL, liberando impulsos destructivos, sería indicado por la presencia del Cuatro de Espadas o de Copas - La Tregua y El Lujo - o El Caballero de Bastos en el Ancla. Generalmente el ego va a querer reforzar todavía más el control. Antes que la explosión suceda sugeriremos el uso de **Cherry Plum**.

• EL MIEDO DE CRECER y enfrentar las responsabilidades de adulto confirmado por El Loco en el Ancla. Será aliviado con **Fairy Lantern***, que facilita el tránsito a través de tales bloqueos emocionales hasta la madurez que integra en sí misma el lado infantil.

• EL MIEDO DE PERDER LAS COSAS, de manera que la persona basa su seguridad interna en sus bienes materiales indicada por el Cuatro de Discos - El Poder en el Ancla, procede de una carencia emocional muy profunda indicada por La Reina de Espadas, en la Infancia. Este tipo de avaricia, puede ser revertida con la flor de **Star Thistle*** que fortalece la seguridad interna, la generosidad y la confianza en la vida.

• EL MIEDO A MORIR producto de la identificación materialista con el cuerpo físico, resultado de una educación estrictamente racionalista, detectada por el Seis de Espadas - La Ciencia o por una rebelión contra una programación religiosa dogmática, inculpadora y represiva denunciada por

256

El Hierofante puede tratarse con la flor de **Chrysanthemum***, que favorece el desarrollo de la espiritualidad.

• EL MIEDO DE PERDER LA INDIVIDUALIDAD EN EL GRUPO deja a la persona tímida y retraída. (La Sacerdotisa en Relaciones indicaría un caso así) y que, a pesar de sufrir con su soledad, se enclaustran en sus ocupaciones. La flor de **Violet*** estimulará la confianza de que los demás van a ayudarla y de que su individualidad se va la revelar con mayor firmeza.

Por falta puede mostrar la creación de una personalidad contrafóbica: tiene tanto miedo de tener miedo que actúa como si no tuviera miedo. Se coloca una máscara de seguridad, optimismo, de despreocupación, todo está bien, que puede ser trabajada con la esencia de **Agrimony**.

Infancia. Todo era peligroso; el mundo allí afuera, asustador. ¡Cuidado, que te va atropellar el auto! Las iniciativas fueron podadas bajo amenazas: ¡No te atrevas! ¡Ni lo sueñes! ¡Te voy a castigar en el cuarto oscuro! y la espontaneidad desapareció. Bajo ese tipo de programación se creó una sombra dantesca que aglutinó la mayoría de las características y talentos del niño/a, siendo después escondidos del mundo y de sí mismo/a. Con el Nueve de Espadas - la Crueldad puede indicar tortura física, castigos humillantes y violentos. Tal vez hasta haya sentido su propia vida en peligro y adquirido rasgos esquizoides en su personalidad.

Relaciones. a) La relación está ayudando a la persona a reconocer que existe en su inconsciente un baúl cerrado a siete llaves donde guarda talentos y características de su ser, guardados allí en el pasado bajo siniestras amenazas y cuya aceptación y expresión está trabada por fuertes miedos. Esto se puede dar de varias maneras de las cuales la menos agradable sería si la pareja es la que toquetea sus áreas sensibles, estimula la aparición de los aspectos sombríos y dispara sus miedos como confirmaría el Nueve de Espadas – La Crueldad indicando que la persona se siente amenazada por su pareja. En cualquier caso, puede ser un excelente acicate para entender y desactivar el miedo y aceptar e integrar la sombra. b) Para esta persona relacionarse es una especie de tortura psíquica, pues hacerlo significaría mostrarse, exponerse, abrir el baúl de la sombra y eso dispara sus miedos de que vuelva a ocurrir el horror que sucedió en el pasado cuando se expresaba espontáneamente. Como fantasmas aparecen las posibilidades de ser rechazada, criticada, abandonada o violentada en caso de que se atreva a ser verdadera. No cree en su amor, en su belleza, en su *sex appeal* y casi siempre prefiere no relacionarse a no ser que haya también un elemento masoquista significativo en su personalidad como indicaría el Nueve de Espadas o Cinco de Discos - la Crueldad y el Sufrimiento - en el Ancla.

Voz de la Esencia y Método. Integrar este arcano significa parar de negar la sombra, aceptar todos los aspectos, talentos y características que por diferentes motivos fueron trancados en el baúl. Claro que para eso la persona necesita identificar y desactivar sus miedos a lo que pueda salir del baúl. Se trata de aceptar la propia sombra como algo innegablemente nuestro, haciendo de estos miedos un hilo conductor que nos lleva cada vez más dentro de nosotros mismos.

No sirve de nada darle la espalda a la sombra e intentar avanzar hacia la luz, pues cuando hacemos esto, la sombra aumenta detrás de nosotros y como no la vemos nos manipula todavía más. Allí encontraremos también miedos, sensación de vulnerabilidad y fragilidad, obsesiones, paranoias y amenazas, todo eso procedente del pasado. Rescatar e iluminar la sombra significa enfrentar justamente lo que más tememos, lo que nunca quisimos ver, lo que siempre negamos. Claro que no lo negamos y escondimos porque quisimos, fuimos obligados a ello en la infancia. El niño sabe instintivamente que para sobrevivir necesita ser cuidado, alimentado protegido y aceptado por sus padres, especialmente por su madre. Cuando el niño/a se expresa y esa expresión trae un rechazo, una crítica, una amenaza, una condena, un castigo o una palmada en el trasero el instinto de supervivencia se dispara y esconde ese aspecto o talento que había expresado. Primero lo esconde de la familia, después del mundo y finalmente de sí mismo. Esta tarea comienza por la aceptación y el reconocimiento de los miedos y la búsqueda de sus orígenes, dando una revisión atenta y lo más objetiva posible de la primera infancia. El tamaño del miedo es directamente proporcional a la diferencia de tamaños entre en el niño/a y el gigante que colocó ese miedo y también a la dependencia que el niño/a tiene de ese gigante. Usando los miedos actuales como un hilo conductor podemos elaborar un historial retrospectivo que nos lleva hasta la situación original donde ese miedo fue introducido. Cuando revivimos esa situación con nuestro tamaño, independencia, experiencia y consciencia de adulto el miedo se minimiza, puede no desaparecer completamente pero ya no nos manipula. Así podemos tomar desactivar los miedos y tomar las iniciativas correspondientes. Los miedos son en este momento nuestros aliados. Aceptarlos, reconocerlos, descubrir cómo funcionan y librarse de ellos es la tarea y el trampolín. Detrás de ellos podemos encontrar bellos potenciales (XVIII=IX=0) cuya realización puede darnos mucho placer. Usaremos aquí las esencias florales del Ancla

"Muchos de nuestros problemas, tal vez la mayoría, existen porque nunca los encaramos, nunca los enfrentamos. Y esto les da energía, tenerles miedo les está dando energía, intentar evitarlos siempre les está dando energía.".   Osho.

Camino de crecimiento. Usando las llaves que aparecieron en las posiciones anteriores la persona se da cuenta hasta qué punto siempre fue manipulada por su sombra, percibe las consecuencias de esa manipulación y se siente capaz de confrontar sus miedos, entreabrir el baúl y empezar a aceptar e integrar aspectos de su sombra.

Resultado interno. Esta persona, producto de todo el proceso que vimos hasta aquí, trabajó y minimizó sus miedos, reconoció e integró sus talentos y aspectos de su propio ser que estaban escondidos en la sombra. Hoy su sombra ya no la manipula y se expresa en la vida de un modo mucho más espontáneo y auténtico. Y aunque todavía pude haber alguna cosa en el baúl podemos decir que dio un tremendo salto en su evolución.

Resultado externo. La persona atrae una situación que como un misil impacta en el baúl de la sombra no dejando la menor opción de continuar ignorándola. Todo lo que está ahí escondido aparece con una fuerza tal que la persona aunque se muera de miedo tiene que aceptarlo como una parte suya e intentar integrarlo. Claro que el proceso de crecimiento que vimos en las cartas que aparecieron en las posiciones anteriores le están dando la firmeza interior para poder encarar este desafío que probablemente tampoco llegaría si la persona no estuviese lista para ello.

EL SOL

Títulos. En el Egipcio es "La Inspiración" y en el Osho Zen "La Inocencia". En los demás se llama "El Sol". Su título esotérico es "El Señor del Fuego del Mundo".

Número. El Diecinueve es un número primo relacionado con el Diez y con el Uno (19=1+9=10=1+0=1) que transmite la idea tanto de ciclo completo volviendo a la unidad como de individualidad.

CORRESPONDENCIAS
Letra hebrea. ר. Resh, que significa "cabeza" o "fisonomía" es una letra doble, masculina, naranja, cuyo valor numérico es 200. Simbólicamente representa el Fuego y encierra en su grafía las facultades de pensar, querer y sentir. El sonido original de la Resh dura se ha perdido, sabemos que existió porque hay diez palabras en la Biblia que tienen Resh con Dagesh. Su sonido suave es el de la R entre vocales: ere.

Camino cabalístico. Este sendero (30°) une Yesod - el Fundamento, la mente inconsciente y el psiquismo de la Luna, con Hod - la Gloria, la mente racional, concreta y consiente relacionada con Mercurio. Aquí se esclarece la naturaleza de la relación entre la mente y el cuerpo físico, son refinadas sus sensaciones y la sexualidad es comprendida como la gran fuerza secreta que usa el iniciado.

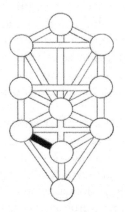

Fig. VIII.18. El Sendero 30.

Atribución astrológica. ⊠' El Sol es la fuente de luz, calor, energía y vida. Es el Principio Universal por el cual todo vive y se mueve. Gobierna la expresión más elevada del yo, la individualidad, la voluntad verdadera y el espíritu. El Sol evoca ideas de grandeza, superioridad, majestad, autoridad, vida y energía radiante. Gobierna nuestra creatividad, vitalidad y fuerza de voluntad. El signo donde se encuentra muestra el camino de individuación. Siendo la fuente de energía, se relaciona con la libido, nuestra energía síquica. Gobierna el signo de León y la 5ª Casa. En el cuerpo físico rige el corazón, la circulación sanguínea, las arterias, la columna vertebral y los ojos.

Símbolos. En la mitad superior de la carta aparece el Señor de la Nueva Era, **Heru-Ra-Ha,** otro nombre de Horus, manifestándose bajo la forma del Sol, que no es solamente la fuente de vida, luz y energía sino también la manifestación de la Divinidad.

El Sol vivifica y manifiesta las cosas, pero también las destruye. Según varias tradiciones, existían varios soles que fueron abatidos a flechazos para que no incendiaran las cosechas. El Sol que se pone todas las noches, renaciendo todas las mañanas, es un símbolo de resurrección e inmortalidad. Está en el centro del sistema, así como el corazón está en el centro del cuerpo humano, es el *Atma* o Espíritu Universal. En el ser humano representa su parte divina, la llama viva que arde en su corazón, símbolo de **la conciencia**. Representa también el súper-ego, aquella área del psiquismo incorporada por la influencia de la familia y de la sociedad que reprime al ser con prohibiciones, reglas y doctrinas.

Fig. VIII.19. El Sol

El sol está representado bajo la forma de una flor de loto con dos filas de doce pétalos cada una, simbolizando el florecimiento de la energía solar en los planos externo e interno (2 filas) de manera total y completa (12 pétalos). El loto en Oriente es equivalente a la rosa en Occidente, representando también el amor, el corazón, la espiritualidad y la inmortalidad. Los Rosacruces colocan la rosa en medio de la cruz, allí donde estaría el corazón de Cristo. Crowley eliminó la cruz, dejando solo la rosa, el amor. Con esto quiso señalar que todas las limitaciones artificiales, normas y leyes de la Era de Piscis relacionadas con la cruz y con el Cuatro no tienen más efecto en la Nueva Era.

Debajo del Sol, los dos niños que ya aparecieron en el Loco, en el Hierofante y en los Amantes, esta vez con alas de mariposa, libres e inocentes están celebrando la vida, bailando la vida, como diría Rolando Toro, desinhibidos y libres de cualquier idea de pecado, castigo o muerte. Los **gemelos** son también un símbolo de lo que somos. Creemos que somos uno, pero no es así, no somos uno, somos dos. Hay en nosotros una naturaleza consciente y también una naturaleza inconsciente. Del equilibrio y simbiosis de los dos depende nuestro bienestar.

Detrás de los niños se levanta una **montaña** que representa la aspiración de la tierra por alcanzar el cielo. Podemos considerarla como mediadora entre ambos. Es verde simbolizando la fertilidad. La punta de la montaña está rodeada por un **muro**, que delimita un recinto interno mostrando que el proceso de crecimiento o ampliación de la conciencia es interno, no hay tienda donde puedas comprar medio kilo de consciencia. Según la tradición hindú, existe un muro de rocas que cerca el Cosmos en el centro del cual se eleva el monte Meru, asiento de Shiva y Parvati. Este muro también puede representar las limitaciones y las leyes naturales que continuarán existiendo. Del Sol surgen **doce rayos curvos** que en el canto de la carta delimitan los doce signos astrológicos, enfatizando la idea de que el Sol se encuentra en el centro del Zodiaco, cinturón de Nuit.

Significados generales. Esta carta representa **la totalidad de la luz del Universo.** En el plano humano, es **La Conciencia**, mientras La Luna era la Sombra del Inconsciente. La Conciencia que tenemos de nosotros mismos se manifiesta en dos planos:

1.º La Individualidad. Es el Yo verdadero, que no puede ser maculado por la programación, aunque pueda estar escondido detrás de las estructuras de defensa y de montañas de basura. Es el diamante que vimos en la Fig.II.02 "Radiografía de un mocordo". Es el «Self» del Análisis Bioenergético, la Presencia silenciosa que observa el mundo y a sí misma.

La ignorancia nos ciega a la percepción de nuestra verdadera naturaleza y hace que nos identifiquemos con los aspectos más pasajeros y superficiales de nuestro ser.

"El humano es la única criatura que se niega a ser lo que es".
Albert Camus (1913-1960)

Nos identificamos con nuestra mente, nuestras emociones, nuestro cuerpo físico y sus instintos o nuestra imagen en el espejo cuando en verdad somos el propietario de todo eso, el observador. Separados de nuestro centro, ignorantes de nuestra verdadera naturaleza, reprimimos cruelmente nuestros impulsos originales o nos dejamos conducir desatenta y compulsivamente por nuestros impulsos acumulados y la búsqueda de compensaciones. El camino para eliminar la ignorancia pasa por la aceptación de nuestros impulsos instintivos y de nuestras emociones, observándolos y expresándolos atentamente. Así los iremos transformando e integrándolos en nuestro vivir cotidiano hasta el día que nos desidentifiquemos de ellos: "Yo vivo en mi cuerpo que amo y respeto, pero no soy mi cuerpo", "Acepto y expreso mis emociones, pero no soy mis emociones sino quien las observa". La expansión de la conciencia nos lleva al centro y nos permite ser más objetivos tanto en el plano interno como en el externo. En el plano interno porque vamos iluminando áreas oscuras que desconocíamos y en el externo porque al reconocer como nuestras estas áreas ya no las proyectamos y empezamos a ver el mundo exterior como lo que es y no como el reflejo de nosotros mismos. El descubrimiento de sí mismo, de nuestro Sol interno que siempre estuvo presente manifestándose a través de percepciones, intuiciones, estados expandidos de conciencia y visiones internas en general, es también el descubrimiento del mundo.

En este nivel de conciencia cada ser, cada individuo, es único e irrepetible y en ese sentido es especial. Cada ser tiene sus propios talentos y particularidades que lo hacen diferente de los demás. En ese centro residen el amor y la libertad.

"Cuando hay libertad no hay miedo, y la mente sin miedo es capaz de amar infinitamente. Y el amor puede hacer lo que quiera".

Krishnamurti (1895-1986)

Esta Individualidad es totalmente diferente del ego; este nos separa de la realidad y de los demás, la Individualidad nos conecta con el mundo, tal como el amor.

2º: La Espiritualidad. Cuando desarrollamos nuestra Individualidad (y no antes), ella puede disolverse en la Existencia, como una gota de agua se disuelve en el océano. En el plano espiritual dejamos de ser un ser único y diferente para ser lo mismo con todos los seres: Todos somos uno. El Gran Espíritu que permea cada ser humano permea también los animales, las plantas y todo el Universo.

EN LA LECTURA TERAPÉUTICA

Momento actual. La persona está cuestionándose hasta qué punto está siendo auténtica con ella misma. Está haciendo contacto con un impulso interno de desarrollar más su individualidad, su noción de identidad. Siente la necesidad de ser más protagonista de su vida, vivirla en función de si misma y no en función de personas, papeles sociales o profesionales, o de circunstancias externas. Siente la necesidad de expresarse tal y como viene de dentro y dar rienda suelta a sus talentos que pugnan por expresarse, especialmente su creatividad arriesgándose a tornarse más visible. La segunda carta puede mostrar las dificultades internas que se oponen a la manifestación plena de su individualidad o en qué aspectos concretos de la vida ese proceso se expresa con mayor intensidad. Con el Hierofante podríamos pensar en una búsqueda espiritual.

Ancla: Esta persona está desconectada de sí misma, de manera que tiene una noción poco estructurada de su identidad. En general esto puede manifestarse de dos maneras:

a) Por exceso es un ego inflado, un Fulano de Tal que necesita ser siempre el centro de atención. Se pavonea sin pudor, ostentando sus conocimientos, su brillo, sus éxitos, su belleza superficial... Cuando consigue ser admirado se siente satisfecho y eufórico. No relaja mientras haya alguien cerca. Si nadie le da atención se desinfla y por debajo de las plumas aparece un niño carente y desvalorizado. Esta excesiva identificación con aspectos ilusorios del yo puede ser revertida con el uso del *Sagebrush**, que ayuda a reencontrar el Ser esencial. Para quien hace de la belleza exterior el gancho para atraer la atención y no sabe salir a la calle sin una máscara cosmética (con la Princesa de Copas en Ancla) el uso de *Pretty Face** la ayudará a conectarse con su belleza interna favoreciendo la aceptación de su apariencia personal. Con El Emperador o el Cuatro de Espadas – La Tregua - en la Infancia y cualquier Seis en el Ancla confirmaríamos esta posibilidad, con una relación conflictiva con un padre o tutor autoritario.

Como al Emperador, le fascina ser el líder de alguna cosa, presenta su candidatura a presidente de las asociaciones en las que participa. Los dos quieren mandar. El Emperador para poner todos a trabajar y acumular dinero y poder, y El Sol para conquistar fama, gloria y aplausos. En los dos existen trazos psicopáticos.

b) Por falta es alguien cuya identidad desapareció. No sabe quién es ni qué quiere. Es incapaz de crear. Prefiere pasar inadvertido. Parece un fantasma que sufre de enfermedades resultantes de bajas defensas inmunológicas. Resignado a cumplir su destino, es un don Nadie que calla y obedece. El uso de *Echinacea** lo ayudará a rescatar la integridad y la dignidad del ser.

El Tres o el Ocho de Espadas – La Aflicción y La Interferencia - o el Cinco de Discos o de Espadas - El Sufrimiento y La Derrota - en la Infancia, indicando que los padres anularon a su hijo con rechazos, críticas, humillaciones, castigos etc., confirmarían este caso.

Una manera muy común de anulación individual es la búsqueda de ser normal. La conducta normal no es más que un estado de alienación de la propia experiencia. Vivimos como si fueran propios ciertos patrones, valores, doctrinas, normas de consenso social mientras negamos nuestros propios impulsos. Nos juzgamos y nos cuestionamos con base en esos patrones que consideramos propios pero que no lo son y creemos que lo correcto es lo estándar y lo incorrecto es lo que viene de dentro.

Para todos los casos la esencia floral más adecuada será *Sunflower**, que trabaja rescatando el sentido equilibrado de la individualidad.

Infancia. El sentido de identidad de este niño fue distorsionado. Esto pudo suceder de varias maneras:

Una fuerte anulación de la individualidad del niño, donde los miedos, las amenazas, los castigos y las prohibiciones quebraron su noción de identidad, especialmente con La Luna, La Sacerdotisa, el Nueve o el Ocho de Espadas - La Crueldad y La Interferencia.

Una continua expectativa de brillar, de destacarse, mostrándose el mejor de la clase, del equipo o de la casa, sugerida por El Emperador, El Mago o el Seis de Bastos - La Victoria.

Con el Tres de Copas - La Abundancia muestra al niño/a siendo el centro obsesivo de las atenciones, muy mimado por la familia de manera que desarrolló la creencia de que el mundo está a su servicio. Acabó dispuesto a hacer cualquier cosa para continuar siendo el centro del mundo. En todos los casos salió con una sensación de identidad distorsionada.

Relaciones. a) La relación ayuda a la persona a fortalecer la noción de su individualidad. Con el Hierofante podríamos ver también el desarrollo de la conciencia espiritual. Esto se puede dar como un apoyo amoroso de la pareja o como una reacción de defensa ante intentos de anulación. b) La persona se relaciona buscando satélites que inflen su ego, la ayuden a brillar y a destacarse en la sociedad.

Voz de la Esencia y Método. Integrar El Sol significa ampliar la conciencia, ser uno mismo, que pasa inicialmente no sólo por la aceptación de los impulsos del inconsciente, sino por la apreciación y estímulo de las cualidades particulares, especialmente de la creatividad, que nos llevan a ser un ser único. De todos modos, la presencia de esta carta aquí indica que la persona está lejos de sí misma identificándose con papeles que poco tienen que ver con su naturaleza y, por lo tanto, con una noción de identidad muy diluida. Esta carta puede ser trabajada en dos niveles consecutivos:

Primero el fortalecimiento de la identidad. Para ello sugeriremos que trabaje las cualidades solares:

1ª El sol hace su camino, no orbita a los planetas. Es necesario que la persona descubra porque vive en función de los demás.

2ª El Sol no pregunta a los planetas si quieren más ultravioletas. La persona necesita trabajar su autoexpresión identificando, entendiendo y desactivando las dificultades internas que se lo impiden.

3ª Nos mantiene vivos. Si el sol se apaga en una semana estamos a -70º, es la fuente de energía creativa. Sugiere investigar y trabajar los bloqueos de la creatividad.

4ª Es visible. ¿Cuáles son las trabas para mostrarse?

265

5ª No se pelea con las nubes para que los seres que dependen de él para continuar estando vivos, lo vean en su magnificencia y gloria. Habría que investigar donde están los orígenes de la necesidad de tener la atención de los demás.

6ª Sabe retirarse cuando llega el momento. ¿Algún problema para sentirse a gusto cuando estás solo?

Será conveniente usar la esencia de *Sunflower**.

Después viene el desarrollo del lado espiritual. La espiritualidad es el perfume de una flor que difícilmente aparecerá si la tierra en que está plantada no es fértil (el cuerpo físico no está sano), si no llueve (la persona es carente emocionalmente) y si la atmósfera está contaminada (la mente está saturada de prejuicios y doctrinas). Trabajando y armonizando estos tres niveles naturalmente la verdadera espiritualidad aparece.

La esencia floral de *Lotus** actúa como un elixir espiritual que ayuda al alma a abrirse la su divinidad interior, mientras que la de *Star Tulip** facilita la meditación.

Podemos sugerir esta meditación de Osho: *"Quince minutos antes de amanecer siéntate, observa y espera, como quien espera a su amado/a. Cuando el sol aparece en el horizonte, comienza a sentir que está naciendo en tu ombligo. No es necesario fijar la vista, puedes pestañear. Diez minutos serán suficientes, después cierra los ojos y contempla el sol dentro de ti. Esto te cambiará enormemente"* (El libro naranja).

Camino de crecimiento. Usando las llaves que aparecieron en las posiciones anteriores la persona inicia una fase de especial afirmación de la identidad pues se dio cuenta que continuar viviendo en función de los demás solo trae frustraciones y sufrimiento. Valorizó su creatividad y opta por actividades donde la puede expresar.

Resultado interno. Esta persona, producto de todo el proceso que vimos hasta aquí, identificó y desactivó las dificultades internas que tenía para ser ella misma. Hoy es plenamente protagonista de su vida, se expresa a partir de su verdad y autenticidad con firmeza y se atreve a expresar su creatividad. Se siente libre, espontánea y feliz, en contacto con su voz interior y con su Ser espiritual.

Resultado externo. La persona encara el mundo con la actitud interna que vimos en el Resultado Interno Está llena de energía, canalizándola adecuada y espontáneamente hacia actividades creativas, de manera que tiene muchas posibilidades de ser vista y reconocida por la sociedad.

EL EÓN (EL JUICIO)

Títulos. Este arcano, generalmente titulado "El Juicio" o "El Juicio final", fue una de las cartas cuyos significados, dice Crowley, degeneraron tanto que llegó la pasar una idea diferente de lo que sería la tradición oculta. Para rescatarla tuvo que dibujar una carta totalmente innovadora a la que llamó "**El Eón**".

La palabra Eón significa era o gran espacio de tiempo, medida de tiempo usada en la geología. Sin embargo, en el gnosticismo es la inteligencia eterna emanada de la Divinidad Suprema. Con el título de "La Resurrección" el Tarot Egipcio se deslinda del dogmatismo cristiano, pero, como veremos, aún se queda a la mitad de camino. En el Osho Zen Tarot es "Más allá de la ilusión". Su título esotérico es "El Espíritu del Fuego Primitivo".

Número. El Eón es el arcano número Veinte. Según la tradición maya este número representa al dios solar en su función de arquetipo del ser humano perfecto. También en el calendario religioso maya, de 360 días, sus 18 meses son de 20 días. Hoy en la numeración quiché, la etnia más próxima a los desaparecidos mayas, el Veinte representa al ser humano con sus veinte dedos. Los indios hopis proceden a la imposición ritual del nombre de un recién nacido a los veinte días de vida. Por reducción es un Dos.

CORRESPONDENCIAS

Letra hebrea. ‎ש‎, Shin, la tercera y última letra madre, es roja y está asociada al elemento Fuego y a la antítesis. Su forma recuerda la de una hoguera de tres llamas rematadas por tres Yods. Su valor numérico es 300 y su significado es diente. Su sonido se corresponde con sh en portugués.

Camino cabalístico. El camino 31 de Shin, une Malkuth, el Reino, con Hod, el Esplendor. En los textos de la Golden Dawn este camino es llamado "El esplendor del mundo material" por su relación con el perfeccionamiento del cuerpo físico. Paul Foster Case llama al proceso de este camino "la edificación del Cuerpo del Maestro". Este sendero se refiere también al desarrollo de la mente concreta. Desde Malkuth, el reino de los elementos, el aspirante se dirige al encuentro del archivo de imágenes y formas-pensamientos, desarrollando el dominio sobre la mente, así como el discernimiento selectivo. Su desafío es conectar el intelecto con la realidad concreta de las cosas materiales.

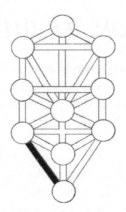

Fig. VIII.20. El Sendero 31.

Atribución astrológica. [imagen...]. El elemento Fuego y Plutón se corresponden con El Eón. Veamos las principales características del Fuego:

1. Transformador. Destruye lo viejo facilitando la aparición de lo nuevo. Éste es el aspecto más importante en las culturas agrarias. Los dioses del *Popol Vuh* fueron quemados en la hoguera. El fuego quema los campos y facilita la aparición con las primeras lluvias de un manto verde de Naturaleza viva, generalmente mucho más exuberante que los páramos que no ardieron.

2. Purificador y regenerador. Los druidas irlandeses, galos y bretones encendían hogueras todos los 1° de mayo (el primer día del verano según su calendario) y hacían pasar el ganado entre ellas, con el fin de prevenirlo contra las epidemias.

3. Sutilizador. El fuego lleva a la materia a su estado más sutil mediante la combustión. La llama expresa la aspiración que el fuego tiene por lo elevado, por lo espiritual, para unirse con las llamas del Sol y de las estrellas. El fuego, según ciertas tradiciones, simboliza el Espíritu, nuestro lado divino. Cuando entramos en contacto con nuestro Ser espiritual, toda nuestra vida toma otro sentido, una nueva dimensión más trascendental aparece. Sucede como si quemáramos toda una serie de intereses, deseos, compromisos y rutinas que perdieron su significado. Otros autores consideran el Fuego y el Espíritu como elementos distintos.

4. Fuente de energía. En el ser humano el Fuego es la energía de la libido, nuestra energía sexual que nos impulsa a vivir, a buscar placer, a unirnos, a reproducirnos y a transformar el mundo a nuestro alrededor.

Relacionar el Fuego con el Espíritu y la energía sexual al mismo tiempo puede parecer espantosamente heterodoxo para la tradición cristiana. Sin embargo, en el hinduismo la kundalini, la serpiente de fuego enroscada en la base de la columna vertebral, es energía sexual que cuando se despierta y canalizada debidamente va ascendiendo por el canal central del cuerpo sutil, *sushuma*, abriendo los sucesivos chakras y desarrollando la conciencia. A medida que va subiendo, sin dejar de ser energía sexual, se espiritualiza y cuando alcanza el chakra coronario –*Sahasrara*, Kether– se transforma en pura luz y el ser humano entra en divino éxtasis o Satori.

5. Fuente de luz. En este sentido podemos asimilar el Fuego al conocimiento intuitivo.

Plutón representa el principio de la destrucción y la transmutación. Impulsa al individuo hacia su renacimiento y hacia la profundización de la experiencia. Las personas con Plutón fuerte en sus mapas tendrán una enorme fuerza de voluntad que puede ser dirigida hacia metas creativas, una mente inquisidora, paranormalidad, deseos de trascendencia, aunque a veces sus ambiciones son desmedidas, su mente obsesiva, sus emociones explosivas y pueden ser crueles y manipuladores para conseguir sus objetivos.

Símbolos. La figura central, un niño de grandes y lindos ojos, es Horus, hijo de Isis y Osiris, bajo la forma de Har-pa-khrad, el infante Horus. Sobre su cabeza está el **dios de la sabiduría Ohyros** con la forma de una serpiente alada de dos cabezas.

Fig. VIII.21. Horus

El niño es la representación en forma humana del Señor de la Nueva Era, también llamado Heru-Ra-Ha, de naturaleza solar y bañado en luz dorada. Su **dedo índice** está en la boca como si todavía no hubiese decidido cómo será el mundo que le gustaría gobernar. Según esta tradición el Universo es un reflejo de sus pensamientos, nosotros mismos existiríamos porque estaríamos siendo pensados por Horus.

En este sentido podemos entender el primer principio del *Kybalión:* *"El Todo es Mente, el universo es mental"*. Hay quien opina, invirtiendo el proceso, que esta entidad sería el aglutinador de nuestros pensamientos, los criba y nos los devuelve. Sería una forma-pensamiento colectiva de la humanidad.

Fig. VIII.22. El Eón (El Juicio)

Detrás del Horus niño está sentado **Horus Cabeza de Halcón**, Señor del Silencio y la Fuerza, tal como está representado en el museo de El Cairo y descrito en el capítulo III. Representa el Sol naciente y es símbolo de la resurrección. Envolviendo al niño en una matriz azul, **Nuit**, representada como la bóveda celestial nocturna, lo rodea y protege maternalmente. Sus pezones son galaxias en espiral y en su cuerpo brillan las estrellas. Su cinturón, como en La Emperatriz, son las constelaciones del Zodiaco. Perfectamente encajado en Nuit, está **Hadit**, su compañero, el Principio Masculino, bajo la forma de un huevo con alas, para destacar que él es la pura energía en movimiento, el impulso primordial.

Como pueden ver esta carta está inspirada en *La Estela de la Revelación* de la cual ya hablamos en el cap. III.

Veamos algunos extractos del segundo capítulo del *Libro de la Ley* para conocer mejor a Hadit:

"2. Yo, Hadit, soy el complemento de Nuit, mi novia. 5. ¡Ved! Los rituales del viejo tiempo son negros. 6. Yo soy la llama que arde en todo corazón de hombre y en el centro de cada estrella. 9. Acordaros que la existencia es alegría pura; que todos los sufrimientos son apenas como sombras; pasan y están acabados; 22. Yo soy la Serpiente que da

270

conocimiento y deleite y brillante gloria; y muevo los corazones de los hombres con arrebato. 26. Yo soy la secreta serpiente enroscada a punto de saltar. 27. Existe un gran peligro en mí, pues quien no comprende estas runas cometerá un gran error. Caerá dentro del mundo llamado Porqué y allí perecerá con los canes de la Razón. 44. ¡Sí! ¡Celebrad! ¡Regocijaos! No existe pavor en el más allá. Existe la disolución, el eterno éxtasis en los besos de Nuit".

Fig. VIII.23. La Estela de la Revelación

A los pies del niño está la letra **Shin**, sugiriendo una flor. En sus tres Yods aparecen figuras humanas: tres bebés a punto de nacer. Horus está decidiéndose, está a punto de crear-pensar un nuevo universo. El nuevo mundo está apareciendo por todas partes a pesar de que todavía se mantiene en pie la estructura fundamental del viejo mundo de Piscis. Esta carta está representando el momento cósmico, que para nosotros puede durar siglos, de transición entre una era y otra.

El capítulo tercero del *Libro de la Ley* es el más difícil de entender. Las palabras de Horus presagian guerras, destrucciones, tal como viene sucediendo (este libro fue recibido en 1904 antes de las dos guerras mundiales), así como el fin de las religiones como sectas organizadas y jerarquizadas y el inicio de la lucha de la mujer por su emancipación. Veamos algunos trechos: "*3. En primer lugar, debe ser comprendido que Yo soy un dios de guerra y venganza* (Horus fue concebido y criado para vengarse de Set, asesino de su padre Osiris y usurpador de su trono. Ver nota 59 del capítulo VII, El Segundo Septenario).*11. Que la mujer ciña una espada frente la mí... 17. No temed nada; no temed ni de los hombres, ni de los hados, ni de los dioses ni de nada. Nuit es vuestro refugio como Hadit es vuestra luz, y yo soy la potencia, la fuerza y el vigor de vuestras armas*".

El dedo sobre los labios es también una alusión a Némesis, diosa romana de la justicia y la venganza a veces representada cubriendo sus labios con el índice indicando que la prudencia y el silencio son más aconsejables que la arrogancia y la charlatanería.

Significados generales. Esta carta representa la **transición entre un Eón (una Era) y otro**, es decir, el conjunto de transformaciones que suceden en el Cosmos cuando cambiamos de era. Un orden o sistema se tornó caduco, va desapareciendo, va siendo destruido implacablemente por una serie de fuerzas emergentes que dan lugar a un mundo nuevo. En el mundo humano este cambio es un **madurar producto de llevar a la práctica la conciencia** desarrollada en la carta del Sol. Tradicionalmente esta carta es interpretada como una nueva conciencia como si la conciencia del Sol no fuera suficiente o necesitaría ser renovada. Sucede que, aunque el individuo tome conciencia de ciertas cuestiones internas, dentro de él hay un niño/a carente e inseguro, conocido como el niño herido, que impide que esa toma de conciencia se concrete en la práctica. En general la programación infantil nos deja carentes e inseguros, una parte nuestra crece y se torna un adulto generalmente ocupado y a veces importante que como no recibió suficiente amor y atención tiene dificultad para nutrir amorosamente a su niño interior que por su parte se muere de ganas de ser aceptado y de miedo de volver a pasar por el sufrimiento que pasó en la infancia. Ambos factores se tornan un potencial inmenso para manipular.

El adulto puede darse cuenta que hay que hacer tal cosa o que hay que dejar de hacer tal otra, pero a la hora de tomar la iniciativa correspondiente el niñito le pone la zancadilla o le da un empujón. El paso por el Eón es pues un madurar producto de la integración del adulto y del niño en la medida en que aquél da amor, atención y seguridad a éste que crece y deja de manipular. A este madurar le podemos llamar renacimiento, otra interpretación tradicional de este arcano.

Ahora podemos comprender los Tarots de Marsella y los que en él se inspiraron: Court de Gébelin, Papus, Waite, etc. En el catolicismo no existe la idea de expansión de la conciencia ni tampoco la de la sucesión de las eras. Si en Oriente la paz interior y la comprensión suprema son cosas que se alcanzan en este mundo con base en la dedicación y en el trabajo interno, para el catolicismo, la gracia de Dios es algo que Él da a quien quiere, generalmente después de la muerte. Las ideas más próximas a un tiempo nuevo y a una comprensión nueva en la doctrina católica serían la llegada del Reino de Dios, acontecimiento inmediatamente posterior al dogma de la resurrección de los muertos. En este momento, los humanos dotados de una nueva conciencia se auto-juzgarían. Así la imagen de estas barajas antiguas muestra la resurrección de los muertos, aunque su título sea

272

El Juicio, que siempre fue la espada de Damocles con la cual las iglesias manipularon a la humanidad.

EN LA LECTURA TERAPÉUTICA

Momento actual. La persona se está dando cuenta de que es constantemente manipulada por su niño/a interior que la impele a actitudes infantiles que traen frustración y sufrimiento. Percibe la necesidad de atender desde su lado adulto las carencias y miedos de ese niño/a para poder llevar a la práctica sin sabotajes sus iniciativas conscientes. La carta contigua nos dirá en qué planos pueden ser tomadas esas iniciativas o qué bloqueos dificultan la transición, por ejemplo, un Ocho de Espadas –La Interferencia– o el Siete de Discos –El Fracaso–, indicaran que tales decisiones están siendo paralizadas por disculpas de la mente o por el miedo de fracasar.

Ancla. Esta persona tiene una dificultad crónica para llevar a la práctica sus percepciones, pues está manipulada por los miedos y carencias emocionales de su niño/a herido. Esto puede ser vivido de maneras diferentes. Puede ser buscando compulsivamente seguridad, protección y aceptación. Si aparece con el Cuatro de Discos - El Poder su prioridad será la seguridad material. Con La Emperatriz en la Infancia puede tener dificultad para salir del hogar paterno y si lo hace venciendo sus miedos repite la misma estructura familiar en su propia casa. Obedece y reprime sus impulsos para intentar obtener el amor de su madre híper-protectora/castradora o de personas con características maternas. Puede tornarse rehén de un empleo que no le gusta ni le da oportunidad de crecimiento, a cambio de seguridad. Prisionero de una relación por miedo a la soledad. En fin, prisionero de cualquier útero que le impide crecer desarrollando sus talentos y potencialidades.

Teme que, si toma actitudes independientes, va a ser rechazada. En este caso la esencia floral de **Fairy Lantern*** lo ayudará a crecer liberándose del eslabón neurótico que lo hace pensar que sólo va a ser aceptado si se muestra "un pobrecito", superdependiente y obediente, tal como sus papás le enseñaron. Una enfermedad o accidente en la infancia revelados por el Cinco de Discos - El Sufrimiento pudo desarrollar un patrón de excesiva dependencia de la familia.

El Siete de Espadas - La Futilidad en el Ancla o en la Infancia indica que esta persona se deja influir demasiado por las opiniones ajenas, siendo esta dependencia que lo incapacita para tomar actitudes. Con el Diez de Copas - La Saciedad en el Ancla señala que vive sofocada por el ambiente familiar, anulando su capacidad de tomar decisiones. En ambos casos la esencia de **Red Clover*** la ayudará la fortalecer la autopercepción consciente, favoreciendo tomar iniciativas independientes. Con el Cinco de Espadas – La Derrota como segunda carta del Ancla, también es incapaz de llevar a la práctica sus percepciones, pero las usa para criticar y juzgar al prójimo. La esencia de **Beech** ayudará a desactivar esta actitud y a ser más tolerante, indulgente y comprensiva.

Infancia. Al niño se le impidió tomar sus propias decisiones, sus percepciones fueron invalidadas y sus iniciativas podadas. En compensación fue envuelto en un capullo de sobreprotección donde su autonomía y autoafirmación desaparecieron. Fue manipulada en un ambiente emocionalmente cargado con eventuales maremotos y se transformó en un manipulador, carente e inseguro.

Relaciones. a) La relación está ayudando a la persona a darse cuenta de hasta qué punto está siendo manipulada por su niño/a interno que hasta ahora no veía o no quería ver. Cualquier cosa la lleva a hacer dramas, dar berrinches, chantajear, proferir amenazas como en las telenovelas mexicanas. Si su pareja no entra en el juego podría tener un mínimo de percepción objetiva al respecto de sus actitudes e identificar al niño/a herida que hace todo el circo. Este ya sería el primer paso para madurar. b) Esta persona presenta en el mercado de las relaciones una imagen de niño/a desamparado, dependiente, extremadamente sensible a cualquier impacto reaccionando de maneras compulsivas, manipuladoras e hiper-emocionales. Busca en la pareja a alguien que la nutra amorosamente y que le dé seguridad. Va a atraer personas que nada de eso van a hacer. O van a permanecer impasibles con sus actitudes o van a ser tan infantiles como ella transformando la relación en un pandemonio. Es conveniente el uso de *Fairy Lantern**.

Voz de la Esencia y Método. Integrar este arcano significa asumir plena responsabilidad sobre sus acciones y omisiones, tomando sus decisiones e iniciativas a partir de su conciencia y comprensiones sin dejarse engañar por las manipulaciones del niño/a carente y asustado. Sugeriremos que desde el lado adulto esta persona dé cariño, atención y apoyo a su parte infantil lastimada que la manipula, en vez de buscar a alguien que le dé todo eso, cosa que nunca va a suceder y si le dan unas migajas de atención las va a pagar a precio de oro. Es fundamental que entre tantas actividades que son medios para alcanzar fines haga algunas que son fines en sí mismos, como jugar, ver llover o las nubes pasar, tumbarse en el sofá a escuchar música, color, etc.

Así el niñito/a crece, se integra con el adulto y la persona madura. Se tornará dueña y responsable por su propia vida y tomará iniciativas prácticas a partir de su conciencia y percepción sin importarle lo que van a decir, pensar o hacer los demás. La flor de **Cerato** estimulará la confianza en su propia percepción para tomar decisiones firmes y precisas.

Camino de crecimiento. Usando las llaves que aparecieron en las posiciones anteriores la persona se da cuenta hasta qué punto es una marioneta en las manos de su lado infantil carente, inseguro y manipulador. Para de esperar que el mundo se adapte a las necesidades de ese pequeño ser y empieza a darle atención y cariño.

Resultado interno. Esta persona, producto de todo el proceso que vimos hasta aquí, consiguió librarse de las manipulaciones de su lado infantil que tiene nostalgia de la seguridad y el confort del útero, nutrió sus necesidades de amor, atención, contacto y seguridad acabando con sus carencias y miedos y hoy es una persona madura que lleva a la acción sus percepciones. Su niñito carente e inseguro se transformó en un niño espontaneo, alegre y curioso para conocer cosas nuevas. Este madurar se puede considerar como un renacimiento del ser para la gran aventura de la vida.

Resultado externo. La persona está encarando el mundo con la actitud interna que vimos en el Resultado Interno. Se torna dueña y responsable de sí misma, hace lo que realmente quiere, asume las consecuencias y se despreocupa del qué dirán. Su necesidad de seguridad y protección se minimizó de manera que sale del útero y se siente atraída por actividades o una manera de vivir donde se sienta más suelta, independiente y autónoma. Puede dejar el empleo para fundar su propia empresa, salir del hogar paterno o de una relación involutiva, desprenderse de una determinada ideología para pasar a pensar por sí misma, etc.

EL UNIVERSO

Títulos. El último arcano mayor aparece en las barajas de Marsella con el título de "El Mundo". En el Tarot de Eteillá se llama "La Tierra" y en el Egipcio "La Transmutación. En el Osho Zen Tarot es "La Conclusión" y en el de Crowley "El Universo". Su nombre esotérico es "El Gran Uno de la Noche de los Tiempos".

Número. El Veintiuno simboliza la perfección final (21=3 x 7). Allendy dice: *"El Veintiuno es el número inverso del Doce. El Doce es par y representa una situación equilibrada que resulta de la organización armoniosa de los ciclos perpetuos, mientras que el Veintiuno es impar y simboliza el esfuerzo dinámico de la individualidad, que se va elaborando* *en la lucha de los opuestos y abarca el camino siempre nuevo de los ciclos evolutivos".*

En muchas culturas la mayoría de edad se alcanza a los veintiún años de vida, justamente cuando se completa la dentadura. En este sentido podemos considerarlo como el número de la madurez, de la responsabilidad y de algo que se completó.

CORRESPONDENCIAS

Letra hebrea. ת. Tau o Taw es doble, de color gris oscuro y su valor numérico, 400, se considera un valor límite. Es la última letra de este alfabeto, su sonido fuerte es el de la T y el suave es el de la Z del castellano. Significa cruz o signo. Representa gráficamente la cruz egipcia, que es un instrumento que se usaba para medir la altura de las aguas del Nilo. Los arquitectos y albañiles la usaban para calcular la profundidad y como escuadra para tirar ángulos rectos. Actualmente continúa en uso en los estudios de arquitectos, dibujantes y sastres. Jeroglíficamente representa el alma universal, la reciprocidad, la protección, la abundancia y la perfección. Carlos Suares la llama "la resistencia cósmica al soplo vital (Aleph) que la anima", considerándola pues como el principio opuesto y complementario de Aleph, la primera letra.

Camino cabalístico. Este camino vertical une y equilibra Malkuth - el Reino con Yesod - el Fundamento: va desde la Tierra hasta la Luna. Parece el último camino, pero en verdad es el primero pues es desde aquí que el caminante comienza su evolución, saliendo del puro condicionamiento material en dirección a la comprensión de la personalidad, reflejo de la individualidad de Tiphareth en Yesod, donde se vive el mundo subterráneo de la psicología inconsciente. Es aquí y ahora en el cuerpo y en los planos físicos que comenzamos nuestra jornada espiritual o, como reza el dicho taoísta: "El camino hacia el infinito comienza bajo nuestros pies". El desafío de este camino es percibir que la energía divina está presente en nuestra naturaleza humana, es decir, somos seres divinos. Aquí percibimos que la materia es sagrada.

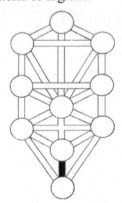

Fig. VIII.24 El Sendero 32.

Atribución astrológica. ♄ Saturno es lento y frío como una bola de nieve en el espacio. Fue considerado como el Gran Maléfico, en oposición a Júpiter, el Gran Benéfico. Hoy es visto de otra manera: Saturno es el que pone límites al desarrollo y expansión de las cosas. Estipula obligaciones, reglas y necesidades en la vida personal y en la sociedad. Saturno da forma a las cosas, lleva los fenómenos hasta su síntesis final, hasta las últimas concreciones y consecuencias. Es Cronos, el Señor del Tiempo, que solidifica y estabiliza las cosas. Los gobernados por Saturno suelen ser ambiciosos y les encanta el poder. Saturno-Cronos, según cuenta el mito, destronó a su padre Urano cortándole los testículos, es decir, acabando con su capacidad creadora, con una guadaña de piedra que Gaia, la Madre Tierra, esposa de Urano, el padre celestial, preparó. Para evitar que la historia se repitiese, Cronos devoraba a sus hijos recién nacidos, como vemos en las telas de Goya y Rubens.

Muestra así que el Tiempo-Cronos da forma a todo lo que existe, pero también va destruyendo las formas y disolviendo las apariencias en el eterno baile de la existencia, donde todo aparece y todo desaparece, donde todo se manifiesta y todo retorna al origen, como enseña el quinto principio del *Kybalión*: "*Todo fluye y refluye, todo tiene sus periodos de avance y retroceso, todo asciende y desciende, todo se mueve como un péndulo, la medida de su movimiento hacia la derecha es la misma que la de su movimiento hacia la izquierda; el ritmo es la compensación*".

Y así como Gaia acabó con Urano, Reia, esposa de Saturno, salvó a Júpiter, que cuando creció dio una droga a su padre que vomitó todos sus hijos (vivos). Júpiter, Hera, Deméter, Plutón y Neptuno lucharon contra su padre, hasta que lo encadenaron y castraron, dando pie a una tercera generación de dioses. Saturno encarna los principios de la cohesión, de la concentración, de la fijación, la condensación y la inercia y por eso es representado a veces como un esqueleto que maneja una hoz, según aparece en la carta La Muerte. También lo podemos atribuir al elemento Tierra. Este elemento pasivo o receptivo tiene una gran fuerza de resistencia y persistencia. El individuo con predominio de Tierra en su mapa establecerá un contacto sólido con los sentidos físicos y la realidad material, de manera que tiene una buena capacidad para ganarse la vida y perseverar hasta alcanzar sus metas. Es cauto, premeditado, convencional y confiable, aficionado a la rutina y el orden y puede tener su imaginación limitada, con cierta dificultad para ocuparse de cosas abstractas. Se moviliza más impulsivamente cuando se siente amenazado en su seguridad o en sus cosas materiales

Símbolos. La figura central de la carta es una **mujer o un andrógino** bailando en perfecta armonía con una enorme **serpiente**. Este par representa el consciente y el inconsciente, final y perfectamente integrados y cuyo resultado es el conocimiento, la alegría y la celebración.

Fig. VIII.25. El Universo

La mujer forma con sus brazos un **triángulo** y con sus piernas una **cruz**; la misma figura del Colgado, pero invertida, así como el 21 es el 12 invertido. Aquí el triángulo espiritual está encima de la cruz de la materia, simbolizando la culminación de la tarea de iluminación de las tinieblas que se inició en aquella carta. Con la mano derecha la bailarina sostiene una **hoz**, símbolo de la cosecha, cuya empuñadura es un rayo que surge del **ojo cerrado de Shiva**, indicando que éste no es momento de aniquilaciones. Por su forma la hoz, como otras armas curvas, tiene un simbolismo lunar, de manera que podemos decir que está sujetando a la Luna. Dice Crowley en El Libro de Thoth: "*La bailarina manipula con sus manos la fuerza radiante espiral, lo activo y lo pasivo, poseedor cada uno de ellos de una polaridad dual*".

En las esquinas de la carta están los cuatro **querubines**, que ya no son máscaras como en El Hierofante sino fuentes manando agua. Las fuentes, sagradas en muchas culturas (los descendientes de los mayas no pescan en los nacimientos de los ríos ni cortan los árboles a su alrededor) son un símbolo de generación, purificación, plenitud y juventud. Los querubines sugieren la estructuración completa del Universo. Ellos forman un plano en un marco sólido de color tierra cuya forma nos recuerda una vagina. Del otro lado tenemos un segundo espacio más sutil donde la bailarina que trascendió los condicionamientos físicos de la materia celebra la realización de la Gran Obra alquímica. Está rodeada por la **Vía Láctea**, representada por los 72 quinarios del Zodiaco (72x5°=360°), donde vemos las diferentes constelaciones: el cinturón de Nuit. En la parte inferior aparece la **Casa de la Materia,** donde están ordenados por H.P. Sullivan los 92 elementos químicos según su jerarquía. Detrás está el sólido geométrico de Moebius, cuya superficie o cinturón vimos en El Ermitaño. Este sólido, formado por dos tetraedros que se inscriben y circunscriben mutuamente, está postulado en sus estudios con los poliedros en *"Ueber die Bestimmung des Inhaltes ieder Polyëders"* de 1865, donde demuestra matemáticamente la existencia de poliedros sin volumen.

Significados generales. Esta carta representa la **Síntesis Final** de cualquier proceso, sugiriendo una trascendencia y la abertura de un nuevo comienzo donde el ser libre de su programación, (de su karma) integrado y pleno, en comunión con su impulso vital inconsciente, libre y feliz, baila extasiado, celebrando a sí mismo y a la vida. En un plano espiritual indica la iluminación, en que los condicionamientos del mundo, la ilusión de *maya,* ya no limitan al ser que continúa viviendo en el mundo, pero que ya lo trascendió y no es más su esclavo. Específicamente representa la **realización personal**, la culminación de alguna empresa, la realización concreta y final de determinado proyecto o actividad cuya conclusión es un trampolín para aventarse en una nueva fase que se caracteriza por bailar con la serpiente, es decir, transformar en acciones concretas los impulsos que vienen del inconsciente.

EN LA LECTURA TERAPÉUTICA

Momento actual. La persona está en contacto con el impulso interno de poner un punto final a un capítulo de su vida concluyendo una serie de asuntos y abrir un capítulo nuevo caracterizado por hacer lo que le viene de dentro. Esta conclusión es más bien producto del desarrollo de su capacidad de realización que de factores aparentemente externos. La segunda carta puede mostrar qué factores internos, como bloqueos o miedos, dificultan este proceso. Por ejemplo, con el Tres de Espadas - La Aflicción indica que el miedo de ser rechazado o abandonado frena el impulso anterior.

Ancla. Tenemos aquí, por falta, una persona incapaz de cerrar etapas y abrir otras nuevas. Se queda siempre en el mismo punto. Se conformó, apegó y acostumbró a su vida repetitiva, sin novedades y probablemente aburrida y tediosa. Puede construir un pedestal donde vanagloriarse y fingir que consiguió todo lo que quería, nada necesita cambiar. "¿Para qué si estoy tan bien así?" dice intentando engañarse. Su cuerpo puede estar también anquilosado, tal vez con una estructura de defensa de carácter rígido, detectada por la presencia de un Cuatro de Espadas - La Tregua o de Discos

- El Poder en el Ancla. Este exceso de rigidez puede ser trabajado con **Rock Rose** que ayuda a dar una mayor flexibilidad interna y capacitando a la persona a sentir mejor el pulsar de la vida y de sus propias emociones. La flor de **Cayenne*** es un catalizador ígneo que puede ayudarla a salir de la prisión de los viejos patrones de conducta y dar el siguiente paso.

Por exceso puede mostrar un exceso de perfeccionismo que la impide no solo de concluir asuntos, (siempre está revisando el libro que escribió y nunca lo lleva a la editora) sino que también la imposibilita de abrir nuevos. La esencia de **Buttercup*** puede ayudar a aceptarse a sí misma y a sus contribuciones.

Infancia. El ambiente familiar era muy serio y disciplinado, siendo la conquista de objetivos materiales la prioridad, tal vez para así alcanzar un nivel social o económico más alto. Todo estaba decidido, organizado y establecido. Para ser aceptado tenía que adaptarse a un sistema de hábitos y prejuicios, exigencias, valores y tareas sin posibilidades de inventar o de tomar iniciativa alguna fuera de los patrones establecidos. Con el Cuatro de Discos - El Poder los primeros años de esta persona fueron una prisión donde sus horizontes estuvieron restringidos y cualquier expresión espontánea fue condenada a fracasar. También puede mostrar que su infancia estuvo claramente dividida en dos etapas, por ejemplo, una época con sus padres y otra con sus abuelos, en las que las exigencias de conducta eran diferentes y esto dejó al niño todavía más confuso.

Relaciones. a) La relación está ayudando a la persona a concluir un ciclo de vida cerrando toda una serie de asuntos bien sea abandonándolos porque no interesan más o llegando a sus resultados concretos para abrir otro ciclo con nuevas motivaciones e intereses. Claro que la relación puede estar incluida entre dichos asuntos. Con el Ocho de Bastos - La Rapidez, la Torre o el Cinco de Copas - La Frustración puede indicar que el consultante está acabando, o ya acabó, su relación de pareja y abre un nuevo momento de vida. Sin embargo, puede indicar una nueva etapa de vida juntos. Ciertos asuntos que eran el foco de atención de la pareja fueron concluidos, como por ejemplo criar los hijos y hoy tienen más tiempo, libertad y energía disponible para otras cosas. b) Muestra alguien que se relaciona esperando que la pareja le proporcione el apoyo necesario para concluir sus proyectos económicos y así pasar para una nueva fase de vida.

Voz de la Esencia y Método. Integrar este arcano significa aprender a llegar hasta las últimas concreciones en los asuntos o actividades que la persona se echó al lomo, poner las manos en la masa y hacer el pan. El ser interno no aguanta más bellos castillos en el aire, necesita materializar, concluir para pasar a una nueva fase de vida pues la actual ya dio todo lo que tenía para dar. Llegó la hora de ser menos humo y más piedra. El crecimiento personal pasa por concluir los asuntos pendientes. Hay dos maneras de hacerlo. Aquellos que se tornaron obsoletos, que ya no generan entusiasmo, cuya fecha de caducidad venció deben ser abandonados. Así la persona rescata tiempo y energía para llevar para delante los asuntos vigentes hasta limpiar la plancheta. Pasada la página la persona necesita sentir que es lo que realmente la anima y motiva antes de saturar su agenda con nuevas actividades.

En estos momentos la terapia que puede dar mejores resultados es la Gestalt. La esencia de *Hornbeam* estimulará su energía para envolverse con más entusiasmo en las tareas cotidianas. La flor de *Walnut* ayuda en los momentos de transición fortaleciendo la determinación y la constancia.

Camino de crecimiento. Usando las llaves que aparecieron en las posiciones anteriores la persona está identificando claramente los asuntos que piden una papelera y los que están ahí para llegar a resultados concretos. Puede estar vislumbrando como consecuencia de la inminente conclusión de esos asuntos una nueva fase de vida.

Resultado interno. Esta persona, producto de todo el proceso que vimos hasta aquí, consiguió identificar, entender y desactivar las dificultades internas que tenía para concluyendo una serie de trabajos, proyectos, tareas, responsabilidades u obligaciones, saltar para una nueva etapa de vida, caracterizada por hacer lo que su inconsciente le pide. Generalmente es una fase más feliz y con más tiempo libre que puede hasta significar una trascendencia espiritual especialmente si aparece con El Hierofante o con El Sol.

Resultado externo. La persona concluyó una serie de asuntos, cosechó los frutos de su trabajo, llegando a las últimas concreciones que le dieron base para construir un trampolín que le permite lanzarse a una nueva fase donde se siente más suelta, libre y leve y se hace más caso a sí misma.

APÉNDICE 01 - RESUMEN DE SIGNIFICADOS

✦ Aspecto involutivo.

0 o 22.- El Loco. La Potencialidad Absoluta a punto de manifestarse.

Es el niño/a no programado, EPATIPIC: Espontáneo, presente, alegre, total, imprevisible, perceptivo, inocente y capaz de maravillarse. Salto hacia lo desconocido.

✦ Síndrome de Peter Pan. El eterno adolescente, irresponsabilidad, dependencia, inseguridad, búsqueda de aceptación y de amor incondicional, dificultad de extraer lecciones de las experiencias, sin objetivos, trazos de carácter oral en su personalidad, manipulación.

I.- El Mago. El Principio Masculino Universal: La Acción, el Yang

La acción y la mente en acción, dinamismo, comunicación, mente analítica, hábil y creativa, capacidad de asimilar conocimientos, argumentar y convencer, de elaborar proyectos, ideas y teorías.

✦ Rehén del tirano mental. Conducta agitada, ansiedad, dificultad para parar, callar, sentir y observarse, desconexión y desconocimiento del lado interno, excesiva racionalización.

II.- La Sacerdotisa. El Principio Femenino Universal: La Receptividad, el Yin

La receptividad (a lo que viene de dentro y a lo que llega de fuera) y la mente silenciosa y receptiva, la meditación. Conexión con el lado interno, calma, ausencia de ansiedad y tensiones, sabiduría, esoterismo, intuición, clarividencia.

✦ Dificultad para actuar, tomar decisiones, comunicarse y razonar, miedo del mundo, fantasías, auto-invalidación, falsa espiritualidad, represión sexual, timidez, dama de hielo, pasividad.

III.- La Emperatriz. El Principio Femenino Materializado.

Las Fuerzas de la Vida. La Naturaleza. La madre que cuida, nutre, protege y facilita el crecimiento de los seres vivos. Amor incondicional. Creatividad, sensualidad, placer, fructificación, embarazo, entrega amorosa al mundo.

✦ "Buenísima madre", sobreprotectora, castradora, controladora, manipuladora, busca aceptación haciéndose imprescindible.

IV.- El Emperador. El Principio Masculino Materializado.

El poder económico y político. Las corporaciones multinacionales. El padre. La autoridad. El que manda en su vida. Construye materialmente con método y organización. El líder.

✦ Sin conexión con sus emociones, rechaza su lado femenino, se vicia en trabajo, dinero y poder. Persona fría, tirana, tensa y agresiva. Rasgos de carácter psicopático.

V.- El Hierofante. El Principio de la Transcendencia Espiritual.

El Maestro Iluminado. Búsqueda espiritual o de conocimientos. El Maestro Interno. La capacidad de integrar el lado espiritual en lo cotidiano y/o de pasar conocimientos. El poder ideológico, las ideologías. Los medios de comunicación.

✦ Identificado con instituciones, sectas, religiones, ideologías partidarias, etc. Adoctrinado, vive en función de principios morales y/o ideológicos importados.

VI.- Los Amantes. El Principio de la Polaridad.

El proceso de Creación del Universo por la interacción de los Principios Femenino y Masculino. Reconocimiento y desarrollo de las polaridades internas femenino & masculino. Percepción del camino de vida donde la persona es fiel a sí misma.

✦ Proyección de un lado de la polaridad en la pareja, que lleva a la dependencia, la anulación, y la identificación con el papel vivido dentro de una relación. Fantasías al respecto del matrimonio. Dificultad para escoger. Indecisión constante.

VII.- El Carro. El Principio del Desapego.

Apertura de un nuevo ciclo, eliminando el peso muerto. Iniciación. Volviéndose independiente de los condicionamientos externos.

✴Miedo a envolverse. Escondida detrás de una máscara de autosuficiencia e independencia. Dificultad para desapegarse y pasar la página.

VIII.- El Ajuste. El Principio del Equilibrio.

Las Fuerzas que ajustan y equilibran el Universo. La ley de acción y reacción. Ajustándose con el mundo sin perder la autenticidad. Eliminando las fricciones internas y externas.

✴ Se ajusta a lo que imagina que los demás esperan de ella. Persona auto-controlada, "recta y justa", "una santa", que teme ser criticada e condenada.

IX.- El Ermitaño. El Principio de ir para adentro.

La introspección. La búsqueda interna. El autoconocimiento a través de descubrir porque las cosas nos afectan como nos afectan. Autoanálisis.

✴ Miedo del mundo, de envolverse y expresar las emociones. Persona tímida, taciturna, crítica, manipuladora y austera, tiende al aislamiento y a defender el ascetismo y la castidad.

X.- La Fortuna. El Principio de ir para fuera.

La expansión. Crecimiento a través de la aventura. Expansión de horizontes. Nuevas posibilidades.

✴ Adicción a lo nuevo que dificulta fechar etapas, dispersión, falta de foco, de método y de conocimiento de los propios límites *versus* miedo a lo desconocido.

XI.- El Entusiasmo (La Fuerza). El Principio de la Vitalidad.

Integración del lado animal (instintos y emociones) con el lado racional. Energía desbordante. Alegría, autoestima, autoconfianza, placer, sensualidad, entusiasmo, vitalidad, creatividad y sexualidad exaltadas, celebración.

284

✴ Reprime el lado animal, intensa racionalización *versus* seduce y manipula usando sus atractivos.

XII.- El Colgado. El Principio de la Entrega.

La Entrega a la propia naturaleza y como consecuencia la entrega a la vida, al mundo y a los ideales. La plena auto-aceptación independiente de las opiniones ajenas. La disolución del ego.

✴ Dificultad para aceptarse. Buscando aceptación renuncia a ser ella misma y se torna sumisa, sacrificada, víctima y manipuladora.

XIII.- La Muerte. El Principio de la Transformación.

La Transformación como producto de identificar, aceptar, entender y desactivar viejos patrones de conducta. Crisis que lleva a cambios internos. Resquebrajamiento de las corazas dando lugar a la manifestación de la esencia del Ser.

✴ Dificultad de transformarse conscientemente. Apego a los viejos patrones de conducta.

XIV.- El Arte. El Principio de la Integración de los opuestos.

Abriendo un nuevo ciclo, integrando las polaridades femenino & masculino: El Androginato Interno. La Fusión de los Principios Masculino y Femenino. La Acción sin acción: El *wu wei*. Haciendo de tu diversión tu trabajo. Descansar trabajando. El fluir.

✴ Máscara de excelente profesional a veces perfeccionista siempre absorbido en su trabajo.

XV.- El Demonio. La Energía Creadora en su aspecto más material.

Los instintos, las fuerzas que nos mantienen vivos como individuos y como especie: El instinto de defensa, el sexual, el de preservación y el gregario.

✴ Incapacidad para vivir los instintos. Represión y/o compulsión sexual. Carga sexual presa que produce rabia, frustración e inclinación a la autodestrucción o perversiones sexuales. Negación del cuerpo y sus funciones. El sexo como compensación y/o autoafirmación.

XVI.- La Torre. El Principio de la Destrucción.

Destrucción de las prisiones que sofocan y limitan. Liberación, rompiendo prisiones externas: vínculos profesionales, rutinas, exigencias financieras, compromisos familiares, relaciones o prisiones internas: el ego, con sus falsas identificaciones, ambiciones y fantasías. Contacto con la realidad producto de la ruptura de las prisiones.

✦ Incapacidad de liberarse de las prisiones que genera tensión y autodestrucción.

XVII.- La Estrella. El Principio de la Renovación de las Categorías.

Rescate de la percepción producto de eliminar creencias caducas.

✦ Rehén de creencias. Vanguardismo o reformismo compulsivo.

XVIII.- La Luna. El Principio de la Oscuridad.

✦ El lado oscuro del Universo. La sombra del inconsciente y sus manipulaciones. El miedo a expresar la sombra. Rehén de sus miedos. Pavor a envolverse. Rasgos paranoicos.

XIX.- El Sol. El Principio de la luz.

El lado luminoso del Universo. La conciencia de la individualidad y de la espiritualidad. Protagonismo, lucidez, autenticidad, creatividad, visibilidad.

✦ Débil sentido de la individualidad que genera la necesidad compulsiva de ser el centro de las atenciones.

XX.- El Eón. El Principio de la Sucesión de las Eras.

Los cambios en el Universo cuando acaba una Era y entra otra. El madurar del individuo producto de sanar al niño/a herido, dándole amor, atención y apoyo que así deja de manipular y se integra con el lado adulto.

✦ Víctima de las manipulaciones del niño/a herido, dificultad para llevar a la práctica las percepciones conscientes. Dependencia, búsqueda compulsiva de aceptación. Apego a lo que le da seguridad y protección.

XXI.- El Universo. La Síntesis Final y la consecuente trascendencia.

Abriendo un nuevo ciclo, concluyendo asuntos e iniciando una nueva fase caracterizada por estar más atento para hacer lo que viene dentro. Realización personal.

✦ Dificultad para cerrar un capítulo de vida y abrir otro, consecuencia de no conseguir materializar. Miedo a cambiar. Rehén de apegos, rutinas y vínculos. Extrema rigidez de carácter.

XXII - El Loco

APÉNDICE 3 - CUADROS SINÓPTICOS

En este apéndice están los significados de las cartas en las posiciones de la Lectura Terapéutica de la manera más técnica y simple posible dejando de lado posibles deducciones o aportes más intuitivos que pueden ser leídos en los capítulos anteriores.
(+) = Por exceso. (-) = Por falta. ↑ = Mucho, más de 50%. ↓ = Poco, menos de 10%.
F = Fuego. Ag = Agua. Ar = Aire. T = Tierra.
CS = Carta Sombría

EL LOCO	
Significados Generales	Principio de la Potencialidad a punto de manifestarse
Momento Actual	Impulso de rescatar su niño/a no programada (EPATIPIC[24])
Ancla	(+) Síndrome de Peter Pan. Eterno adolescente (-) Desconectado de su niño/a no programado
Infancia	Sin infancia. Fue "adulterado"
Relaciones	a) Relación que ayuda a rescatar al niño/a no programado. b) Busca una mamá o un papá que lo cuide
Voz de la Esencia & Método	Rescatar su niño/a no programada
Camino de Crecimiento	Comienza a conectarse y expresar su niño/a no programada
Resultado Interno	Rescató su niño/a no programada
Resultado Externo	Con esa actitud EPATIPIC encara el mundo

EL MAGO	
Significados Generales	La acción, la mente en acción.
Momento Actual	Impulso de moverse, de crear ideas y proyectos.
Ancla	(+) Dificultad de parar de correr y de pensar. Identificación con la mente. Desconexión con el mundo interno. (-) Dificultad para moverse, comunicarse y crear proyectos.
Infancia	Aceptación condicionada a mostrarse activo, comunicativo e inteligente.

288

Relaciones	a) Relación que ayuda a tomar iniciativas, comunicarse y crear ideas. b) Fachada de hiper-activo. Mucha labia y pocas emociones.
Voz de la Esencia & Método	Sugiere moverse, crear ideas, comunicarse.
Camino de Crecimiento	Parte para la acción, empieza a comunicarse y a crear ideas.
Resultado Interno	Desactiva las dificultades internas para moverse, comunicarse y crear proyectos.
Resultado Externo	Con dinamismo e ideas creativas encara el mundo.

LA SACERDOTISA	
Significados Generales	La receptividad, la mente receptiva y silenciosa.
Momento Actual	Impulso de parar, de estar receptiva con lo que viene de dentro y de fuera.
Ancla	(+) Dificultad para moverse, comunicarse y exponerse. (-) Dificultad para conectarse con su esencia y ser receptiva con el mundo.
Infancia	Aceptación condicionada a estar quieto y en silencio.
Relaciones	a) Relación que ayuda a interiorizar y tornarse receptivo. b) No se relaciona. Fachada de "yo ya trascendí esas cosas".
Voz de la Esencia & Método	Sugiere parar, respirar, sentir, escuchar la voz interior, ser receptiva con lo que viene. Meditar.
Camino de Crecimiento	Empieza a tornarse receptiva con lo que viene de dentro y lo que viene de fuera.
Resultado Interno	Desactiva las dificultades internas para escuchar la voz interior y ser receptiva con lo que le llega.
Resultado Externo	Receptiva al interior y al exterior, encara el mundo.

LA EMPERATRIZ	
Significados Generales	Las fuerzas que nutren, cuidan, protegen y facilitan el crecimiento de los seres vivos.
Momento Actual	Impulso de cuidarse y cuidar de los demás.

Ancla	(+) Vive cuidando de los demás, sobreprotectora y castradora. (-) Dificultad de cuidarse y cuidar de los demás.
Infancia	Madre sobreprotectora y castradora.
Relaciones	a) Relación que la impulsa a cuidarse y/o a querer tener hijos. b) Cuida maternalmente de su pareja.
Voz de la Esencia & Método	Sugiere ser contigo la madre que te hubiera gustado tener cuando eras niño/a.
Camino de Crecimiento	Empieza a cuidar de sí misma.
Resultado Interno	Desactiva las dificultades internas para cuidar de sí misma.
Resultado Externo	Cuidándose, pasa a cuidar de quien necesita ser cuidado.

EL EMPERADOR	
Significados Generales	El poder económico y político. El padre.
Momento Actual	Impulso de mandar en su vida, de materializar proyectos.
Ancla	(+) Tirano. Psicópata. (-) Proyecta su lado masculino. Dependiente
Infancia	Padre o madre tirano.
Relaciones	a) Relación que ayuda a tomar el mando de su vida y materializar proyectos. b) Fachada de poderoso y mandamás. Busca vasallos.
Voz de la Esencia & Método	Sugiere ser la autoridad que manda en su vida. Materializar sus proyectos con método y organización.
Camino de Crecimiento	Para de proyectar el Principio Masculino y empieza a mandar en su vida y a materializar sus proyectos.
Resultado Interno	Desactiva las dificultades internas para mandar en su vida y materializar sus propios proyectos.
Resultado Externo	Encara el mundo ejerciendo el mando y materializando sus propios proyectos.

EL HIEROFANTE	
Significados Generales	La transcendencia espiritual.
Momento Actual	Impulso hacia la espiritualidad.

Ancla	(+) Preso a doctrinas (-) Incapaz de percibir algo más allá de la materia.
Infancia	Adoctrinamiento.
Relaciones	a) Relación que ayuda a abrirse a la espiritualidad. b) Fachada de maestro, gurú. Busca discípulos.
Voz de la Esencia & Método	Sugiere aprovechar lo que los verdaderos maestros han enseñado. Conectarse con el maestro espiritual interno. Enseñar lo que sabe.
Camino de Crecimiento	Empieza a interesarse por la espiritualidad y/o a enseñar lo que sabe.
Resultado Interno	Desactiva las dificultades internas para vivir su espiritualidad y/o a enseñar lo que sabe.
Resultado Externo	Encara el mundo viviendo plenamente su espiritualidad y/o pasando conocimientos.

LOS AMANTES	
Significados Generales	La Polaridad creando el Universo.
Momento Actual	Impulso de desarrollar sus polaridades masculina y femenina.
Ancla	Proyecta una de las polaridades y depende de la persona sobre la cual proyectó.
Infancia	Conflictos entre los padres con el niño/a en el medio.
Relaciones	a) Relación que ayuda a desarrollar las polaridades internas. b) Busca su "media naranja".
Voz de la Esencia & Método	Sugiere percibir que el hombre y la mujer de tu vida están dentro, son tus polaridades, y no fuera. Así podrá identificar el camino de vida donde puede ser fiel a sí misma.
Camino de Crecimiento	Empieza a desarrollar sus polaridades, a cambiar su manera de relacionarse y vislumbra su real camino de vida.
Resultado Interno	Desactiva las dificultades internas para desarrollar plenamente sus polaridades y avanzar en su camino de vida.
Resultado Externo	Encara el mundo desde ambas polaridades, sin expectativas ni dependencias.

EL CARRO	
Significados Generales	Cambio de ciclo. El desapego.
Momento Actual	Impulso para largar el peso muerto.
Ancla	(+) Máscara de desapegado. "No necesito eso" (-) Incapaz de desapegarse.
Infancia	Abandonado.
Relaciones	a) Relación que ayuda a la persona a desechar lo que no le nutre. b) Fachada de desapegado.
Voz de la Esencia & Método	Sugiere abrir una nueva fase de vida largando el peso muerto.
Camino de Crecimiento	Empieza a eliminar lo que ya no la estimula.
Resultado Interno	Desactiva las dificultades internas para eliminar el peso muerto, abriendo así una nueva etapa de vida.
Resultado Externo	Eliminado el peso muerto, encara el mundo más leve cerrando una etapa y abriendo otra.

EL AJUSTE	
Significados Generales	El ajuste entre el mundo interno y el externo.
Momento Actual	Buscando la manera de expresar con autenticidad sus impulsos sin generar fricciones con el mundo externo.
Ancla	(+) Se ajusta a lo que imagina que los demás esperan. (-) Incapaz de ajustarse.
Infancia	Aceptación condicionada a ser un modelo de conducta.
Relaciones	a) Relación que ayuda a ser más auténtico en la expresión de los impulsos sin crear conflicto con el mundo externo. b) Se ajusta a la pareja.
Voz de la Esencia & Método	Sugiere encontrar la manera de expresar con autenticidad sus impulsos sin generar fricciones con el mundo externo.
Camino de Crecimiento	Entiende el origen de sus fricciones internas y con el mundo y empieza a eliminarlas.
Resultado Interno	Desactiva las dificultades internas para expresarse con autenticidad sin chocar con el mundo externo.

Resultado Externo	Encara el mundo sabiendo expresar sus impulsos con autenticidad y sin crear fricciones con el mundo.

EL ERMITAÑO	
Significados Generales	La Introspección analítica.
Momento Actual	Impulso para el autoconocimiento. ¿Por qué las cosas me afectan?
Ancla	(+) Dificultad para hacer contacto con los demás. Se aísla. Asceta. (-) Incapaz de mirar hacia dentro.
Infancia	Ambiente de tristeza, falta de presencia amorosa de los padres. Soledad.
Relaciones	a) Relación que ayuda a mirar hacia dentro y entender por qué las situaciones generan impactos. b) "Más vale solo que mal acompañado".
Voz de la Esencia & Método	Sugiere cambiar el foco. No es el mundo cruel. Si algo afecta es porque hay un área sensible que es necesario trabajar.
Camino de Crecimiento	Empieza a identificar y curar las viejas heridas de manera que va centrándose.
Resultado Interno	Desactiva las dificultades internas para cambiar el foco, curó sus heridas y hoy está centrada y abierta.
Resultado Externo	Curó sus heridas, las situaciones ya no le afectan, encara el mundo centrada y abierta, conociéndose a sí misma puede ayudar a los demás a conocerse.

LA FORTUNA	
Significados Generales	La Expansión.
Momento Actual	Impulso de expandir los horizontes.
Ancla	(+) Adicto a la novedad. No cierra etapas. (-) Incapaz de aventurarse. Miedo a la novedad.
Infancia	Inseguridad por exceso de cambios, falta de estabilidad.
Relaciones	a) Relación que ayuda a aventurarse. b) La compulsión por lo nuevo impide relaciones profundas y duraderas.
Voz de la Esencia & Método	Sugiere trabajar las dificultades internas que impiden la aventura.

Camino de Crecimiento	Empieza a atreverse a ir hacia lo nuevo.
Resultado Interno	Desactiva las dificultades para aventurarse. Lo desconocido se torna conocido.
Resultado Externo	Encara el mundo expandiendo sus horizontes.

EL ENTUSIASMO	
Significados Generales	La integración de lado animal con el racional.
Momento Actual	Impulso de acoger lo que viene del lado animal (instintos y emociones) dándole una expresión elaborada con la mente.
Ancla	(+) Seductor compulsivo. (-) Represión del lado animal. Racionalismo exacerbado.
Infancia	Represión del lado animal. Ambiente familiar lleno de tabús especialmente sexuales. Desvaloración de la creatividad.
Relaciones	a) Relación que ayuda a vivir e integrar el lado animal. b) Seduce obsesivamente.
Voz de la Esencia & Método	Sugiere trabajar las dificultades internas que impiden integrar la animalidad y la razón. Optar por actividades creativas.
Camino de Crecimiento	Empieza a integrar la razón y la animalidad, mejorando su autoestima y entusiasmo por la vida.
Resultado Interno	Desactiva las dificultades para integrar los lados animal y racional. Transborda energía, placer, entusiasmo, autoconfianza, creatividad y autoestima.
Resultado Externo	Encara el mundo integrando sus lados animal y racional y opta por actividades donde puede expresar su creatividad.

EL COLGADO	
Significados Generales	La entrega a la propia naturaleza.
Momento Actual	Impulso de auto-aceptación. Percibe los efectos de no aceptarse tal y como es.
Ancla	(+) Busca compulsivamente la aceptación haciendo lo que sea para los demás. (-) Incapaz de aceptarse, intenta ser lo que no es.

Infancia	Aceptación condicionada a negarse a sí misma y someterse a las exigencias familiares.
Relaciones	a) Relación que ayuda a auto-aceptarse. b) Manipula con una máscara de sumisión del que se sacrifica por la pareja.
Voz de la Esencia & Método	Sugiere entender que lo único que nos prende es nuestra naturaleza. Hay que trabajar las dificultades internas que impiden la auto-aceptación.
Camino de Crecimiento	Empieza a identificar las causas de su no-aceptación y a minimizarlas.
Resultado Interno	Desactiva las dificultades para entregarse a su naturaleza y como consecuencia puede entregarse a la vida, a sus ideales y al mundo.
Resultado Externo	Su plena auto-aceptación la lleva a optar por actividades donde se entrega a la vida, a sus ideales y al mundo.

LA MUERTE	
Significados Generales	La Transformación interior.
Momento Actual	Crisis: Impulso/miedo de desactivar viejos patrones de conducta que traen sufrimiento.
Ancla	(+) Adicta a psicoterapias (-) "¿Cambiar? ¡Antes la muerte!"
Infancia	Pérdida traumatizante. Experiencia de muerte.
Relaciones	a) Relación que ayuda a desactivar patrones de conducta neuróticos. b) Psicoterapeuta de su pareja.
Voz de la Esencia & Método	Sugiere desactivar patrones de conducta que, necesarios en la infancia para ser aceptada, hoy la impiden actuar a partir de su esencia. Psicoterapia corporal para romper las corazas defensivas.
Camino de Crecimiento	Empieza a eliminar los viejos patrones. Reconexión con su esencia.
Resultado Interno	Desactiva las dificultades internas para eliminar plenamente los viejos patrones. Hace opciones a partir de su esencia.
Resultado Externo	Desactivando sus patrones de conducta, trabaja para transformar su vida y su mundo.

EL ARTE	
Significados Generales	La Integración de los opuestos.
Momento Actual	Impulso de hacer de su diversión su trabajo.
Ancla	(+) Máscara de profesional dedicado. Perfeccionista (-) Incapaz de hacer de su diversión su trabajo.
Infancia	Aceptación condicionada a absorberse y ser perfecto en sus actividades.
Relaciones	a) Relación que ayuda a optar por actividades que dan placer. b) Fachada de excelente profesional que le gusta lo que hace.
Voz de la Esencia & Método	Sugiere hacer de su diversión su trabajo. Trabajar en lo que haría si no necesitara trabajar para vivir. Integrar sus polaridades masculina y femenina.
Camino de Crecimiento	Empieza a optar por actividades para las que tiene talentos, dándole placer y energía.
Resultado Interno	Desactiva las dificultades internas para divertirse trabajando. Integra sus polaridades: Androginato Interno
Resultado Externo	Encara el mundo haciendo lo que le gusta, lo cual facilita que gane dinero y se relacione como un donador de placer y no como un vampiro/mendigo.

EL DEMONIO	
Significados Generales	Los instintos: Las fuerzas que nos mantienen vivos como individuos y como especie.
Momento Actual	Impulso de aceptar y vivir sus instintos: de defensa, sexual, de preservación y gregario.
Ancla	(+) Compulsión sexual (-) Instintividad reprimida tal vez dirigida para el poder, trabajo, actividades filantrópicas o "espiritualistas", consumismo o perversiones.
Infancia	Aceptación condicionada a reprimir la instintividad. Rechazo del cuerpo y sus funciones. Asco, vergüenza.
Relaciones	a) Relación que ayuda a aceptar y vivir los instintos. b) No consigue vivir en sus relaciones nada más allá de los instintos.
Voz de la Esencia & Método	Sugiere identificar y desactivar las dificultades internas para aceptar y vivir los instintos: de

	defesa, defendiéndose; sexual, soltando la libido; de preservación, cuidando del cuerpo. Ejercicios que liberan la tensión pélvica.
Camino de Crecimiento	Empieza a permitirse expresar sus instintos.
Resultado Interno	Desactiva las dificultades internas para aceptar y vivir plenamente los instintos. Rescate de vitalidad y alegría.
Resultado Externo	Encara el mundo a través de actividades donde puede expresar sus instintos.

LA TORRE	
Significados Generales	La destrucción de las prisiones: lo que nos sofoca y limita.
Momento Actual	Impulso de destruir las prisiones externas e internas.
Ancla	(+) Autodestrucción (-) Incapaz de destruir sus prisiones.
Infancia	Accidentes, guerras, catástrofes naturales, violencia doméstica, etc. que destruyeron la seguridad interna del niño/a.
Relaciones	a) Relación que ayuda a romper las prisiones. b) Incapaz de crear vínculos. El menor compromiso es una prisión insoportable.
Voz de la Esencia & Método	Sugiere dinamitar las prisiones externas (exigencias profesionales, familiares o financieras) e internas (el ego).
Camino de Crecimiento	Empieza a percibir las consecuencias de permanecer prisionero y empieza a destruir sus prisiones.
Resultado Interno	Desactiva las dificultades para destruir totalmente las prisiones.
Resultado Externo	Después de eliminar sus prisiones, encara el mundo sintiéndose libre e talvez confrontando estructuras opresivas.

LA ESTRELLA	
Significados Generales	El rescate de la percepción eliminando creencias.
Momento Actual	Impulso de eliminar viejas creencias inoculadas en la infancia.

Ancla	(+) Siempre tiene la razón y la idea más actual. Contestatario compulsivo. (-) Dificultad crónica para eliminar creencias.
Infancia	Conflicto de creencias dentro de la familia, o entre la familia y la escuela y el niño/a en el medio.
Relaciones	a) Relación que ayuda a eliminar viejas creencias. b) Máscara de pensador innovador y original.
Voz de la Esencia & Método	Sugiere identificar y eliminar las creencias que sustentan decisiones que llevan al sufrimiento.
Camino de Crecimiento	Empieza a cuestionar y eliminar viejas creencias y a rescatar su percepción.
Resultado Interno	Desactiva las dificultades para eliminar las creencias que le llevaban a sufrir y rescata su percepción.
Resultado Externo	Después de rescatar su percepción cuestiona y desenmascara creencias obsoletas.

LA LUNA	
Significados Generales	La sombra del Inconsciente. Los miedos de mostrar lo escondido.
Momento Actual	Circunstancias impactan en aspectos negados y escondidos en la sombra de manera que, a pesar del miedo que el consciente les tiene, la persona tiene de admitir que existen y siente el impulso de integrarlos.
Ancla	(+) Manipulado por todo lo que esconde. Paralizado por los miedos, especialmente el de mostrarse. Personalidad "iceberg". (-) Personalidad contrafóbica.
Infancia	Programación basada en el miedo. Todo era peligroso.
Relaciones	a) Relación que ayuda a identificar y trabajar los miedos y aceptar e integrar la sombra. b) Miedo de relacionarse.
Voz de la Esencia & Método	Sugiere revisar el pasado para darse cuenta que lo que era peligroso en la infancia deja de serlo hoy.
Camino de Crecimiento	Empieza a trabajar sus miedos y expresar su sombra.
Resultado Interno	Desactiva los miedos e integra su sombra.
Resultado Externo	Atrae una situación externa que en otros tiempos le habría paralizado de miedo, pero ahora le

	permite entender mejor su sombra facilitando su integración.

EL SOL	
Significados Generales	La Conciencia (individual y espiritual)
Momento Actual	Impulso de ser más uno mismo.
Ancla	Déficit de la noción de la individualidad. "¿Quién soy yo?" (+) Busca compulsivamente la atención de los demás mostrándose especial. (-) Se esconde.
Infancia	Exceso de mimos o falta de atención que dificultaron el desarrollo de la individualidad.
Relaciones	a) Relación que ayuda a desarrollar la individualidad. b) "Yo soy el centro y tú mi satélite que inflas mi ego".
Voz de la Esencia & Método	Sugiere trabajar las dificultades internas para fortalecer la identidad, vivir em función de si misma, mostrarse con autenticidad, optar por actividades creativas.
Camino de Crecimiento	Empieza a desarrollar su individualidad.
Resultado Interno	Desactiva las dificultades para ser protagonista de su vida, desarrollar sus talentos, expresarse con autenticidad y creatividad, fortaleciendo la conciencia de su individualidad.
Resultado Externo	Encara el mundo siendo el centro de su universo, irradiando energía y luz, dedicada a actividades creativas.

EL EÓN	
Significados Generales	Madurar.
Momento Actual	Percepción de las manipulaciones del niño/a herido, carente e inseguro. Impulso para curarlo.
Ancla	Lado adulto crónicamente manipulado por la necesidad de aceptación y miedo a sufrir que tiene su niño/a herido.
Infancia	Aceptación condicionada a no crecer en autonomía e independencia.
Relaciones	a) Relación que ayuda a identificar las manipulaciones del niño/a herido.

	b) Pasa una imagen de desamparado y con ella manipula.
Voz de la Esencia & Método	Sugiere dar atención, cariño y apoyo al niño/a carente e inseguro para que crezca y se integre con el adulto.
Camino de Crecimiento	Identifica las manipulaciones y empieza a nutrir a su niño/a herido.
Resultado Interno	Desactiva las dificultades para cuidar y ayudar a crecer a su niño/a herido al que integra.
Resultado Externo	Encara el mundo habiendo curado e integrado a su niño/a herido y libre de sus manipulaciones puede llevar a la práctica su conciencia.

EL UNIVERSO	
Significados Generales	La síntesis final.
Momento Actual	Impulso de cerrar un capítulo de su vida y abrir otro a través de concluir asuntos.
Ancla	Dificultad de cerrar ciclos (+) Perfeccionista. (-) Dificultad para materializar.
Infancia	Aceptación condicionada a hacer las cosas perfectamente y concluir las tareas pendientes. "Primero la obligación y después la devoción".
Relaciones	a) Relación que ayuda a concluir asuntos y abrir un nuevo ciclo de vida. b) La pareja alcanza objetivos (independizar a los hijos) y abren una nueva etapa en que pueden hacer más lo que viene de dentro. c) Encara una relación como una empresa que tiene que dar resultados, concretizar objetivos, para después, quien sabe disfrutar.
Voz de la Esencia & Método	Sugiere eliminar asuntos obsoletos, investir en los vigentes hasta concluirlos para abrir una nueva fase de vida.
Camino de Crecimiento	Percibe la necesidad de cerrar un ciclo de vida, concluyendo asuntos, para abrir otro.
Resultado Interno	Desactiva las dificultades para cerrar un ciclo y abre otro caracterizado por estar más atenta a lo que viene de dentro.
Resultado Externo	Encara el mundo recogiendo los frutos de su trabajo que le posibilitan iniciar una nueva etapa más libre de condicionamientos externos e internos para hacer lo que le da la gana.

Bibliografia

Antares, Georges. El Arte de la Interpretación astrológica. 2ª ed. Barcelona, Obelisco, 1984.

Arrien, Ángeles. The Tarot Handbook. California, Arcus, 1997.

Arroyo, Stephen. Astrologia, Psicologia e os Quatro Elementos. São Paulo, Pensamento, 1984.

Brodsky, Greg. Do Jardim do Éden à Era de Aquário. 5ª ed. São Paulo, Ground, 1995.

Capra, Fritjof. O Tao da Física. São Paulo, Cultrix, 2000. ———. O Ponto de Mutação. São Paulo, Cultrix, 2001.

Chaboche, François Xavier. Vida e Mistério dos Números. São Paulo, Hemus, 1997.

Chevalier, Jean & Gheerbrant, Alain. Dicionário de Símbolos. 3ª ed. Rio de Janeiro, José Olympio, 1990.

Compton, Madonna. Arquétipos da Árvore da Vida. São Paulo, Siciliano, 1994.

Crowley, Aleister. El Libro de Thoth. Madrid, Luis Cárcamo [s/f]. ———. The Book of the Law. New York, Baker USA, 1990.

Esquenazi, Enrique. El Tarot. El Arte de Adivinar. Barcelona, Obelisco, [s/f].

Fortune, Dion. A Cabala Mística. São Paulo, Pensamento, 1984.

Houson, Paul. El Tarot Explicado. Buenos Aires, Dédalo [s/f].

Iglesias Janeiro, Jesús. La Cábala de la Predicción. Buenos Aires, Kier [s/f].

Lao-Tzu. Tao Te King. São Paulo, 1997.

Levi, Eliphas. Dogma e Ritual de Alta Magia. 2ª ed. São Paulo, Madras, 1997.

Lowen, Alexander. Bioenergética. São Paulo, Summus Editorial, 1982. ———. Prazer: Uma abordagem criativa da vida. São Paulo, Círculo do Livro, 1993. ———. O Corpo em Terapia. 4ª ed. São Paulo, Summus Editorial, 1997.

Motta, Marcelo. O Equinócio dos Deuses. Rio de Janeiro, Astrum Argentum [s/f].

Mouni, Sadhu. El Tarot. Buenos Aires, Kier, [s/f].

Osho. Vida, Amor e Riso. São Paulo, Gente, 1991. ———. Pepitas de Ouro. São Paulo, Gente, 1992.

Peradekordi, Amália. La Luna. Barcelona, Obelisco [s/f].

Ribeiro, Anna Maria. Conhecimento de Astrologia. Rio de Janeiro, Novo Milênio, 1996.

Rosabis, Camaysar. Numerologia. São Paulo, Pensamento, 1999.

Três Iniciados. O Cabalion. São Paulo, Pensamento, [s/f].

Vivarta, Veet. O Caminho do Mago. Rio de Janeiro, Francisco Alves, 1996.
Waite, A. E. The Pictorial Key to the Tarot. New York, Barnes & Nobles, 1993.
Wang, Robert. O Tarô Cabalístico. 3ª ed. São Paulo, Pensamento, 1999.
What, William. Mistérios Revelados da Cabala. São Paulo, Master Book, 1996.
Ziegler, Gerd. Tarô: O Espelho da Alma. Rio de Janeiro, J Zahar, 1993.

[1] De World Military and Social Expenditures (1983) Washington D.C.: World Priorities

[2] Ver "Por un nacimiento sin violencia" (1976) Frederick Leboyer (1918-2017).

[3] Ver "El karma" en www.tarotterapeutico.info Español PUBLICACIONES ARTÍCULOS

[4] En experiencias de regresión al útero con homosexuales de ambos sexos, el 90% entraron en contacto con el deseo intenso de sus madres de que fueran del sexo que originalmente no eran.

[5] Ley del Gallinero: La gallina que está encima caga sobre la gallina que está debajo.

[6] La sexualidad infantil no es una sexualidad genital, sino que engloba todo el cuerpo.

[7] Ver la 1ª Llave del Bienestar: Aceptación plena en www.tarotterapeutico.info español VIDEOS

[8] Ver "La Traición al Cuerpo: Análisis Bioenergético" de Alexander Lowen. Ed. Errepar 1995 Buenos Aires

[9] Leer La revolución sexual, de W. Reich

[10] Ver traducciones de Lust en Títulos del Arcano XI, El Entusiasmo.

[11] Ver la "4ª Llave para el bienestar" en www.tarotterapeutico.info español novedades

[12] Sarracenos es el nombre que los cristianos de la Edad Media y del Renacimiento daban a los musulmanes.

[13] La piedra Roseta es un diccionario de griego, arameo y los jeroglíficos egipcios.

[14] También existe el Camino de la Flecha que citamos en la carta del Arte.

[15] Hay quien dice que eso fue un bluf de Crowley.

[16] Ver la sección Títulos del Arcano n.º 11 en capítulo VI: El 2º Septenario.

[17] Así entre una consulta y otra acabamos barajando las cartas 12 veces, que es el número de lo total y completo.

[18] Es decir, sin intercambiar La Fuerza y La Justicia, como hizo Waite.

[19] Aunque también podría llamarse "Libro de la Formación".

[20] El sonido original de la Resh dura se perdió, sabemos que existió porque hay diez palabras en la Biblia hebrea que tienen Resh con Dagesh.

[21] No confundir las siete letras dobles con las cinco letras - כ Qaph, מ Mem, נ Nun, פ Peh y צ Tzaddi -, que se escriben y tienen un valor numérico diferente dependiendo si están al inicio, en medio o al final de la palabra.

[22] Extraído, aunque no literalmente de "Las chicas buenas van al cielo y las malas a todas partes" de Ute Erhardt. Ed. Grijalbo 1997.

[23] Ver la 1ª Llave para el Bienestar: La plena auto-aceptación en www.tarotterapeutico.info español NOVEDADES

[24] EPATIPIC: Espontáneo – Presente – Alegre – Total – Inocente – Perceptivo – Imprevisible – Capaz de maravillarse

Made in the USA
Monee, IL
02 June 2022

97394321R00177